河北社会主义核心价值观
培育践行报告（2022）

REPORT OF HEBEI'S FOSTERING AND FULFILLING THE SOCIALISM
CORE-VALUES (2022)

新征程上的河北实践

主　　编／康振海
执行主编／李鉴修
副主编／王彦坤　李　龙　袁　秀　李　娜

社会科学文献出版社
SOCIAL SCIENCES ACADEMIC PRESS (CHINA)

图书在版编目(CIP)数据

河北社会主义核心价值观培育践行报告.2022：新征程上的河北实践/康振海主编.－－北京：社会科学文献出版社，2022.5

ISBN 978－7－5201－9811－0

Ⅰ.①河… Ⅱ.①康… Ⅲ.①社会主义核心价值观－研究报告－河北－2022 Ⅳ.①D616

中国版本图书馆CIP数据核字（2022）第035302号

河北社会主义核心价值观培育践行报告（2022）
——新征程上的河北实践

主　　编／康振海
执行主编／李鉴修
副 主 编／王彦坤　李　龙　袁　秀　李　娜

出 版 人／王利民
责任编辑／高振华
责任印制／王京美

出　　版／社会科学文献出版社·城市和绿色发展分社（010）59367143
　　　　　　地址：北京市北三环中路甲29号院华龙大厦　邮编：100029
　　　　　　网址：http://www.ssap.com.cn
发　　行／社会科学文献出版社（010）59367028
印　　装／天津千鹤文化传播有限公司

规　　格／开　本：787mm×1092mm　1/16
　　　　　　印　张：21.25　字　数：321千字
版　　次／2022年5月第1版　2022年5月第1次印刷
书　　号／ISBN 978－7－5201－9811－0
定　　价／128.00元

读者服务电话：4008918866

版权所有 翻印必究

主编简介

康振海　中共党员，1982年毕业于河北大学哲学系，获哲学学士学位；1987年9月至1990年7月在中共中央党校理论部中国现代哲学专业学习，获哲学硕士学位。

三十多年来，康振海同志长期工作在思想理论战线。曾任河北省委宣传部副部长；2016年3月至2017年6月任河北省作家协会党组书记、副主席；2017年6月至今任河北省社会科学院党组书记、院长，河北省社科联第一副主席。

康振海同志著述较多，在《人民日报》《光明日报》《经济日报》《中国社会科学报》《河北日报》《河北学刊》等重要报刊和社会科学文献出版社、河北人民出版社等发表、出版论著多篇（部），主持完成多项国家级、省部级课题。主要代表作有：《中国共产党思想政治工作九十年》《雄安新区经济社会发展报告》《让历史昭示未来——河北改革开放四十年》等著作；发表了《从百年党史中汲取奋进新征程的强大力量》《殷切期望指方向　燕赵大地结硕果》《传承中华优秀传统文化　推进文化强国建设》《以优势互补、区域协同促进高质量脱贫》《在推进高质量发展中育新机开新局》《构建京津冀协同发展新机制》《认识中国发展进入新阶段的历史和现实依据》《准确把握推进国家治理体系和治理能力现代化的目标任务》《奋力开启全面建设社会主义现代化国家新征程》等多篇理论调研文章；主持"新时代生态文明和党的建设阶段性特征及其发展规律研究""《宣传干部行为规范》可行性研究和草案初拟研究"等多项国家级、省部级立项课题。

摘　要

"河北社会主义核心价值观培育践行报告"是河北省记录社会主义核心价值观培育践行的研究报告。报告是由河北省社会科学院牵头，河北省社会科学院邓小平理论、"三个代表"重要思想和科学发展观研究所（精神文明建设研究中心）担纲，由省内机构、党校、高等院校相关专家学者组成精干学术队伍推出的一部具有较高理论价值和实践意义的全景式河北建设文献，旨在使社会各界全面准确了解河北省培育和践行社会主义核心价值观的进程与成果。《河北社会主义核心价值观培育践行报告（2022）》全面系统总结了2021年河北省社会主义核心价值观培育和践行的实践进程与相关经验，剖析存在的问题及原因，并提出2022年培育和践行的对策建议，围绕体现社会主义核心价值体系本质内涵和根本要求，从理论与实践相互联系的维度探讨了推动新时代河北省社会主义核心价值观培育践行的主要任务和实践要求。

《河北社会主义核心价值观培育践行报告（2022）》由总报告、精神传承篇、实践探索篇、文明风尚篇和案例创新篇5个部分组成。总报告从理论武装、党史学习教育、庆祝建党100周年、文明创建、道德建设等方面梳理展示了2021年河北省社会主义核心价值观培育和践行的总体状况，深入研究和分析了2022年河北省社会主义核心价值观培育和践行面临的形势和任务，并提出了对策建议，围绕营造党的二十大浓厚氛围、促进共同富裕、弘扬志愿精神、引领文明风尚等进行了深入分析和研究，为把社会主义核心价值观体现在经济社会发展各领域、各方面，对在培育和践行上取得新成效、汇聚正能量进行了有益探索。

精神传承篇、实践探索篇、文明风尚篇包括15篇报告，从不同侧面研究和展示了社会主义核心价值观培育和践行在河北的发展状况和特点，内容涉及理论传播、革命精神谱系河北乐章、红色文化、中华优秀传统文化、全过程民主、宪法学习和宣传、乡风文明、社会治理、诚信建设、网络文明、高校校园文化建设等，多角度、多方面具体彰显了社会主义核心价值观融入经济社会生活发展的作用和效果，展现了河北干部群众在明理、增信、崇德、力行中提高政治认同、思想认同、情感认同的精神风貌，探索了社会主义核心价值观如何在培育和践行上守正出新、如何丰富活动载体和方法，既分析和揭示了存在的问题和影响因素，也提出了有效的创新路径和方法。

案例创新篇以典型案例展示了社会主义核心价值观在"道德青县"、"好人之城·沧州"、张家口市蔚县宜兴社区治理、河北"知心姐姐"戒毒志愿帮扶等方面发挥的巨大作用和取得的成效。

关键词： 河北　社会主义核心价值观　培育践行

Abstract

Report of Hebei's Fostering and Fulfilling the Socialism Core-values is a blue book of Hebei's records of fostering and fulfilling the socialism core-values. This book is a panoramic literature of Hebei's development with high theoretical value and practical significance led by Hebei Academy of Social Sciences, undertaken by Institute of Deng Xiaoping's Theory, The Important Thought of "Three Represent's" and Scientific Outlook on Development to Hebei Academy of Social Sciences, and wrote by capable academic teams from experts and scholars of research institutions, Party schools, and universities across the province, with a view to providing all concerned with overall and accurate information of the process and results of Hebei's fostering and fulfilling the socialism core-values.

Report of Hebei's Fostering and Fulfilling the Socialism Core-values (2022) summarizes practical process and related experience of Hebei's fostering and fulfilling the socialism core-values in 2021 comprehensively and systematically, deeply analyzes problems and causes, puts forward measures and proposals of fostering and fulfilling the socialism core-values in 2022, and explores main tasks and practical requirements of advancing the process of Hebei's fostering and fulfilling the socialism core-values in the new era from the perspective of theoretical and practical correlation.

Report of Hebei's Fostering and Fulfilling the Socialism Core-values (2022) falls into the five parts: General Reports, Spiritual Inheritance Reports, Practical Exploration Reports, Civilized Custom Reports and Case Studies Reports.

The general report not only presents the overall situation of the cultivation and practice of the core socialist values in 2021 from the perspectives of theoretical arming, study and education of the Party history, celebration of the centenary of the Party, the accomplishment of civilized practice and construction for morality, but also make a thorough study and analysis on the situation and tasks facing the cultivation and practice of the socialist core values in Hebei Province in 2022. The report attempts to put forward countermeasures and suggestions to warming up the atmosphere for the 20th National Congress of the CPC, promoting common prosperity, carrying forward the spirit of volunteerism and high-lighting the civilized practice in order to effectively and positively embody the core socialist values in various fields and aspects of economic and social development.

Spiritual Inheritance Reports, Practical Exploration Reports, Civilized Custom Reports contain 15 essays altogether, illustrating the development situation and characteristics of the cultivation and practice of socialist core values in Hebei from different aspects. which covers the dissemination of theories, the genealogy of the Revolutionary Spirit in Hebei, the Red Culture, the excellent Chinese traditional culture, the whole process of People's democracy, the study and propaganda of the constitution, the rustic civilization, social governance, the construction of integrity, network and campus culture, etc. These essays demonstrates multi-perspectively the concrete manifestation of the role and effect of the integration of socialist core values into the economic and social life and development, showing the spiritual features of the cadres and the masses in Hebei in enhancing their political, ideological and emotional identity through enhancing comprehension, trust, virtue and action. They probes into the integrity and innovation of the socialist core values, which provides some effective innovative paths and methods on the basis of enriching the carriers and methods of activities, analyzing and revealing the existing problems and influencing factors.

Case Studies Reports shows the great effect in practicing the socialist core values in the cases of "Moral Qing County", "The City of Good People · Cangzhou", Yixing community governance in Yu County Zhangjiakou, Voluntarily Warm-hearted Sister for drug treatment and so on.

Keywords: Hebei Socialist Core ValuesFostering and Fulfilling

目 录

Ⅰ 总报告

以史为鉴　团结奋进　为建设现代化经济强省美丽河北汇聚强大正能量
　…………………………………………………… 李鉴修　李　龙 / 001

Ⅱ 精神传承篇

中国共产党精神谱系河北乐章的阐释与传播研究 ………… 张彦台 / 020
河北省红色基因传承路径研究 ………… 袁　秀　韩幸婵　薛晓静 / 036
中华优秀传统文化在河北的传承与践行 ………………… 郭君铭 / 051
河北省党史学习教育实践成效与继续推进的思路对策 ……… 尹　渊 / 067

Ⅲ 实践探索篇

聚合力传播创新理论　赋能量助推伟大实践 ……………… 贾玉娥 / 089
政治协商在发展全过程民主中的河北实践研究 …………… 吴景双 / 106
河北省学习宣传宪法的调查与思考 …………… 蔡欣欣　孙永巍 / 123

河北省社会主义核心价值观融入高校校园文化建设研究
　　　　　　　　　　　　　　　　　　　　　　　张蓓蓓　梁　平／135
河北省加强网络精神文明建设初探 …………… 刘书越　冯汉才／150
河北省优秀期刊价值引领和社会影响的调查与思考 ……… 王少军／165

Ⅳ　文明风尚篇

河北省推进诚信建设的实践发展与路径选择 …… 李　娜　丁雪静／184
河北省推进乡风文明建设的实践路径研究 ……………… 杨春娟／201
和谐共生视角下河北省数字乡村治理研究 ……………… 徐　颖／220
推进河北省志愿者参与社区治理策略研究 ……… 刘丽敏　王依娜／231
河北省推进家庭文明建设的情况考察与路径选择 ………… 王晨阳／247

Ⅴ　案例创新篇

道德之光在这里持久闪耀 ………………………… 包来军　敬桂甫／265
一朝春风化雨　十五载春华秋实 ………………… 王　菲　王德龙／279
让阳光照进心灵 …………………………………………… 覃志红／297
价值引领下的美丽蝶变 …………………………………… 段小平／311

CONTENTS

I General Report

Gathering Powerful Positive Energy for the Construction of A Economically Strong, Beautiful and Modernizational Hebei Province by Taking History as a Mirror and Forging Ahead as One *Li Jianxiu, Li Long* / 001

II Spiritual Inheritance Reports

A study on the Interpretation and Dissemination of the Spiritual Pedigree of the Communist Party of China in Hebei *Zhang Yantai* / 020

A Study on the Inheritance of the Red Gene in Hebei Province
 Yuan Xiu, Han Xingchan and Xue Xiaojing / 036

Research on the Inheritance and Practice of Chinese Excellent Traditional Culture in Hebei Province *Guo Junming* / 051

Research on the Effect of the Study and Education of the Party History in
　　Hebei Province and the Countermeasures for its Further Development
　　　　　　　　　　　　　　　　　　　　　　　　　　　　　　　Yin Yuan / 067

Ⅲ　Practical Exploration Reports

Reseatch on the Theoretical Propaganda Energy-Cohesively and
　　Practice-effectively in Hebei Province　　　　　　　　Jia Yu'e / 089
Research on the Practice of Political Consultation in the Whole Process of
　　Democratic Development in Hebei Province　　　Wu Jingshuang / 106
Investigation and Reflection on Learning and Publicizing the Constitution
　　in Hebei Province　　　　　　　　　　　Cai Xinxin, Sun Yongwei / 123
Research on the Integration of Socialist Core Values into the Culture
　　Construction in Hebei Province　　　　　Zhang beibei, Liang ping / 135
Research On Strengthening the Construction of Network Spiritual Civilization
　　in Hebei Province　　　　　　　　　　　Liu Shuyue, Feng Hancai / 150
Investigation and Reflection on the Value Guidance and Social Impact of
　　Excellent Journals in Hebei Province　　　　　　　Wang Shaojun / 165

Ⅳ　Civilized Custom Reports

A Study on Practical Development and Path Choice in Promoting Integrity
　　Construction in Hebei Province　　　　　　Li Na, Ding Xuejing / 184
Research on the Practical Path on Promoting the Construction of Rural Style
　　Civilization in Hebei Province　　　　　　　　　　Yang Chunjuan / 201

CONTENTS

Research on Digital Village Governance in Hebei Province from the

    Perspective of Harmonious Coexistence   *Xu Ying* / 220

Research on Promoting Volunteer Participation in Community Governance in

    Hebei Province   *Liu Limin, Wang Yina* / 231

Investigation and Path Choice of Promoting the Construction of Family

    Civilization in Hebei Province   *Wang Chenyang* / 247

V   Case Studies Reports

The Light of Morality Shines Here Persistently   *Bao Laijun, Jing Guifu* / 265

The Moral Phenomenon Has Performed Wonders for Fifteen Years

    Wang Fei, Wang Delong / 279

The Story of Voluntarily Warm-hearted Sister   *Qin Zhihong* / 297

Changing As a Butterfly Under the Guidance of Socialist Core Value

    Duan Xiaoping / 311

005

总报告
General Report

以史为鉴　团结奋进　为建设现代化经济强省美丽河北汇聚强大正能量

——河北省社会主义核心价值观培育践行2021年进展与2022年展望

李鉴修　李 龙*

摘　要： 2021年，河北省围绕开局"十四五"、启航新征程布局谋篇，把社会主义核心价值观培育和践行融入党史学习教育全过程，大力加强理论武装，广泛开展庆祝中国共产党成立100周年系列活动，不断深化爱国主义教育和公民道德建设，深入推进精神文明建设和实践，在学党史、悟思想、办实事、开新局中充分发挥了社会主义核心价值观强基固本的作用。面对"两个大局"深刻变化与河北经济社会发展需要，河北省在新的一年中要深刻把握社会主义核心价值观本质要求，在政治建设、共同富裕、文化发展、文

---

* 李鉴修，河北省社会科学院邓小平理论、"三个代表"重要思想和科学发展观研究所（精神文明建设研究中心）所长（主任）、研究员，研究方向：党建、思政；李龙，河北省委宣传部社会宣传处副处长，研究方向：文化宣传。

明风尚和精神传承上下功夫，为迎接党的二十大营造浓厚氛围，为加快建设现代化经济强省美丽河北凝聚强大正能量。

关键词： 河北省 社会主义核心价值观 培育践行

2021年是"十四五"规划开局之年、中国共产党建党100周年，也是全面开启建设社会主义现代化国家新征程、向第二个百年奋斗目标进军的一年，更是党和国家历史上具有里程碑意义的一年。河北省以社会主义核心价值观固本培元，在学思践悟中践行知行合一，学史明理、学史增信、学史崇德、学史力行，用党的百年奋斗重大成就启迪智慧、增强斗志，为"十四五"开局起步和现代化经济强省美丽河北建设提供了不竭的精神动力。2022年是河北抓住机遇、乘势而上的关键一年，要聚焦工作重点，紧紧围绕迎接、宣传党的二十大这条主线，准确把握党中央重大决策部署，推动社会主义核心价值观培育和践行向深度和广度拓展，为加快建设现代化经济强省美丽河北汇聚强大正能量。

一 2021年河北省社会主义核心价值观培育践行总体状况

2021年，河北省深入学习贯彻习近平总书记关于社会主义核心价值体系的重要论述，大力培育和践行社会主义核心价值观，聚焦开局"十四五"、开启新征程，坚持守正创新，勇于担当作为，弘扬主旋律，以新风正气引领思想道德建设和社会风尚，推动精神文明建设工作保持积极发展态势，展现良好时代风貌。

（一）深入推进理论武装工作

踏上新征程，河北省旗帜鲜明讲政治，把坚定理想信念作为首要政治任务，聚焦"三六八九"工作思路，妥善应对新冠肺炎疫情复杂多变的严峻形势，努力尽京畿要地之责，当好首都政治"护城河"。一是坚持强化党的创新理论武装，深切感悟习近平新时代中国特色社会主义思想的伟力。结合党的十八大以来党和国家各项事业取得历史性成就、发生历史性变革的进程，结合党的十九大以来河北发生的历史性新变化，加深对习近平新时代中国特色社会主义思想的理解和领悟，始终在学懂弄通做实党的创新理论上下功夫，坚持原原本本学、融会贯通学、联系实际学、及时跟进学。河北省委召开14次理论学习中心组会议，深刻理解党的创新理论的科学性、真理性，认真体会蕴含其中的强大真理力量和实践力量，深入理解中国共产党为什么能、中国特色社会主义为什么行、中国梦为什么一定能实现，不断增强政治认同、思想认同、理论认同、情感认同，自觉用习近平新时代中国特色社会主义思想武装头脑、指导实践、推动工作。二是深化"六进"和学校"三进"。各级领导干部始终把拥护"两个确立"和做到"两个维护"作为最重要的政治纪律和政治规矩，带头讲党课，到高校听思政课、讲思政课，开展宗教领域"双创四进"，夯实团结奋斗的共同思想基础。把学习贯彻习近平新时代中国特色社会主义思想，与学习党史、新中国史、改革开放史、社会主义发展史有机结合起来，寻求"最大公约数"，画出最大同心圆。不断提高政治判断力、政治领悟力、政治执行力，始终同以习近平同志为核心的党中央保持高度一致。三是坚定不移贯彻习近平总书记的重要指示批示。河北作为革命的土地、英雄的土地、"新中国从这里走来"的地方，始终把习近平总书记对河北的关心关怀转化为奋斗新时代、奋进新征程的强大动力。习近平总书记对河北知之深、爱之切，党的十八大以来9次视察河北，特别是2021年先后到张家口、承德两次视察，给平山县北庄村全体党员回信，向"2021'一带一路'·长城国际民间文化艺术节"致贺信，《求是》杂志发表习近平总书记文章《在河北省阜平县考察扶贫开发工作时的讲话》等，为河北省做好工作提供了强大的政治引领，给全省上下以极大鼓舞和激励，激发了干部群众加快建设现代化经济强省美丽河北的动力和热情。省委召开52次常委扩大会议、5次省委常委会、5次全面深化改革会议等,着力推动各项工作落地落实,收到实效。

(二)深入开展党史学习教育

党史学习教育开展以来,河北省委和全省各级党组织认真学习贯彻习近平总书记重要讲话精神和党中央决策部署,加强组织领导,精心谋划实施,深入宣传宣讲,突出学党史、悟思想、办实事、开新局总要求,不断增强学史明理、增信、崇德、力行,深化思想认识,坚持政治站位,强化全局观念,乘势而上,再接再厉,推动党史学习教育有力有序有效向广度和深度拓展,取得了显著成效。一是强化工作统筹。召开8次省委全会,作出安排,分别明确12个方面68项任务和6个方面64个事项,并及时开展"回头看",有序推进学党史、悟思想、办实事、开新局各项工作深入开展。二是充分发挥河北省红色资源优势。规划推出了五大主题红色文化线路和80条党史学习教育主题学习线路,组织各地围绕主题学习线路开展丰富多彩的活动,把书本学和现场学、线下学和线上学相结合,增强党史学习教育的沉浸感、代入感、体验感,让党员干部群众在追寻革命足迹、领悟革命历史的过程中传承红色基因、接受党史教育。"五一"期间,全省接待各地游客3474.52万人次。由省委党史学习教育领导小组主办,省委宣传部、省教育厅、长城新媒体集团等8部门承办的红色故事报告会,围绕党的奋斗历程和丰功伟绩,聚焦河北省红色资源,采用情景剧、微视频等形式,讲好红色故事,为深入开展党史学习教育提供了生动教材,为庆祝建党100周年营造了浓厚氛围。三是打造宣传矩阵,营造浓厚氛围。扎实开展以党史学习教育为重点的常态化宣讲,开展"六进"宣讲69万余场次,受众达3100万人次。河北省1个基层理论宣讲集体、2名个人和1部微视频获得中宣部通报表扬。制作推出短视频、H5、海报、MG动画等一批有特色、有分量、有影响的融媒产品。2021年5月1日启动红色文化主题线路全媒体采访直播活动,通过直播节目、"报台网端微屏"集中联动、红色点位直播连线等方式,打造了一堂别开生面的全媒体党史课,吸引超2000万人次线上参与。在全国、全网拓展了覆盖面、传播力、影响力，多次得到领导好评。其中，《老英雄红色故事报告会》被"省委党史学习教育推进大会"列为第一议程，组织省市县三级集中收听收看，报告会在广大党员干部群众中产生强烈反响。中宣部称赞报告会是"党史学习教育的鲜活生动案例"。

（三）深入开展庆祝中国共产党成立100周年系列活动

庆祝中国共产党成立100周年是2021年的大事。河北省各级党组织认真筹划，开展了丰富多彩的庆祝活动。一是认真学习习近平总书记在庆祝中国共产党成立100周年大会上的重要讲话精神。7月1日，河北省庆祝中国共产党成立100周年大会在革命圣地西柏坡召开。省委书记、省人大常委会主任王东峰在会上强调，要深入学习贯彻习近平总书记在庆祝中国共产党成立100周年大会上的重要讲话精神，回顾中国共产党百年奋斗的光辉历程，展望中华民族伟大复兴的光明前景，弘扬党的光荣传统和革命精神，进一步动员全省上下不忘初心、牢记使命，更加紧密地团结在以习近平同志为核心的党中央周围，凝心聚力开创建设经济强省美丽河北新局面，为全面建成社会主义现代化强国和实现中华民族伟大复兴中国梦不懈奋斗。二是结合党史学习教育举办专题读书班。7月1日，在省委党校（河北行政学院）举办省级领导干部党史学习教育专题读书班，邀请中央党史学习教育宣讲团成员、中央党史研究室原副主任李忠杰作专题辅导报告。全体学员深入学习领会习近平总书记重要讲话精神，重温习近平总书记《论中国共产党历史》等重点书目，观看《雄关漫道真如铁》专题视频，通过集体学习、个人自学、交流发言等多种方式，进一步深化对习近平总书记"七一"重要讲话重大意义的认识、对我们党百年奋斗历程中取得伟大成就的认识、对我们党探索的宝贵经验和形成的伟大精神的认识和对河北肩负重大历史使命的认识。三是开展多种多样的庆祝活动。各级党校（行政学院）开办主题班次，高校、科研院所开展理论研讨活动，深入学习和感悟伟大建党精神，深入挖掘革命精神谱系在河北的发展，对西柏坡精神、塞罕坝精神等进行了深入研究和阐释。文艺界创作推出了两部庆祝建党百年献礼影片——《革命者》和《守岛人》，被国家电影局确定为全国庆祝建党百年重点影片。

（四）深入开展爱国主义教育

推进爱国主义教育，改进和加强新时代思想政治工作。一是推荐命名爱国主义教育基地。推荐迁西县喜峰口长城抗战遗址、张北柔性直流电网工程2个基地入选全国爱国主义教育示范基地；命名石家庄市博物馆等18个单位为第六批省级爱国主义教育基地，进一步完善了河北省爱国主义教育体系。二是充分发挥基地作用。组织指导河北省34家爱国主义教育基地在全省14个地区（含11个设区市和定州市、辛集市、雄安新区）联合举办"红色土地　英雄河北——河北革命史巡展"，动员全省基地深入开展丰富多彩的爱国主义宣教活动，共同讲好中国故事、中国共产党故事、新时代中国特色社会主义故事，激励动员全省党员干部群众特别是青少年，传承红色基因、赓续革命精神。三是开展爱国卫生运动。针对聚集性疫情多发易发情况，河北省爱卫办深入组织开展夏秋季爱国卫生运动，要求各级爱卫会及成员单位紧密结合疫情形势和季节特点，着力抓好城乡污水、"十乱"现象、卫生死角等治理，特别是城市老旧小区、城中村、城乡接合部、背街小巷、农贸市场等重点部位、场所的整治提升工作，推行垃圾分类，实现城乡环境卫生基础设施水平全面提升。

（五）深入实施公民道德建设工程

河北省深入学习宣传贯彻习近平总书记关于道德建设的一系列重要论述，全面落实第八届全国道德模范座谈会精神，充分发挥道德模范的榜样示范作用，以道德建设为根基，持之以恒推进精神文明建设和社会主义文化建设，不断提升人民思想道德素质，弘扬主旋律，汇聚正能量，引导和激励广大党员干部群众奋斗新时代、奋进新征程。一是广泛选树先进模范。评选表彰第八届河北省道德模范20名，邢台赵庆祥、衡水张志旺被授予第八届全国道德模范，另外8名同志获全国道德模范提名奖（累计18人获评全国道德模范，64人获提名奖，河北数量位居全国第四），王红心、吕保民、张雪松3名第七届全国道德模范入选中央文明办、光明日报社主编的《道德模范光明礼赞》一书。选树各级"身边好人"8000多名，305人（组）入选"河北好人榜"，51人（组）荣登"中国好人榜"，入选数量居全国第五位；宣传推选709个河北省学雷锋志愿服务先进典型，14个入选全国"四个100"，入选数量居全国第四位，"道德典型金字塔"不断壮大。各地大力开展学习宣传、礼敬礼遇活动，引导道德领域先进典型7000多人当好党的政策宣传员、社会治理监督员、百姓身边信息员，持续发挥示范引领作用。未成年人思想道德建设进一步加强。"童心向党"教育实践、红色经典图书进校园等活动深入开展，沧州市"童心明德"工作经验在全省推广。二是培树时代新人。选树各级"新时代好少年"4000多名，其中省级20名，邯郸邸嘉萱同学入选全国新时代好少年名单，为未成年人健康成长树立了榜样。争取中央支持乡村学校少年宫项目24个，建成乡村"复兴少年宫"428所，5个县（市）入选全国乡村"复兴少年宫"建设试点。三是社会主义核心价值观入法工作取得新进展。把习近平法治思想学习宣传同普法工作结合起来，发挥各类基层普法阵地作用，做好习近平法治思想进教材、进课堂、进头脑工作。新修订的《河北省志愿服务条例》由省人大常委会第二十五次会议通过并公布施行，沧州、承德、邢台市文明行为促进条例获省人大常委会批准，出台条例的地级市总数达到6个，张家口等地将文明行为立法工作纳入2022年立法计划。

（六）深入开展文明创建活动

河北省着眼落实"三重四创五优化"部署，整体推进文明城市创建，保持了"创省级、争全国"的良好发展态势。突出争创全国，推动重点市县持续深化创建。推动10个全国文明城市和19个提名城市逐级细化"四个清单"，压实主体责任；组织迎检城市参加全国文明城市创建工作培训班，先后与29个重点市县开展"面对面"交流和实地调研指导，为高质量接受国家复检和争创奠定基础。河北省文明办制发《河北省精神文明建设年度考核办法》，组织第三方对75个市、县（市、区）进行实地暗访考察，以重点带动活跃全局；对全省178个市、县（市、区）进行2021年省级文明城市创建工作年度测评（复检），对各地提高创建水平起到了重要作用。配合中央各大媒体圆满完成"奋斗百年路　启航新征程·文明城市谱新篇"主题宣传活动，对正定县（全国共16个）的文明城市创建工作从多个角度进行了立体化报道，产生了重大而良好的影响。制发河北省文明村镇、单位、家庭、校园测评（评价）细则，推动基层基础创建不断深化。文明村镇创建提质扩面，县级及以上文明乡镇1491个、文明村28021个，占比分别达78%、59.1%。村规民约、红白理事会、道德评议会实现100%全覆盖。河北省民政厅印发《关于同意将雄安新区等单位确认为全省婚俗改革实验区的批复》，同意将雄安新区、保定市莲池区、衡水市冀州区、邯郸市肥乡区、辛集市等确认为全省婚俗改革实验区，围绕婚俗改革试点主题，积极培育和践行社会主义核心价值观，大力推进婚姻领域移风易俗，传承发展中华优秀婚姻家庭文化，倡导全社会形成正确的婚姻家庭价值取向，遏制婚俗不正之风，不断提升全社会文明程度和群众精神风貌，为推进婚俗改革提供鲜活样板。完善"河北省精神文明创建动态管理系统"，强化对文明单位创建工作的日常监督管理，不断提升文明单位服务水平，促进营商环境优化。制定24条措施贯彻落实中央7部委《关于进一步加强家庭家教家风建设实施意见》，深化家庭家教家风建设，选树2万余户家庭典型，41户入选2021年度"全国最美家庭"。在全国加强家庭家教家风建设工作推进会上，河北省相关经验在全国推广。《中华好家风》"家风传万家"系列特别节目，以热心公益、忠诚担当、爱国爱家、孝老爱亲、向上向善五大主题为出发点，温情讲述获得第二届"全国文明家庭"称号的河北人自己的家风故事，深刻剖析家庭家风的内在传承，展现了河北省文明家庭风采，潜移默化地引领观众了解家风的形成及其积极的社会意义。组织开展新一届"创建全国文明校园先进学校"推选工作，对全省61所全国文明校园进行督导检查，强化动态管理，确保常态长效创建工作。

（七）深入开展新时代文明实践中心建设和志愿服务活动

河北省各地建成新时代文明实践中心 156 个、实践所 1861 个、实践站 25089 个，占比分别为 93.4%、83.5%、48.5%。全省 868 所高校与驻地结对开展文明实践活动，1.4 万名文明实践联络员帮助解决群众"急难愁盼"问题，规范婚丧嫁娶办事标准，户均节约费用 1.2 万元，减轻农民"人情负担"50%。特色志愿服务队 4.9 万余支，开展文明实践活动 12 万场，受益群众达 1106 万人次。9 篇工作案例入选中央文明办系列丛书，省内推广典型经验 23 例，邢台市运用基层文明实践联络员打造 8600 多个"百姓议事厅"的做法，被中央文明办简报和央媒进行了集中宣传推广。为深入落实习近平总书记在承德考察时的重要讲话精神，贯彻总书记关于"推动志愿者在社区治理中有更多作为"和滨河社区养老志愿服务模式"可以推广"的重要指示，河北省文明委制定了《关于进一步深化志愿服务工作的意见》（冀文明〔2021〕7 号），推动各地提升志愿服务质量。印发《承德市滨河社区养老志愿服务模式调研报告》（冀文明办通〔2021〕15 号），在全省推广其经验做法。广泛开展志愿服务关爱行动，推动各地围绕疫情防控、扶危济困、扶孤助残、迎冬奥等开展志愿服务活动，择优发布志愿服务项目 16207 个，吸引 371 万人次广泛参与，惠及群众 6764 万余人次。张家口市广泛开展"迎冬奥 讲文明 树新风"志愿服务项目，建好赛会志愿者、城市志愿者、社会志愿者 3 支队伍。完成 4456 人的赛会志愿者人岗匹配工作，储备张家口市冬奥城市志愿者 14526 名，引导动员 203414 名张家口市群众注册成为"文明志愿者"，全年开展活动 2822 场，服务时长超过 167 万小时，为助力冬奥成功举办贡献志愿力量。

二 2022年河北省社会主义核心价值观培育和践行的形势和任务

2022 年是党的二十大召开之年，是加快建设现代化经济强省美丽河北的关键之年。河北省仍处于历史性窗口期和战略性机遇期,"三件大事"带来的强大发展势能正在加速释放,"六个现代化河北"的奋斗目标、"两翼两区三群六带"发展布局鼓舞人心、催人奋进。培育和践行社会主义核心价值观,要进一步把握时代特点和实践发展新要求,为经济社会发展汇聚强大正能量。

(一)"两个大局"深刻变化为培育和践行社会主义核心价值观提出了新的时代课题

当前,我国正处于实现中华民族伟大复兴关键时期,世界百年未有之大变局加速演进,形势环境变化之快、改革发展稳定任务之重、矛盾风险挑战之多、对我们党治国理政考验之大前所未有,外部环境更趋复杂严峻和不确定。2022 年,中国经济发展面临着需求收缩、供给冲击、预期转弱三重压力。面对国际国内的复杂形势,我们党正带领人民进行具有许多新的历史特点的伟大斗争。河北省既面临难得的发展机遇,也面临着严峻的挑战。复杂多变的形势既彰显了坚持价值追求的重要性和紧迫性,也为培育和践行社会主义核心价值观提出了一系列新课题。其一,中国共产党坚定理想信念,不忘初心使命,以自强不息的奋斗深刻改变了世界发展的趋势和格局,领导人民成功走出中国式现代化道路,创造了人类文明新形态。这一人类文明新形态最深层的内核就是社会主义核心价值观,而如何坚持和发展社会主义核心价值观,则体现和决定着这一人类文明新形态的性质和方向。其二,党推动构建人类命运共同体,着眼于为解决人类重大问题,建设持久和平、普遍安全、共同繁荣、开放包容、清洁美丽的世界贡献中国智慧、中国方案、中国力量,体现着中华民族的文化理想和精神高度,彰显和拓展着社会主义核心价值观的张力和意义。这不是自发实现、一劳永逸的,而是一个长期的、历史的过程,也是一个需要持续深化的基础性工程、战略性任务。

(二)经济转型发展需要以社会主义核心价值观引领方向

河北省第十次党代会提出了未来 5 年的奋斗目标,强调要加快建设

"两翼"带动、协同发展的现代化河北,加快建设创新驱动、跨越赶超的现代化河北,加快建设绿色低碳、生态优美的现代化河北,加快建设文化教育体育繁荣、精神文明高度发展的现代化河北,加快建设共同富裕、普惠共享的现代化河北,加快建设公平正义、平安法治的现代化河北。这一奋斗目标,鲜明体现着社会主义核心价值观的丰富内涵和根本要求,也为以社会主义核心价值观引领高质量发展提供了广大舞台。一是需要在服务中心任务上进一步努力,引导广大党员干部群众紧紧围绕办好"三件大事",凝心聚力、拼搏奋进,努力创造"雄安质量",推动形成"两翼、两区、三群、六带"发展布局,在对接京津、服务京津中加快发展自己,为重大国家战略和国家大事落地实施贡献智慧和力量。二是需要围绕完整准确全面贯彻新发展理念下功夫,从观念层面认清面临的困难和问题,引导干部群众深刻把握"创新、协调、绿色、开放、共享"五大发展理念的根本要求,在思想上、认识上、行动上始终把握好前进的方向,做到知行合一,引领发展,不断加快产业绿色转型,深化生态环境治理,在构建新发展格局、推动高质量发展上创造新业绩。三是需要防范化解重大风险隐患,引导党员干部坚持底线思维,增强忧患意识,统筹做好疫情防控、安全生产、森林草原防火、防灾减灾救灾等工作,坚决维护国家政治安全、意识形态安全、经济安全,牢牢守住不发生系统性区域性风险的底线,不断满足人民对美好生活的新期待。四是围绕贯彻"四个办奥"理念,努力交出冬奥会筹办和本地发展两份优异答卷,需要考虑如何把社会主义核心价值观体现在方方面面,既为举办一届精彩、非凡、卓越的奥运盛会做出河北贡献,也彰显燕赵儿女深厚的文化素质和精神风貌。

(三)促进共同富裕需要社会主义核心价值观的有力彰显

共同富裕是社会主义核心价值观的重要内容,是社会主义的本质要求,是中国式现代化的重要特征。促进共同富裕,不只是生活的富裕富足,也意味着多样化、多层次、多方面的精神文化需求得到满足。它包括学有所教、有教无类的教育公平,包括病有所医、老有所养的社会福利体系,包括诚信知理、与人为善的崇德社会风貌，也包括绿水青山、蓝天白云的良好生态环境等。脱贫攻坚、全面建成小康社会的伟大胜利，使我们在实现共同富裕的道路上迈出了坚实的一大步，但是踏上新征程，向第二个百年奋斗目标迈进，需要我们适应我国社会主要矛盾的变化，更好满足人民日益增长的美好生活需要，把促进全体人民共同富裕作为为人民谋幸福的着力点，这是经济社会发展的需要，是培育和践行社会主义核心价值观的题中之义。习近平总书记在主持召开中央财经委员会第十次会议时强调，"要促进人民精神生活共同富裕，强化社会主义核心价值观引领，不断满足人民群众多样化、多层次、多方面的精神文化需求"。这就需要把握社会主义核心价值观的本质要求，科学认识群众需求的一致性和多样性关系，坚持求同存异、聚同化异，寻求"最大公约数"，画出最大同心圆，既促进人民物质生活共同富裕，也促进人民精神生活共同富裕。

（四）宣传思想工作常做常新需要社会主义核心价值观内在支撑

宣传思想工作承担着举旗帜、聚民心、育新人、兴文化、展形象的使命任务，是必不可少、常做常新的，需要坚定价值观自信，不断深化对中国特色社会主义的价值认同，实现社会主义核心价值观对宣传思想工作的有效引领。如何认识和把握当前意识形态工作的严峻性和复杂性，做好各种社会思潮的价值辨析；如何认识和把握理想信念、价值理念、道德观念的重要性，形成具有"最大公约数"的价值共识；如何塑造人民群众爱国主义、集体主义、社会主义的家国情怀，培育把远大理想与个人追求融为一体的价值共鸣；如何推进公民道德建设，引领文明新风尚等，都需要以社会主义核心价值观为基本遵循，在社会主义核心价值观培育和践行上知行合一，久久为功。河北作为首都的政治"护城河"，迫切需要时刻保持清醒头脑，严格落实意识形态工作责任制，加强和改进思想政治工作，深化网络综合治理体系建设，把社会主义核心价值观具象化、体系化为各项工作要求，以"兴国之魂"的力量引领宣传思想工作发展。当今世界各种思想文化交流、交融、交锋日益频繁，精神力量在综合国力竞争中的地位和作用更加凸显。必须认真做好各种西方社会思潮和意识形态的识别、辨析、批判工作，认真落实社会主义核心价值观作为价值共识的引领作用，在解难题、寻出路、谋发展中发挥社会主义核心价值观作为价值共识的"强信心、聚民心"功能，增强社会主义核心价值观作为价值共识的"暖人心、筑同心"作用。河北是文化大省，历史文化悠久，但离文化强省还有很大距离，需要不断坚持以社会主义核心价值观引领文化建设，挖掘文化资源，激发文化创新创造活力，持续为现代化经济强省美丽河北建设培根铸魂，凝聚共识，焕发生机。

三 2022年河北省培育和践行社会主义核心价值观的思路和举措

社会主义核心价值观是中华民族独特精神支柱，是凝聚中国力量的思想道德基础，是宣传教育工作的"魂"。习近平总书记指出："社会主义核心价值观是当代中国精神的集中体现，凝结着全体人民共同的价值追求。要以培养担当民族复兴大任的时代新人为着眼点，强化教育引导、实践养成、制度保障，发挥社会主义核心价值观对国民教育、精神文明创建、精神文化产品创作生产传播的引领作用，把社会主义核心价值观融入社会发展各方面，转化为人们的情感认同和行为习惯。"[①] 2022 年，河北省必须解放思想、开拓创新，埋头苦干、锐意进取，推动习近平新时代中国特色社会主义思想深入人心，引导广大干部群众自觉做社会主义核心价值观的实践者，为加快建设现代化经济强省美丽河北凝聚磅礴之力，为党的二十大胜利召开营造浓厚政治氛围、舆论氛围和社会氛围。

（一）兴起学习贯彻习近平新时代中国特色社会主义思想新高潮

习近平新时代中国特色社会主义思想是中国的马克思主义、21 世纪的

---

① 习近平：《决胜全面建成小康社会　夺取新时代中国特色社会主义伟大胜利——在中国共产党第十九次全国代表大会上的报告》，《人民日报》2017 年 10 月 28 日。

马克思主义,是引领中国特色社会主义新时代的纲领、旗帜和灵魂,展现了马克思主义的真理光辉。一要推动习近平新时代中国特色社会主义思想入脑入心,深入学习领会和准确把握习近平总书记系列重要讲话精神,深入开展党的十九届六中全会精神学习教育活动,以高度的政治自觉、思想自觉、行动自觉抓好贯彻落实。要突出抓好广大党员干部学习,运用好理论学习中心组学习会、各级各类读书班、党校(行政学院)培训等载体,精心做好主题宣传宣讲和理论研究阐释,做到知信行合一、学思用贯通。二要突出抓好各民主党派、无党派人士学习,深化政治认同、思想认同、情感认同,夯实团结奋斗的共同思想政治基础。三要突出抓好广大群众特别是青少年学习,引导广大青年自觉把青春奋斗融入党和人民的事业,培养实现中华民族伟大复兴的先锋力量,持续掀起学习宣传贯彻的热潮。四要在常学常新中加强理论修养,在细照笃行中不断修炼自我,在知行合一中主动担当作为,深刻领会和掌握贯穿其中的马克思主义立场、观点和方法,不断增强"四个意识",坚定"四个自信",做到"两个维护",更加坚定自觉地增加历史自信、增进团结统一、增强斗争精神,更加坚定自觉地践行初心使命、坚定理想信念、维护党中央权威和集中统一领导、贯彻执行党中央决策部署,更加坚定自觉地听党话、感党恩、跟党走。

(二)在当好首都政治"护城河"中负责、担责、尽责

只有理论上清醒,政治上才能坚定。要继续深化党史学习教育,研究制定巩固拓展党史学习教育成果和健全常态长效机制的实施意见,强化干部教育培训,深化学校思政课教育,深化宣传教育,进一步用好红色资源,丰富党史学习教育内容,在重温历史中传承革命精神。要进一步深化"四史"学习,切实做到学史明理、学史增信、学史崇德、学史力行。要用好基层阵地和平台,强化意识形态阵地管理,开展"清风行动"专项工作和"清朗"系列专项行动,规范网络内容治理,加强意识形态领域形势综合分析、日常研判,做好风险排查和防控工作。要发挥各级宣讲团和老革命军人、老英模、老党员作用,扎实开展"永远跟党走"群众性主题宣传教育活动、"团

结就是力量"专题学习教育活动,增强宣传宣讲的针对性和实效性。要坚守共产党人精神追求,不断提高政治判断力、政治领悟力、政治执行力,把个人奋斗融入实现经济社会发展的共同奋斗之中,在实现国家富强、民族振兴、人民幸福、社会和谐的过程中,实现自己的人生理想,动员和激励广大党员干部群众满怀信心开启全面建设社会主义现代化国家新征程。

(三)在贯彻落实新发展理念中为共同富裕注入活力

河北经济结构调整任务重,能源结构和交通结构不尽合理,必须把新发展理念贯穿于经济社会发展的各领域和全过程,努力实现更高质量、更有效率、更加公平、更可持续、更为安全的发展。这既是经济社会发展的需要,也是社会主义核心价值观的体现。要深入学习领会和准确把握党中央重大决策部署,深化改革开放,加快实施科教强省战略,推动形成依靠创新驱动的内涵式增长,推动高质量发展,构建新发展格局。协调全省重点工作,全力办好"三件大事",加快产业转型升级步伐,全面深化改革、扩大开放,持续打好污染防治攻坚战,统筹抓好常态化疫情防控、信访维稳、安全生产、食品药品农产品安全、森林草原防火、防灾减灾等工作。统筹区域治理、流域治理、属地治理,加快产业绿色转型升级,以更高标准打好蓝天、碧水、净土保卫战。要坚定不移保障改善民生,弄明白实现共同富裕的弱项和不足,教育引导干部群众坚持以人民为中心,把实现好、维护好、发展好最广大人民根本利益作为出发点和落脚点,巩固脱贫攻坚成果,全面推进乡村振兴,深入实施20项民生工程,办好10件民生实事。以河北之稳拱卫首都安全,以河北之进服务全国改革发展大局。

(四)在社会主义核心价值观引领中提高文化建设品质

文化是一个国家、一个民族的灵魂,文化自信是一个国家、一个民族发展中更基本、更深沉、更持久的力量。价值观是文化最深层的内核,价值观自信是文化自信最本质的体现。社会主义核心价值观植根于中华文化沃土,熔铸于我们党领导人民长期奋斗的伟大实践,是社会主义先进文化的精髓,是当代中国精神的集中体现，凝结着全体人民共同的价值追求，昭示着中国特色社会主义发展方向和光明前景。坚持以社会主义核心价值观为引领，才能确保文化建设制度朝着正确方向、沿着正确轨道发展和完善，才能推动发展面向现代化、面向世界、面向未来的，民族的、科学的、大众的社会主义文化。要把培育和践行社会主义核心价值观渗透到文化建设制度坚持和完善的各方面、各环节，融入法治建设和社会治理全领域，体现到国民教育、精神文明创建、文化产品创作生产全过程，进一步促进社会主义核心价值观内化于心、外化于行。要擦亮属于中华民族独有的精神标识，激发传统节日与现代生活相结合的时代活力，要坚持全民行动、干部带头，从家庭做起，从娃娃抓起。深入挖掘中华优秀传统文化蕴含的思想观念、人文精神、道德规范，结合时代要求和河北特点，继承创新，深培厚植，广泛践行体现社会主义本质要求、凝结时代精神和广泛共识的社会主义核心价值观，让中华文化在燕赵大地展现出永久魅力和时代风采。要深入推进河北省长城国家文化公园建设工作，推动落实《长城（河北段）国家文化公园建设保护规划》及实施方案，尽快印发《大运河国家文化公园（河北省）建设保护规划》等文件，总结、推广河北省国家文化公园建设中的好经验好做法，为长城国家文化公园建设提供经验借鉴。要深化文化体制改革，促进文旅融合，协调整合各方力量，明确建设、管理主体责任，推动河北文化事业和文化产业繁荣发展。要弘扬伟大建党精神及其在河北发展的精神谱系，对于西柏坡精神、塞罕坝精神等精神谱系，要展示丰富内涵，揭示时代价值，深挖精髓要义，让红色资源释放更大的感召力和凝聚力，在赓续精神血脉中彰显文化风采和魅力。

（五）在加强思想道德建设中引领社会文明风尚

坚定道德追求和道德实践就会激发全社会向上向善的正能量，就一定能够为经济社会发展和精神文明建设提供不竭的动力。河北省要进一步贯彻落实《新时代公民道德建设实施纲要》《新时代爱国主义教育实施纲要》，深入推进思想道德建设，宣传道德模范事迹，弘扬道德模范精神，推动形成崇德向善、见贤思齐、德行天下的浓厚氛围，着力培养担当民族复兴大任的时代新人，大力推进社会公德、职业道德、家庭美德、个人品德建设，把那些事迹突出、群众认可、具有鲜明时代特征、典型性示范性强的先进模范选出来、推上去，作为引领社会向上向善的旗帜。要深化道德模范学习宣传工作，引导各地落实礼敬礼遇措施，在全社会推动形成崇德向善、见贤思齐、德行天下的社会氛围，兴起崇尚模范、关爱模范、争当模范的时代风尚。要深化未成年人思想道德建设，大力选树"新时代好少年"，引导道德模范、"身边好人"、优秀志愿者当好党的政策宣传员、社会治理的监督员、百姓身边的信息员，把榜样力量转化为亿万群众的生动实践，营造全社会扶危济困、团结互助的浓厚氛围，汇聚起新时代全面建设经济强省美丽河北的强大精神力量。

（六）在深化学习党百年奋斗历史经验中赓续精神血脉

党的十九届六中全会将我们党百年奋斗的历史经验总结概括为：坚持党的领导、坚持人民至上、坚持理论创新、坚持独立自主、坚持中国道路、坚持胸怀天下、坚持开拓创新、坚持敢于斗争、坚持统一战线、坚持自我革命。十条历史经验内涵丰富、系统完整、相互贯通，有机统一为一个整体，是贯穿历史和未来、理论和实践的科学总结，凝结着我们党百年奋斗的历史智慧，揭示了我们党之所以成功的奥秘所在，也是我们党能够继续成功的根本要求。深刻理解和准确把握十条历史经验，是我们继往开来、推动现代化经济强省美丽河北建设的必然要求和强大支撑。河北是革命的土地、英雄的土地，是"新中国从这里走来"的地方，要持之以恒推进党史总结、学习、教育和宣传，让正确党史观更深入、更广泛地树立起来，让正史成为广大干部群众的共识，教育广大干部群众特别是广大青年坚定历史自信、筑牢历史记忆，满怀信心地向前进。要用好西柏坡、129师司令部旧址、李大钊纪念馆、阜平县城南庄等红色资源和河北党史图片档案文献展等重要平台，充分挖掘其内在价值、时代意义，打造红色旅游复合型产业体系，激发红色资源的"乘数效应"，赓续红色血脉，传承革命传统，凝聚强大力量，使红色资源不断焕发新的光彩、迸发新的活力。要加强爱国主义教育，制定新时代加强和改进全民国防教育工作实施意见，抓好教育培训，培育干部群众胸怀"国之大者"。

（七）在加强精神文明创建中营造迎接宣传贯彻党的二十大的浓厚氛围

精神文明创建渗透着社会主义核心价值观的精髓要义，是广大人民群众移风易俗、改造社会的伟大创造，也是加强先进文化建设的有效形式。丰富多彩的精神文明创建活动，极大地推动了经济与社会的协调发展，对整个中华民族的精神风貌产生了巨大的影响。河北要持续推进文明城市、文明村镇、文明校园、文明行业、文明家庭创建，以新风正气涵养和丰厚社会主义核心价值观土壤，打造文明高地。要深化拓展新时代文明实践中心建设，完善工作体系，丰富活动载体，加强特色培育，提质扩面，提档升级，努力实现实践中心全覆盖。要贯彻落实中宣部通知要求，把"新春走基层"活动作为迎接党的二十大主题宣传的重要开篇，组织新闻工作者不断增强脚力、眼力、脑力、笔力，深入基层一线、深入群众生产生活，深入宣传各地贯彻落实党的十九届六中全会精神的进展成效，报道各地基层党员干部群众的热烈反响，全面展示各地区各部门文明创建活动的新举措新成效。大力宣传党史学习教育取得的实实在在的成果，基层党风政风出现的可喜的新变化新气象，为迎接党的二十大胜利召开营造良好的舆论氛围。围绕爱党爱国爱社会主义，举办一系列群众宣讲活动，讲好中国共产党的故事，讲好中国故事，讲好新时代中国特色社会主义的故事，讲好河北故事，讲述对美好生活的畅想，为建设现代化经济强省美丽河北凝聚起强大的精神力量。

（八）在弘扬志愿服务精神中彰显中国特色、中国风格、中国气派

志愿服务是社会主义核心价值观的重要内容，体现了当代中国精神与价值追求，是人类奉献精神的集中体现，代表着社会文明水平。"奉献、友爱、互助、进步"的志愿服务精神，与当代中国人的理想信念、价值取向、道德准则相一致。要抓住北京冬奥会、冬残奥会志愿服务的大好机遇，全面落实分区分类"双闭环"管理要求，确保疫情防控万无一失，全面落实"四个办奥"理念和"简约、安全、精彩"办赛要求，高标准高质量完成好服务任务。要建立健全有效的制度安排与具体扶持措施，完善志愿服务网络平台，协调服务资源，推进管理科学化、信息化，通过运用社会工作专业方法，构建志愿服务机制，培育志愿服务组织，加大志愿服务者培训力度，强化志愿服务理念与技能，不断提高服务水平，在疫情防控、社区治理、扶危济困等方面，努力营造"人人参与、人人负责、人人奉献、人人共享"的社会风尚，形成帮助他人、快乐自己、行善立德的志愿服务文化，为涵养社会主义核心价值观提供丰厚实践土壤，推进社会主义核心价值观内化于心、外化于行，传递和汇集社会正能量，营造和谐氛围，充分彰显志愿服务精神的中国特色、中国风格、中国气派。

精神传承篇
Spiritual Inheritance Reports

中国共产党精神谱系河北乐章的阐释与传播研究

张彦台*

摘 要： 作为中国共产党百年发展和活动的重要区域，河北孕育形成了西柏坡精神和塞罕坝精神等精神财富，成为中国共产党精神谱系的河北乐章。当前，河北省在"中国共产党精神谱系河北乐章的阐释与传播"中多措并举，使燕赵儿女精神得以洗礼，共产党人精神血脉得以阐释与赓续，红色基因得以更好地传播与传承。受限于客观条件，当前中国共产党精神谱系河北乐章阐释与传播仍有需要进一步完善和深化的地方。在今后的工作中，我们需要注重顶层设计，全面加强阐释与传播，加快开发和建设网络共享平台，联合各方资源共同开发中国共产党精神谱系河北乐章线上线下互动项目，让中国共产党精神谱系河北乐章融入社区、乡村活动教育，共建中国共产党精神谱系河北乐章阐释与传播模式，加大高校传播力度，培养相关人才。

---

* 张彦台，河北省社会科学院省情研究所副所长、研究员，研究方向：中国近现代史。

中国共产党精神谱系河北乐章的阐释与传播研究

关键词： 中国共产党精神谱系　河北乐章　西柏坡精神　塞罕坝精神

在党史学习教育动员大会上，习近平总书记强调，我们党在百年长期奋斗中，构建起"中国共产党人的精神谱系"，使"立党兴党强党"① 有了丰厚的精神滋养。作为中国共产党百年发展和活动的重要区域，河北孕育形成了西柏坡精神和塞罕坝精神等精神财富，成为中国共产党精神谱系的河北乐章。在中国共产党成立百年的重大历史时刻，河北省多措并举，倡导和弘扬中国共产党精神谱系河北乐章，使燕赵儿女精神得以洗礼，共产党人精神血脉得以阐释与赓续，红色基因得以更好地传播与传承。

一　中国共产党精神谱系河北乐章阐释与传播概况

（一）西柏坡精神

西柏坡是位于河北省平山县的一个小山村，也是党解放全中国的最后一个农村指挥所。1947 年 5 月，朱德、刘少奇率领中央工委到达西柏坡，在这里召开了全国土地会议，颁布了《中国土地法大纲》，领导了土改运动。1948 年 4 月、5 月，毛泽东和周恩来率领中央机关先后来到西柏坡。中共中央在这里指挥了辽沈、淮海、平津三大战役，成立了华北人民政府，筹备了召开政治协商会议，召开了党的七届二中全会，描绘了中华人民共和国的宏伟蓝图。1949 年 3 月，中共中央离开西柏坡赴京建国。

中共中央在西柏坡时期，是中国革命的伟大历史转折时期，也是中国共产党民主革命过程中最成功、最辉煌的时期。党也由此在这里矗立起中国乃至世界军事史上的一座丰碑、中国政权建设史上的一座丰碑、党的精神文化

---

① 习近平：《学党史悟思想办实事开新局以优异成绩迎接建党一百周年》，《人民日报》2021 年 2 月 21 日。

史上的一座丰碑。西柏坡精神是党直接从事武装斗争二十余年积累的丰富斗争经验的产物，是党的优良传统和作风在重大历史转折关头的一次大检验、大总结、大发展，是党在长期革命斗争中锻造的革命精神的一次大升华，为促进和迎接全国胜利的到来，推动和发展中华人民共和国的各项建设事业，保证中国由新民主主义向社会主义的转变，从政治上、思想上和理论上做的充分准备。西柏坡精神凝结了深刻的历史经验，体现了中国共产党人的政治本色和忧患意识，传承了我们党在革命战争时期形成的红色精神基因，是中国共产党精神宝库中的一块瑰宝，是中国共产党精神家园中的一朵绚丽奇葩，在党的思想发展史和精神发育史上占据独特而崇高的地位。它是指导中国革命向前迈进的精神动力，并且随着历史的发展和中国特色社会主义建设的进程，越来越焕发出新的更强的生命力。

学术界对"西柏坡精神"一词最早提出是在20世纪80年代后期，初步研究则开始于90年代初。1987年，斯苏民在《四川党建》上发表《西柏坡精神永放光芒》一文，首次提出"西柏坡精神"。20世纪90年代中期，西柏坡精神研究进入了发展期，全国有影响的报刊相继发表有关理论文章，一些著名学者也投入了研究。1991年，《河北日报》以"继承和发扬'西柏坡精神'"为题将此文予以重发，引起了学术界的关注。1994年河北省委党校薛建中发表《历史周期率与西柏坡精神》。1995年11月8日，河北省社会科学院时运生、王彦坤在《人民日报》发表题为"弘扬西柏坡精神的时代意义"的文章提出，西柏坡精神的主要内涵是"敢于斗争，敢于胜利；严守纪律，团结一致；谦虚谨慎，实事求是；依靠群众，为民创业；艰苦奋斗，不断革命"。2001年7月3日，《人民日报》发表题为"发扬西柏坡精神实践'三个代表'——西柏坡精神研讨会综述"的文章，指出西柏坡精神主要包括"敢于斗争、敢于胜利的进取精神，实事求是、立国兴邦的创造精神，严守纪律、军民一致的团结精神，谦虚谨慎、艰苦奋斗的自律精神"；其本质是彻底的革命精神和勇敢的探索精神，核心是"坚持'两个务必'、革命到底"。2009年4月7日，王聚英、尤秀斌在《人民日报》发表题为"深刻认识西柏坡精神的主要内涵"的文章，认为西柏坡精神的主要内涵包括"谦虚谨慎、艰苦奋斗；敢于斗争、敢于胜利；依靠群众、团结统一"。2003年1月31日，《人民日报》发表理论文章《牢记"两个务必"发扬艰苦奋斗作风——学习胡锦涛同志在西柏坡学习考察时的重要讲话》，指出革命圣地西柏坡之所以受到党中央的高度重视，正是由于它所蕴含的以"两个务必"为核心的西柏坡精神，给人以深刻的教益，启迪来者，昭示后人，是我们党十分宝贵的精神财富。这是"以'两个务必'为核心的西柏坡精神"的表述方式首次在中央媒体上被提出。2004年6月16日，《人民日报》发表评论员文章《让西柏坡精神代代相传》。文章指出，以"两个务必"为核心内容的西柏坡精神，是我党和中华民族的宝贵精神财富。在此之后，以"两个务必"为核心的西柏坡精神提法在《人民日报》等中央媒体中多次出现。2019年1月，《人民日报》发布《中国共产党精神谱系》系列文章，对红船精神、井冈山精神、苏区精神、长征精神、延安精神、沂蒙精神、西柏坡精神7种革命精神进行论述，其中1月31日发表的文章《中国共产党精神谱系——西柏坡精神》中再次明确，以"两个务必"为核心的西柏坡精神，是党和国家的宝贵精神财富。2021年12月28日，《人民日报》刊发的《始终保持"赶考"的清醒和坚定结合新的时代条件弘扬西柏坡精神》中强调，以"两个务必"为核心的西柏坡精神，是中国共产党人精神谱系的重要组成部分，是党和国家的宝贵精神财富。新的征程上，我们要继承和弘扬西柏坡精神，始终以"赶考"的清醒和坚定答好新时代的答卷。

　　围绕西柏坡精神的著作和学术论文硕果累累。这些成果中既有全国精神文明建设"五个一工程奖"入选作品，也有"西柏坡与新中国"等国家社科规划重点课题；既有《西柏坡时期中国共产党历史文献整理与研究丛书》（六卷本）、《西柏坡纪事》、《西柏坡档案》、《西柏坡口述史》等文献资料，还有《来自西柏坡的报告》《西柏坡研究丛书》《西柏坡精神》等学术著作；既有《西柏坡精神永载史册》等《人民日报》《光明日报》《求是》等权威党报党刊发表的理论文章，也有《关于赶考问题的新思考》等核心期刊刊载的学术论文，还有《跳出历史周期律：中国共产党不懈破解的"赶考"命题》等入选中宣部等单位联合举办的中国共产党成立90周年理论研讨会的理论文章。截至2021年11月，在中国知网搜索，以"西柏坡"为主题共有2938条结果，以"西柏坡精神"为主题共有662条结果。同时，西柏坡精神研究获国家和河北省社会科学基金课题立项，成果在《新华文摘》全文转载，获得各类社科优秀成果奖等。

中共中央领导人对西柏坡精神高度重视。1991年9月，江泽民同志专程来到西柏坡，强调在新的历史条件下全党同志必须始终坚持"两个务必"，并做了重要题词："牢记'两个务必'，建设有中国特色的社会主义。"2001年11月，江泽民同志到河北考察工作时指出，要结合新的实际在全体党员干部中广泛开展坚持"两个务必"的教育，使全党同志在日益复杂的国内外环境中始终保持清醒的头脑，居安思危，增强忧患意识，扎扎实实地为国家和人民工作。2002年12月5日，胡锦涛同志到西柏坡学习考察时指出，我们一定要牢记毛泽东同志倡导的"两个务必"，首先要从自身做起，从每一位领导干部做起！历史和现实都表明，一个没有艰苦奋斗精神作支撑的民族，是难以自立自强的；一个没有艰苦奋斗精神作支撑的国家，是难以发展进步的；一个没有艰苦奋斗精神作支撑的政党，是难以兴旺发达的。

2005年，时任浙江省委书记的习近平发表《弘扬"红船精神"走在时代前列》的文章，首次在公开场合提及西柏坡精神。2008年1月12日，时任国家副主席的习近平在西柏坡学习考察，首次对"两个务必""赶考"进行论述。2011年6月，时任国家副主席的习近平再次提出"西柏坡精神"，这是中央领导人首次给予西柏坡精神这一概念的表述。习近平指出，我们党在长期革命斗争中形成了理论联系实际、密切联系群众、批评和自我批评等优良作风，形成了井冈山精神、长征精神、延安精神、西柏坡精神。2013年7月11日，习近平总书记来到西柏坡考察调研，对"两个务必""赶考"作出重要论述。习近平总书记从4个深刻的角度对"两个务必"进行了新的阐发。习近平总书记指出，在中国革命即将取得全国胜利之际，毛泽东同志在党的七届二中全会上向全党郑重提出"两个务必"是经过了深入思考的。里面包含着对我国几千年历史治乱规律的深刻借鉴，包含着对我们党艰苦卓绝奋斗历程的深刻总结，包含着对胜利了的政党永葆先进性和纯洁性、对即将诞生的人民政权实现长治久安的深刻忧思，包含着对我们党坚持全心全意为人民服务根本宗旨的深刻认识，思想意义和历史意义十分深远。2013年11月25日，习近平总书记在山东考察时再次提及西柏坡精神。2016年7月1日，习近平总书记在庆祝中国共产党成立95周年大会上对"赶考""两个务必"进行论述。2017年10月18日，习近平总书记在十九大报告中再次提到"两个务必"。

西柏坡纪念馆目前共有纪念设施4处。其中，西柏坡主题陈列馆建于1976年，于1978年5月26日开放，建筑面积6000平方米；西柏坡中共中央旧址复原建设始于1970年，边建设边开放，1978年基本完成复原建设并全部向社会开放；西柏坡廉政教育馆建于2007年，2009年4月向社会开放；西柏坡国家安全教育馆建于1999年。20世纪90年代，平山县和石家庄市先后成立西柏坡精神研究会。进入21世纪，石家庄学院等设立西柏坡红色文化研究中心。2013年6月，教育部、中央党史研究室共建成立河北师范大学中国共产党革命精神与文化资源研究中心，主要进行西柏坡精神研究。2015年，河北省委党校成立西柏坡研究中心。2015年8月，河北省中国特色社会主义理论体系研究中心西柏坡精神协作研究基地成立。2016年10月，河北省社会主义学院成立西柏坡统战文化研究中心，努力发挥好统战文化研究领域新型智库的作用。西柏坡纪念馆设立研究部，负责收集西柏坡时期中共党史资料，整理重要口述历史资料、重要党史人物回忆录等。2015年9月，河北省社会科学院党风廉政建设研究中心成立，主要开展西柏坡精神研究活动。与此同时，河北省社会科学院、河北省师范大学、河北省委党校、河北省社会主义学院、石家庄市委党校、石家庄学院、石家庄市社会科学院和西柏坡纪念馆等形成学科结构、年龄结构、知识结构比较合理的具有相当规模的西柏坡精神研究传播队伍。

（二）塞罕坝精神

1962年至今，几代塞罕坝林场的建设者听从党的召唤，忠实履行"为首都阻沙源、为京津蓄水源"的神圣使命，在"黄沙遮天日，飞鸟无栖树"

的荒漠沙地上坚持绿色发展，秉持科学精神，接续艰苦奋斗，甘于无私奉献，在一片荒漠中建成了世界上面积最大的人工林场，创造了变沙地为绿洲、让荒原成林海的人间奇迹，构筑了首都和华北地区的水源卫士、绿色生态屏障。

1992年塞罕坝建场30年之际，由熟知塞罕坝建设发展历程的国家原林业部副部长刘琨首次提炼塞罕坝精神为"勤俭建场，艰苦创业，科学求实，无私奉献"。2010年6月，国家原林业局局长贾治邦在塞罕坝调研后，在原塞罕坝精神基础上凝练提升为"艰苦创业，无私奉献，科学求实，开拓创新，爱岗敬业"。这次提炼的塞罕坝精神既涵盖了老一辈塞罕坝人吃苦奉献、求实奋进的创业精神，又反映了新时期塞罕坝人以人为本、创新进取的勃勃朝气，塞罕坝精神内涵得到进一步丰富。2016年7月15～16日，时任中共中央政治局委员、中央书记处书记、中宣部部长刘奇葆在河北省塞罕坝机械林场调研时强调，几代塞罕坝林场人伏冰卧雪、艰苦奋斗，创造了"沙漠变绿洲、荒原变林海"的绿色奇迹，书写了可歌可泣的创业史，不仅创造了不可替代的巨大绿色财富，而且创造了"忠于使命、艰苦奋斗、科学求实、绿色发展"的塞罕坝精神。要把塞罕坝林场作为站得住、推得开、叫得响的全国生态文明建设重大典型，广泛宣传学习，推动塞罕坝精神和绿色发展理念更加深入人心。要大力宣传塞罕坝精神，充分展现老一辈绿色先驱筚路蓝缕的创业历程和新一代林场人矢志不渝的接续传承，提炼总结其中蕴含的时代价值，为培育和践行社会主义核心价值观注入新能量。2016年9月19日，时任河北省委书记、省人大常委会主任赵克志到塞罕坝调研，对塞罕坝建设成就给予了高度评价。他建议将塞罕坝作为一个综合的重大典型在全省学习推广，同时提出，要结合当前新的形势对塞罕坝精神进行进一步提炼，融入"牢记使命、绿色发展"等内容。后经省委宣传部、省林业厅及塞罕坝机械林场共同研究，提炼出了"忠于使命、艰苦创业、科学求实、绿色发展"的新塞罕坝精神。中共河北省委主要领导予以审定。

2017年8月14日，习近平总书记对塞罕坝林场建设者感人事迹作出重要批示。他指出，55年来，河北塞罕坝林场的建设者们听从党的召唤，在

"黄沙遮天日，飞鸟无栖树"的荒漠沙地上艰苦奋斗、甘于奉献，创造了荒原变林海的人间奇迹，用实际行动诠释了绿水青山就是金山银山的理念，铸就了牢记使命、艰苦创业、绿色发展的塞罕坝精神。他们的事迹感人至深，是推进生态文明建设的一个生动范例。

塞罕坝展览馆始建于1992年塞罕坝机械林场建场30周年之际，2002年改建，2005年由原国家林业局投资扩建，占地面积5900平方米，建筑面积1987平方米，2008年正式开馆。展览馆拥有丰富的展陈内容、新颖的陈列形式、完善的服务设施、幽雅的参观环境，既是河北林业建设成就的展示窗口，又是国家生态文化建设教育设施，同时也是弘扬社会主义核心价值观的鲜活教材。截至2019年底，塞罕坝展览馆累计接待国内外访客30余万人次。

2017年7月10~14日，中宣部组织"塞罕坝机械林场生态文明建设范例新闻采访团"赴塞罕坝开展主题采访活动，8月3日起，以新华社播发的《开创生态文明新局面——党的十八大以来以习近平同志为核心的党中央引领生态文明建设纪实》开篇，掀起了塞罕坝机械林场作为"生态文明建设范例"系列报道的高潮。截至2020年8月，省级以上媒体累计推出塞罕坝相关研究报道达700余篇（条）。其中，中央电视台28条、《人民日报》57篇、《光明日报》45篇、《经济日报》18篇、《中国绿色时报》35篇、《河北日报》120篇、融媒体产品240个，塞罕坝网络话题阅读量超6亿次。

2017年，由人民日报出版社出版的《坚持绿色发展理念弘扬塞罕坝精神党员干部读本》，论述了塞罕坝精神，有利于加强生态文明建设宣传，推动绿色发展理念深入人心，推动全社会形成绿色发展方式和生活方式，推动美丽中国建设。2018年，由河北教育出版社出版的《绿色奇迹塞罕坝》，阐释了塞罕坝的地理位置和历史渊源、几代塞罕坝人物面貌写照、塞罕坝精神对生态文明的启示等。2019年，由河北科技出版社出版的《读懂生态文明范例——塞罕坝告诉我们什么？》一书，是一部全面普及生态文明知识、宣传塞罕坝精神的理论"优秀出版物"，被评为河北省优秀出版物，获第十三届河北省精神文明建设"五个一工程奖"。2019年，由河北人民出版社出版的《塞罕坝生态文明建设范例研究》，从塞罕坝生态文明建设的发展历程、实践价值、强大动力、政策支撑出发，进而把塞罕坝生态文明建设与京津冀协同发展和脱贫攻坚联系起来研究，意在从历史和实践层面对塞罕坝的生态文明建设进行全景式扫描，总结经验，找出规律，为新时代推进生态文明建设提供理论思考和典型示范。2019年，由河北人民出版社出版的《塞罕坝精神文明建设范例研究》，紧紧围绕几十年来塞罕坝林场精神文明建设的前行足迹、业绩成就和经验规律，通过梳理史料、实地调研、观摩走访、专家咨询等方式收集资料，以期挖掘出塞罕坝精神的灵魂内核，全方位展示出塞罕坝精神的丰富内涵和形成过程，为新时代中国特色社会主义精神文明建设提供强劲的精神动力。2020年，由中共党史出版社出版的《塞罕坝精神》，从历史、理论和现实相结合的多维视域，以塞罕坝精神的形成过程、深刻内涵、历史地位和时代价值为主线，坚持史论结合，注重图文并茂，选取塞罕坝林场建设过程中的典型事例和模范人物，解读其中蕴含的崇高精神，阐述塞罕坝精神在新时代坚守初心使命、推动事业发展、坚持绿色发展理念、推进生态文明建设中的巨大作用。

硕博士学位论文中，《新时代塞罕坝精神研究》一文指出，塞罕坝精神形成于塞罕坝林场建设的过程中，是林场建设者们在拼搏奋斗中产生的优秀精神财富。新时代塞罕坝精神是习近平总书记对过去塞罕坝精神的凝练总结，是对中华民族精神的继承弘扬，并立足于中国生态文明建设的实践需要，在结合过去生态治理经验教训的基础上，充分汲取中国传统自然观，运用习近平生态文明思想进行理论创新和实践创新。《从"绿色发展"到"塞罕坝精神"——大众媒介对"塞罕坝"形象传播研究》一文指出，随着时间的推移，大众媒介对塞罕坝地区传播的内容也逐渐丰富起来，报道当地艰苦奋斗的塞罕坝工作人员，还原早期艰苦的环境，形成特有的"塞罕坝精神"形象。大众媒介对"塞罕坝"形象传播时，通过图片与文字符号报道相结合的形式，呈现给受众塞罕坝地区生态文明建设的绿色发展形象；同时"塞罕坝精神"的传播主体以人物为主，大众媒介将故事化的人物群体呈现给受众，加深了受众的形象认知。《党员干部马克思主义信仰研究——以塞罕坝精神为例》指出，"塞罕坝精神"是马克思主义信仰在实践活动中的具体体现，学习弘扬塞罕坝精神，有助于坚定党员干部马克思主义信仰，筑牢党员干部对党绝对忠诚的思想根基，进而将这种思想上的认同转化为推动中国特色社会主义向前发展的不竭动力。"塞罕坝精神"也诠释了党员干部坚定马克思主义信仰的必要性与重要性。坚定马克思主义信仰是提高党员干部自身党性修养、维护党的整体利益和人民利益、实现现实社会理想的必然要求。学术论文方面，《弘扬塞罕坝精神的时代意义》指出，"塞罕坝精神"是林场建设者们忠于使命肩负民族复兴的历史责任和永葆奋发拼搏的精神状态的升华。《塞罕坝精神的时代内涵对培育和践行社会主义核心价值观的意义》指出，塞罕坝精神集中体现在牢记使命、艰苦创业、绿色发展上，是中华民族刚健有为、自强不息精神的真实写照，主动诠释了社会主义核心价值观的本质要求，形成了培育和践行社会主义核心价值观的高峰和典范。

2017年8月至今，林场先进事迹报告团先后在北京、贵州贵阳、江西南昌、福建福州、山西太原、青海西宁、内蒙古呼和浩特、江苏盐城、河北石家庄、天津等地及国家体育总局、陆军参谋部等单位开展巡回宣讲20余场次，取得了较好的宣传效果。塞罕坝机械林场先后荣获中宣部"时代楷模"，全国文明单位，国家林业局"国有林场建设标兵"，中共河北省委、河北省人民政府"生态文明建设范例"等荣誉称号。2017年12月，获得联合国环保最高荣誉——"地球卫士奖"。2019年9月，被中央宣传部、中央组织部等九部委授予"最美奋斗者"称号。2021年2月，被中共中央、国务院授予"全国脱贫攻坚楷模"荣誉称号。

二 中国共产党精神谱系河北乐章阐释与传播需要进一步完善和深化

（一）缺乏顶层设计，发展不均衡

中国共产党精神谱系河北乐章的阐释与传播制度保障有所欠缺。相关部门监管力度不够，阐释与传播内容缺乏新意，多是革命故事的堆砌，吸引力不够。在新时代背景下，中国共产党精神谱系河北乐章对接全面建设社会主义现代化国家、生态文明建设、新农村建设以及乡村振兴等国家发展重大战略部署还需要进一步推进。

提炼中国共产党精神谱系河北乐章的精神价值不够。根据中国共产党精神谱系河北乐章总体状况，目前，河北省缺乏从多元角度切入，与中国共产党精神谱系河北乐章相关的典型历史人物、事件和精神的深度综合研究，凝练中国共产党精神谱系河北乐章的时代精神和价值意蕴不够，指导新时期中国共产党精神谱系河北乐章的阐释与传播不足，中国共产党精神谱系河北乐章传播内容的广度有待拓宽，挖掘革命精神文化的深度有待深入，提升中国共产党精神谱系河北乐章内在的精神高度有所欠缺。

（二）网络阐释与传播相对薄弱

媒介技术的迅猛发展为中国共产党精神谱系河北乐章的阐释与传播提供了全新的传播范式。与中国共产党精神谱系中的建党精神、陕甘宁、上海等地精神资源网络传播路径相比，目前，河北省还没有搭建新媒体传播矩阵，社交沟通平台、社交媒体平台、短视频平台等不同平台的媒介对中国共产党河北革命历史和红色文化资源阐释与传播相对较多，但是专门针对中国共产党精神谱系河北乐章的阐释与传播还很薄弱。虽然在一些红色文化资源平台上嵌入了一些中国共产党精神谱系河北乐章的视频、讲解或阐释，但是存在创新开发滞后、专业性不强等问题，这导致点击率和传播率不高。

在互联网高速发展背景下，中国共产党精神谱系河北乐章的阐释与传播在更加有效的传播方面有待提升，中国共产党精神谱系河北乐章阐释与传播的用户黏性不够，中国共产党精神谱系河北乐章阐释与传播缺乏技术支撑，中国共产党精神谱系河北乐章阐释与传播的媒介融合有待进一步加强，中国共产党精神谱系河北乐章阐释与传播的人才素质有继续提升的空间。

中国共产党精神谱系河北乐章各个精神之间的阐释与传播没有实现整合，处于互相分割的状态，有壁垒，没有打出组合拳的优势，缺乏整合与共享，限制了中国共产党精神谱系河北乐章阐释与传播的深度与广度。另外，中国共产党精神谱系河北乐章的地域特色比较鲜明，还没有完全突破地域限制，尤其是河北省与京、津之间的共同共融。

（三）微党课、微课堂、微电影和校园传播有待开发

目前，运用H5、短视频等融媒体技术开发模式，通过"视觉化"的方式呈现中国共产党精神谱系河北乐章相关的历史人物、革命事迹、红色文化的远程视频、沉浸式直播等一系列的微党课还远远不够。灵活多样的以志愿者讲解、表演再现中国共产党精神谱系河北乐章的相关历史史实、英雄事迹、红色基因、革命精神的微课堂还有待开发。同时，当前，河北省在加强红色教育、展示红色文化、展现革命精神的微电影、微话剧等方面有了一定的发展，但是有关中国共产党精神谱系河北乐章阐释与传播题材的微电影、微话剧等有待加强。

中国共产党精神谱系河北乐章校园传播仍有很大空间。目前，高校和社科研究机构从新闻传播史、党史角度研究中国共产党精神谱系河北乐章的精神意蕴、时代内涵仍需要投入大量人力物力。已有的高校和社科研究机构的相关研究团队中缺乏中国共产党精神谱系河北乐章阐释与传播的授课教师和研究人员，校园研究、阐释与传播中网络数据库、微信公众号、H5制作等融媒体技术人员仍很匮乏。

（四）阐释与传播需要融入社区、乡村活动

当前，河北省革命历史红色文化、党史、"四史"宣讲队伍在壮大、影响在扩大，辐射到党政机关、企事业单位、部队、社区、乡村等，这对于河北省中国共产党精神谱系河北乐章的阐释与传播起到了积极推动作用，产生了较好的反响。但是相对于党政机关、企事业单位、部队来讲，让中国共产党精神谱系河北乐章走入寻常百姓家，让大家耳熟能详，在社区、乡村中加强宣传、阐释与传播方面仍有很大空间。

弘扬和传承中国共产党精神谱系河北乐章，与赓续红色基因、丰富社区居民精神文化生活、乡村文化建设相关，中国共产党精神谱系河北乐章的正

能量效应延伸到基层社区,延伸到田间地头、偏僻乡村,在燕赵大地最大限度地得到激发还有拓展之处。在乡村振兴中,中国共产党精神谱系河北乐章的阐释与传播有待进一步加强。

三 加强中国共产党精神谱系河北乐章阐释与传播的方法路径

(一)注重顶层设计,全面加强阐释与传播

河北省是中国共产党精神谱系极其丰富的省份之一。我们需要合理统筹谋划,做好"十四五"时期中国共产党精神谱系河北乐章的阐释与传播规划,相关部门要以战略高度,从省、市、县三级制定中国共产党精神谱系河北乐章的阐释与传播规划纲要和专项规划,形成定位准确、边界清晰、功能互补、统一衔接的规划体系,为开展中国共产党精神谱系河北乐章的阐释与传播提供"路线图"。

全面摸底普查省内红色资源和革命精神的分布状况、数量等级,充分运用现代数字技术对中国共产党精神谱系河北乐章的阐释与传播进行数字化处理,形成分级管理的中国共产党精神谱系河北乐章的资源数据库,为开展新时代中国共产党精神谱系河北乐章的阐释与传播奠定基础。

从以西柏坡精神和塞罕坝精神等为代表的中国共产党精神谱系河北乐章的阐释与传播入手,深入挖掘和整理与中国共产党精神谱系河北乐章的阐释与传播相关的河北红色文化和革命文化资源,以文献、文学影视作品、红色新闻、红色遗址遗迹、博物馆等为代表的物质资源,对河北红色文化资源和革命文化资源进行系统梳理,结合社会化媒体的传播特征,创新中国共产党精神谱系河北乐章的阐释与传播形态。

(二)加快开发和建设网络共享平台

整合开发中国共产党精神谱系河北乐章阐释与传播的全媒体,实现一站

式云共享，为开展中国共产党精神谱系河北乐章的阐释与传播提供丰富载体。为网民提供诸如网络革命文学、红色文学、红色音乐、革命微电影等多元化的革命精神文化产品和服务，了解网民的多样性、差异性需求，加快开发和建设中国共产党精神谱系河北乐章网络共享平台，拓展传播平台和领域。

注重平台建设，拓展中国共产党精神谱系河北乐章阐释与传播方式，创建中国共产党精神谱系河北乐章官方网站，开展网上宣传，如河北中国共产党精神谱系河北乐章文化频道等；具有品牌意识，打造中国共产党精神谱系河北乐章经典品牌；通过企业平台在互联网开展中国共产党精神谱系河北乐章听、讲、读、写、用的培训；通过公共交通工具车载、高铁广播平台、电视传播中国共产党精神谱系河北乐章，循环播放中国共产党精神谱系河北乐章微视频等。

开辟中国共产党精神谱系河北乐章阐释与传播的现场和网络 VR、AR 基地，将新兴技术与革命精神文化内容深度融合，通过"远程出席"的方式拓展精神文化体验空间，发挥有声语言优势，拓展中国共产党精神谱系河北乐章情与志的空间；组建中国共产党精神谱系河北乐章辅导团队，以中国共产党精神谱系河北乐章为主要内容，借助网络平台，扩大推广范围。

（三）联合各方资源共同开发线上线下互动项目

充分利用中国共产党精神谱系河北乐章各地所在县乡政府以及各地博物馆打造中国共产党精神谱系河北乐章线上体验馆。建设中国共产党精神谱系河北乐章活动线上品牌建设，打造中国共产党精神谱系河北乐章品牌，形成中国共产党精神谱系河北乐章视频语音网上作品。

加强对中国共产党精神谱系河北乐章的文化创意产品开发和数字化传播工具的运用，将中国共产党精神谱系河北乐章蕴含的精神力量转变为网民熟悉的"网言网语"和百姓习用的日常用语，提高中国共产党精神谱系河北乐章阐释与传播的实效性。

全方位探究社会各阶层群体的特点，根据人民群众的需求和喜好，设计、制作、推广主题鲜明的中国共产党精神谱系河北乐章的精神文化产品，加强与微信公众号、微博的联网合作，利用大数据对社会各阶层群体在搜索和浏览时产生的实时需求、停留时间、转载点评等信息进行精准捕捉，形成中国共产党精神谱系河北乐章网络传播的数字生态链，精准满足受众需求。

（四）融入社区、乡村活动教育

加强中国共产党精神谱系河北乐章宣传，让中国共产党精神谱系河北乐章的阐释与传播走进平常百姓家，融入社区、乡村的文化建设，传承优秀民族文化和历史传统，培养良好的社会风气。依托社区、乡村开展中国共产党精神谱系河北乐章经典诵读活动，评出中国共产党精神谱系河北乐章优秀传播家庭，开展传统革命基因宣传。

中国共产党精神谱系河北乐章的阐释与传播要辐射到社区和乡村。各种宣讲报告既要面向各单位部门的核心骨干，也要面向广大基层群众。要开展与偏僻乡村学生的线上"云"交流活动。要加强中国共产党精神谱系河北乐章阐释与传播融入百姓话语的研究，加强中国共产党精神谱系河北乐章阐释与传播的文化创意产品和数字化传播工具的大众化运用，将革命精神和红色文化的政治内涵转化为普通百姓的日常生活话语，从而提高中国共产党精神谱系河北乐章阐释与传播的针对性、时效性和普遍性，促进中国共产党精神谱系河北乐章在民间的广泛传播。

（五）共建阐释与传播模式，加大高校传播力度，培养相关人才

深入探索政府、高校、企业以及社会等协同发展建设路径，构建校企联合、企业联合、媒体融合的共建式中国共产党精神谱系河北乐章传播模式，开发优质的中国共产党精神谱系河北乐章网络教育课程资源，开启学习中国共产党精神谱系河北乐章的微平台，如革命精神微信和抖音等手机终端的校园中国共产党精神谱系河北乐章文化平台。

加强中国共产党精神谱系河北乐章校园传播仍有很大空间。加强高校中国共产党精神谱系河北乐章阐释与传播的授课教师队伍建设；加强党校、社

科院等研究机构中国共产党精神谱系河北乐章阐释与传播研究人员队伍建设；加强校园研究、阐释与传播中网络数据库、微信公众号、H5 制作等融媒体技术人员队伍建设。

探索新媒体中国共产党精神谱系河北乐章人才培养模式和网络传播路径的结合点，将思政育人和实践育人融入高校育人模式，结合具体个案和项目开展中国共产党精神谱系河北乐章阐释与传播和校企政协同发展研究，定向培养中国共产党精神谱系河北乐章阐释与传播新媒体人才，形成可复制可推广的基本路径，进而拓展中国共产党精神谱系河北乐章阐释与传播的平台与领域。

开展游学、线上线下互动项目，发挥中国共产党精神谱系河北乐章旅游的体验教育功能，参观体验中国共产党精神谱系河北乐章线上交流、线下体验，从而带动中国共产党精神谱系河北乐章的校园传播和旅游产业的发展。通过校企合作、校地合作、自创品牌等多元、特色方法促进中国共产党精神谱系河北乐章的阐释与传播，带动河北本地经济、社会、文化和旅游的发展，激发河北人民的情与志，为建设经济强省、美丽河北提供强大精神力量。

河北省红色基因传承路径研究

袁 秀　韩幸婵　薛晓静*

摘　要： 习近平总书记指出："对我们共产党人来说，中国革命历史是最好的营养剂。"河北是革命的土地、英雄的土地，是"新中国从这里走来"的土地，拥有悠久的革命历史传统和深厚的革命文化底蕴。进入新时代，思想观念日趋多样多元多变，意识形态领域斗争依然复杂。如何"把红色资源利用好、把红色传统发扬好、把红色基因传承好"，不断增强文化自信，在实现中华民族伟大复兴中国梦的实践中强化红色文化担当，已经成为时代赋予的新课题。

关键词： 河北　红色基因　基因传承

"一切向前走，都不能忘记走过的路；走得再远、走到再光辉的未来，也不能忘记走过的过去，不能忘记为什么出发。"① 回顾我们党发展壮大的光辉历程，红色基因犹如一条红线贯穿其中，成为共产党人的价值内核与精神底色。2021年，习近平总书记在党史学习教育动员大会上指出："用好党的红色资源，让干部群众切身感受艰辛历程、巨大变化、辉煌成就。"河北省以党史学习教育为契机，用好红色资源，传承红色基因，用党的奋斗历史和伟大成就鼓舞斗志、明确方向，用党的光荣传统和优良作风坚定信念、凝

---

*　袁秀，河北省社会科学院邓小平理论、"三个代表"重要思想和科学发展观研究所研究员，研究方向：马克思主义中国化；韩幸婵，河北省衡水中学高级教师，研究方向：中学语文与传统文化；薛晓静，河北省广平县委党校，研究方向：红色文化。
①　习近平：《在庆祝中国共产党成立95周年大会上的讲话》，人民出版社，2016，第8页。

聚力量，用党的实践创造和历史经验启迪智慧、砥砺品格，自觉做共产主义远大理想和中国特色社会主义共同理想的坚定信仰者、忠诚实践者。

一　河北省红色基因传承的主要做法

河北是京畿重地、英雄的土地、革命的土地，是"新中国从这里走来"的地方。河北省委历来高度重视红色资源的挖掘利用，特别是党史学习教育开展以来，推出一系列学习、宣传、践行等特色活动，用好用活本地红色资源，擦亮红色特色品牌。有力引导广大党员干部群众"把红色资源利用好、把红色传统发扬好、把红色基因传承好"，为全省经济社会发展提供了不竭精神动力。

一是依托"红色矩阵"答好党史学习教育一张卷。党史学习教育开展以来，河北从严落实中央部署，"规定动作"到位、"自选动作"出彩，依托"红色矩阵"答好一张卷。第一，吹响全面动员的"红色号角"。召开省委常委扩大会议进行传达学习和贯彻，制发全省实施意见，向全省各级各部门党组织发出全面动员令，迅速在燕赵大地掀起党史学习教育热潮。省委理论学习中心组举行专题学习会，要求省委常委和省级领导干部在学党史、讲党史、懂党史、用党史方面带头学习、带头实践、带头自觉做奉献。第二，掀起专题宣讲的"红色浪潮"。省委书记王东峰带头先后到西柏坡、雄安新区、秦皇岛以及燕山大学等地开展党史专题宣讲和互动交流，省级领导干部以身作则、以上率下，有力推动学习教育"横向到边、纵向到底"立体化、系统化开展。全省上下左右联动，确定"五图作战""八个要素""六个闭环"的总体思路，分解"八学""十系列""48项目"的具体任务，各级各部门"挂图作战"，形成目标一致、节奏同步、各展所长、同频共振的良好态势。第三，夯实党史宣传的"红色阵地"。深入挖掘典型经验，在中央主流媒体持续发出河北声音，讲好河北故事；充分发挥新媒体的快捷，纸质媒体的深度，网媒图片、视频的酷炫等功能，融媒互动，叠加传播效应，联动宣传河北红色资源，突出"西柏坡精神""塞罕坝精神"等特色品牌，让红色基因愈加闪亮。

二是创新形式讲好红色故事。河北在"看、听、思、悟、行"中,构建寓教于思、寓教于悟、寓教于行的新型教育模式。2021年4月以来,由省委党史学习教育领导小组主办、省委宣传部会同有关单位先后组织举办了5场"红色故事报告会",邀请4位进入耄耋之年的老英雄采取口述的方式,通过自己的亲身经历,回忆往昔峥嵘岁月。在广大党员干部群众中产生强烈反响。中宣部部长黄坤明同志对老英雄红色故事报告会给予好评,中宣部称赞报告会是"党史学习教育的鲜活生动案例"。报告会通过声光电特效、AI技术还原场景、短视频播放、老图片展示、情境表演、诗歌朗诵、歌舞演绎等手段,让观众感受沉浸式体验。师生们在模拟的音乐课上唱起《歌唱二小放牛郎》时,91岁的老英雄史林山走进"课堂"。80岁的吴洪甫老英雄"穿越时空",泪流满面地向已故多年的老营长行军礼并发出"若有战、召必回"的铮铮誓言。"一位英雄就是一面旗帜,一段经历就是一个传奇。"①以话剧、音乐、舞蹈等艺术形式举办《信仰的力量——英烈家书朗诵会》,选取李大钊、董振堂、左权等9位革命英烈的家书,邀请李湘烈士之女李广利、左权烈士外孙沙峰和著名朗诵艺术家陈铎等诵读家书中的经典段落,通过家书诵读,让广大干部群众感受英雄烈士的崇高精神和家国情怀。

三是线上线下相结合唱响红色主旋律。"火焰音乐节"取自抗大老学员陈列馆的题词"弘扬抗大精神,让革命熔炉的火焰代代相传",分"不忘初心""名曲背后的故事""河北民歌"3个篇章,用传唱百年的经典旋律、新时代爱国主义歌曲,传颂、赞美、讴歌党与人民同呼吸、共命运、心连心,风雨同舟、生死与共,从胜利走向胜利的伟大历程。2018年以来已连续举办了三届"火焰音乐节"。阎维文、蒋大为、杨洪基、丁毅等著名歌唱家助演,每场吸引了近万人到场观看。中央电视台进行了报道,每场直播网络点击量达6000余万人次,不仅实现了宣传文化的巨大影响力,还带动了老区红色旅游的长远发展。此外,还策划开展"岁月征程——庆祝建党百

---

① 《老英雄红色故事报告会完整版视频来了》,长城网,2021年4月20日。

年党史学习教育和'四史'宣传教育歌曲创作传唱活动"。《岁月征程》MV全网首发后，260多家媒体转发、点赞、刊载信息，新浪微博话题5月4日一天阅读量便超985万人次，信息传播总量突破5300万人次。乘着歌声的翅膀，从河北大地起飞的《岁月征程》，吸引百余所高校、160多万名青年学生参与到传唱活动中——河北全部高校无缝联动；北大、清华、复旦、南开等国内重点高校，井冈山大学、遵义医科大学、延安大学等红色革命圣地高校也加入传唱和拍摄MV、短视频的行列。"传唱活动自5月4日开展以来，有120多所院校和130余家党政机关、企事业录制推出各个版本的《岁月征程》MV，260余家媒体、平台转发刊载相关信息，信息传播总量达1.56亿次。"[1]

四是多效融合打好红色基因传承组合拳。以中国共产党百年历程和红色旅游5个重要历史发展阶段为主线，以中国共产党在各个历史时期中具有深远影响的代表人物和发生在河北境内的标志性事件为线路节点，首次将全省200余处具备参观条件的红色旅游景点、革命纪念地、旧址故居等进行整合串联，打造立体行走的"红色课堂"；系统梳理红色资源，重磅推出"建党先驱""抗日烽火""新中国从这里走来""砥砺赶考行""筑梦新时代"五大主题红色文化线路；根据五大主题红色文化线路革命旧址、烈士陵园、纪念馆等场所以各自的故事内涵分别设计教学专题，传承革命精神，让广大干部群众在追寻革命足迹中慎终追远、思古怀今，感受红色文化，接受党史教育。以爱国主义教育基地为重点，推出80条主题学习参观路线，让旧址遗迹成为党史"课堂"，让文物史料成为党史"教具"，让英烈模范成为党史"教师"。按照时间维度，以建党百年历史为"轴"，以有代表性的红色资源为"点"，加强地区间的合作与协同，把省内的红色文化和旅游资源串联形成"链条"，打造了立体的党史学习教育大格局。同时，在全国率先制定出台《河北省红色文创产品开发促进方案》，重点围绕红色出版物、红色音像制品、红色纪念品等8个方面，加快推进红色文化资源开发转化，不断丰富

---

[1] 《迎庆建党百年 唱响〈岁月征程〉》，河北广播电视台冀时客户端，2021年6月26日。

红色文创产品体系，让更多更好的红色文创和旅游商品走进生活，走进千家万户，实现社会效益和经济效益双促进。

五是"红色精品"全方位展现燕赵风采。创作推出一批体现河北特色的党史题材重点文艺作品，通过宣传宣讲、实景演艺、展映展播等多种渠道，让红色资源活化为可听可看、可读可感的正能量。《革命者》《没有共产党就没有新中国》《青松岭的好日子》《李保国》《岁月征程》等陆续上映，将有效触动受众内心，有力传承红色基因。面向党员干部，打造"不忘初心""再上太行""重走赶考路""同呼吸心相印"等特色党课。推出"百年风华——百堂党课中的河北英雄人物和辉煌成就"党史学习教育云课堂，生动宣讲1921~2021年发生的100个党史故事，通过冀云App、河北省委党校公众号每日公开发布，首期节目《1921·中国共产主义运动的先驱李大钊》播出首日达到7.8万阅读量。举办"英雄的土地 辉煌的历程"——庆祝中国共产党成立100周年河北党史图片档案文献展，通过500幅党史图片、230余件档案文献、50余组实物及音视频资料等，深刻展现100年来河北党组织团结带领全省人民走过的奋斗历程、取得的光辉业绩和积累的宝贵经验。

六是形成红色资源保护利用的总体规划和顶层设计。"河北是革命文物大省，102个县（市、区）列入革命文物重点片区，有不可移动革命文物和参照革命文物管理的文物1800多处，革命题材专题博物馆、纪念馆35家，国有馆藏革命文物2.6万多件（套）。"[①] 河北省以开展党史学习教育和"四史"宣传教育为契机，抓好革命文物保护管理运用，充分发挥革命文物在学史明理、学史增信、学史崇德、学史力行中的独特作用。河北省坚持"全面保护、整体保护"的理念，出台全国首个规范革命文物保护利用的省级地方性法规——《河北省人民代表大会常务委员会关于加强革命文物保护利用的决定》，立足省情实际，突出地方特色。一方面，规定各级人民政府及其有关部门应当加强对西柏坡中共中央旧址、八路军一二九师司令部旧址、李大钊故居等革命文物及其承载的革命历史和革命文化的研究，编撰、

---

① 《河北召开全省革命文物工作会议》，《中国文物报》2021年7月9日。

出版、制作与革命文物相关的资料、书籍、影视和文艺作品；另一方面，明确规定革命文物利用应当突出社会效益，注重精神传承，强化教育功能，提升传播能力，让革命文物"活"起来。此外，还要求将革命文物利用纳入本行政区域文化和旅游发展规划，打造具有地方特色的红色旅游品牌和红色旅游线路，助推地方经济社会发展。①

二 河北省红色基因传承的现实困境

红色基因是中国共产党在领导中国革命、建设、改革的伟大实践中孕育、积淀形成的一系列优秀传统的理性升华，是中国共产党人百年奋斗历程中永葆本色的生命密码。进入新时代，思想观念日趋多样多元多变，意识形态领域斗争依然复杂。红色基因在高扬主旋律的同时，多种现实因素导致了传承中应然与实然脱节。

一是红色教育内容相对滞后。当前，红色教育在凝聚民族精神、培育爱国情怀、讲好爱国故事方面发挥着积极作用，但毋庸讳言的是，一些地方红色教育中也存在"有灌输无升华"的现象。当前，红色教育有一些仍然停留在一般性的宣传教育状态，仍用"以不变应万变"的课堂教学模式面对社会所发生的深刻变化。枯燥的说教与呆板的教材在一定程度上消减了红色革命传统教育的功能。另外，在红色基因传承的开展过程中，也存在着枯燥的形式推广，缺乏形式多样、吸引力强的红色文化传播方式与方法，更缺乏感性的体验与互动的交流，未能形成精神上的升华。"看不懂"讲解词，历史知识匮乏，红色教育流于形式，滞于表面。"在一些传统的文物博物类、革命历史纪念类的展馆中普遍存在。半月谈记者发现，有的展览多年不变；有的解说艰涩难懂；有的摆放山寨文物，未真实再现历史遗存，很难让公众尤其是青少年感知爱国故事、历史文化的魅力。"② 在红色教育中，体验式

---

① 《河北：革命文物保护利用驶入法治轨道》，《中国人大》2021年第11期。
② 《讲好爱国故事，发力何处？爱国主义教育基地现状调查》，半月谈网，2017年8月11日，http://www.banyuetan.org/chcontent/jrt/201789/233620.shtml。

教学是各地培训教育的首选课程，旨在让参训学员以亲身感悟升华内心情感。"重走长征路""重走挑粮小道""重走转战路""重走赶考路"等体验实践项目成效显著，受到了学员们的广泛好评。然而，经过几年的实践发展，体验式教学也出现了一些问题及不足。

二是红色资源应用不够充分。红色资源的现实应用中存在着突出的"三有三无"现象，即"有开发无整合"、"有意向无动向"和"有活动无长效"。"有开发无整合"，时下，有些红色资源开发模式单一，未能形成应有的教育优势，导致其难以发挥整体效应。如一些红色景点处于独自发展的状态，没有和其他区域的旅游资源相联系，往往局限在观光旅游的初级阶段，多地呈现出"当天来当天走、留不住游客"的现象。且旅游形式单一，项目缺乏感召力，不能与游客产生互动与共鸣。"有意向无动向"，在红色文化的讲授形式中，往往比较注重组织参观革命遗址、观看实物、瞻仰烈士陵园等形式，而忽视了红色资源实质内涵的延伸与时代意义的提炼和升华。这使得受众易受外在表现形式与周围环境氛围影响，产生学习、研究、宣传红色文化的意向与动力，但随着时间、地点的变化，慢慢又消减意向，未能采取实际行动学习、弘扬与践行红色文化，可以说是有心动而无行动。"有活动无长效"，是指对红色文化的研究、传播、践行，多是在时间节点进行的一些庆祝活动，组织者、策划方多为短期行为，缺乏长期的制度保障。"有组织地来，无纪律地看，少收获地走"成为一些游客的内心写照。另外，受多方面因素影响，对红色资源的宣传力度和深度不够，宣传"品牌"意识欠缺，尚未形成对红色品牌的系统打造，如参观某地红色景区时除了讲解员的介绍外，景点形象的系列宣传内容（如招贴海报、宣传册、标志形象等）缺乏。

三是红色资源保护意识较淡薄。有些地方对红色资源的认识不足，粗放性开发严重，保护意识淡薄。如有着重要纪念意义的旧址或建筑物，由于缺乏资金或者因公改建，有的房屋被拆毁，有的被改得面目全非，有的破烂不堪，致使现在很多旧址都是复建或改建，在一定程度上失去了原来的味道。井冈山时期、长征途中，红军的标语、板书、石刻多散落在农村，有些农民缺乏对红色资源的保护意识，在农房改建、搬迁中很多标语不复存在。还有当年中共中央领导人沿途转战入住的旧址有的只是挂了一块牌匾而已。如当年毛泽东同志从西柏坡赶考进京在老百姓家用过的床、桌等物，并没有收集到当地的纪念馆或博物馆中，百姓随意摆放。此外，当年亲历战争岁月的一些老红军、村里的干部等的口述史料也没有及时抢救，造成了无法挽回的损失。而有些红色景区则是城镇化气息过浓。一些红色景区原生态历史环境破坏严重，成为被高楼大厦环绕、钢筋混凝土包围的"孤岛"，外围搭建的设施太过违和，"红色历史"环境氛围不浓；形式雷同，一些影响力小、知名度低的红色景区往往存在模式雷同、旅游性差的共性问题，交通不便的地区，吃、住、行、游等综合配套服务设施建设往往也不太完善。红色旅游现在是旅游线路的热点，但面对突如其来的旅游热潮，各景区的不完善日益凸显，票价高昂，服务意识较差，旅游内容显得单薄而缺乏娱乐性与参与性，旅游项目缺少特色，趋同化倾向较为严重。甚至一味地追求经济利益，利用人们对红色文化的关注，将其作为商业促销的噱头，为其喷上"娱乐化因子"，用恶搞、戏说、调侃的方式，甚至打着"某某新解"的旗号对待红色文化，博眼球，消费红色文化，造成极其恶劣的后果。如在某景区，购票进行"鬼子进村"的模拟体验，娱乐化的态度会歪曲人们对历史文化的认知；又如为了谋求经济利益，大肆更改历史，改编史实，颠覆历史，惊现了诸多抗日神剧，这类改编披着红色文化的外衣，实则毫无文化可言，不仅损害了人们对红色文化的敬畏感和神圣感，更是危害了我们精心打造的红色教育环境。

四是红色文化缺乏广泛认同。所谓文化认同，是"人类对于文化的倾向性共识与认可"[1]，换句话来说，文化认同是人们对于文化的价值接受或认可，在此基础上，内化成某种理想信念和行为约束所产生的内在力量。同理而言，红色文化认同就是指人民群众对于蕴含在红色文化内部的价值的接受或认可，并在此基础上，通过学习教育等方式将其价值内化为自身理念，

---

[1] 郑晓云：《文化认同与文化变迁》，中国社会科学出版社，1992，第4页。

并用以指导自己的行为，规范价值判断，从而提升自身的道德境界。调研发现，面对价值观多元的复杂背景，红色文化认同存在着几种论调。如红色文化过时论：少数人没有充分认识到红色文化的"补钙"固本功能，而是认为红色文化是特定时期的产物，现在经济社会发展了，物质文化不断丰富，再谈艰苦朴素"过时"了。红色文化质疑论：有的人讲，随着反腐力度的加大，越来越多的贪官落马，而这些官员都是接受过红色教育的，有的官员甚至是在革命老区主持工作的一把手，平时耳濡目染红色元素，"甚至是在红缸里泡大的"，应该有着"天然免疫力"，为什么仍然大贪特贪，是不是红色文化没有鞭策的作用了？红色文化淡化论：调研中发现，有少数的受访者对"红色文化"概念理解模糊，特别是年轻受访者对红色文化的了解相对较少，有的人甚至认为"了解不了解无所谓"。有的年轻人，甚至是共产党员，连起码的马克思主义著作和红色文化经典都没有读过，认为老一辈红色情结厚重是有着历史原因的。红色文化失语论：不少人表示，当下红色文化话语存在失语的窘境。红色文化相较于现实生活，的确不在一个生活空间，无法直接引起人们，尤其是青年人的共鸣与体验。看红剧、听红歌有可能在他们中间仅仅成为过场，成为文化附和，在他们的话语空间，红色文化无法占领高地，失语、无声现象的确存在。

五是红色传播减缓受冷。文化传播的效果如何，很大程度上取决于选择什么样的方式，是否具有针对性，是否具有指向性。当前，红色文化在宣传、传播方面存在进程减缓、载体遇冷的现象。解读"教条化"：红色文化产生于硝烟四起的战争岁月，如何将客观的历史真实再现于我们的解读与传播之中，这确实是一大难题。在对红色历史、红色精神、红色文化的宣讲中，内容往往偏政治化、形式化，缺乏生动的事例与鲜活的事实，少有接地气的、大众化的讲解与喜闻乐见的形式。往往呈现出一种教条化的解读、程式化的宣讲，最终未能达到预期目标。传播"共性化"：红色文化传播受众面广，传播未能做到分众化、细化，尤其欠缺对大众传播规律特别是年轻人心理的了解和把握，不能使传播者与受众之间产生"共情"，未能采用受众易接受的讲述方式，没有以受众的需求为基点来设计传播手段和技巧。形式简单化：面对全媒体的传播途径，比较而言，红色资源在新型媒体的传播上一定程度上存在着形式单一、渠道受限、传播滞后等问题。在受众看来，政治化的宣传、节庆日的仪式、官方的解读、体验式的学习是红色资源宣传的常用形式。而运用文学艺术等手段讲好红色故事、挖掘红色文化题材创造出艺术作品、结合新型媒体推出红色客户端等方式并不多见，在群众中广为流传的传播途径如公众号、朋友圈中红色文化的渗透仍需加强。

三 河北省红色基因传承的新要求

河北是革命的土地、英雄的土地，是"新中国从这里走来"的土地，始终与党的历史、党的奋斗、党的辉煌紧密联系在一起。站在新的历史起点上，我们要从党的奋斗历程中汲取智慧和力量，从红色基因中寻找新的"赶考之路"的制胜密码。

一是以坚定的理想信念为指引。红色基因富含党和人民创造的实践经验与智慧，具有认识世界、改造世界的强大实践力。要引导广大党员干部和人民群众坚定对马克思主义的信仰、对社会主义和共产主义的信念。坚持把学习领会习近平新时代中国特色社会主义思想同学习马克思主义基本原理贯通起来，同学习党史、新中国史、改革开放史、社会主义发展史结合起来，同新时代进行伟大斗争、建设伟大工程、推进伟大事业、实现伟大梦想的丰富实践联系起来，准确把握这一思想的理论逻辑、历史逻辑、实践逻辑，深入领会这一思想的历史地位和重大意义，不断增进政治认同、思想认同、理论认同、情感认同，不断提高政治判断力、政治领悟力、政治执行力，切实增强"四个意识"、坚定"四个自信"、做到"两个维护"，始终在思想上政治上行动上同以习近平同志为核心的党中央保持高度一致。要准确把握党的历史发展的主题主线、主流本质，以我们党关于历史问题两个决议和党中央有关精神为依据，正确认识党史上的重大事件、重要会议、重要人物，增强政治敏锐性和政治鉴别力，坚决抵制歪曲和丑化党的历史的错误倾向。

二是坚持人民至上的导向。坚持把传承红色基因同总结经验、观照现实、推动工作结合起来，把红色基因的内生力转化成为民服务的动力和实效。要引导广大党员加深对党的历史的理解和把握，加深对党的理论的理解和认识，践履知行合一，切实提高把握大局大势、应对风险挑战、推进实际工作的能力和水平。要更加自觉地以这一思想为指导，不忘初心、牢记使命，不断提振信心和斗志，凝聚智慧和力量，为全面建成社会主义现代化强国、实现中华民族伟大复兴的中国梦不懈奋斗。要强化问题导向、实践导向、需求导向，把学习教育同解决实际问题结合起来，开展好"我为群众办实事"实践活动，广大党员要立足本职岗位为人民服务，从最困难的群众入手，从最突出的问题抓起，从最现实的利益出发，切实解决基层的困难事、群众的烦心事，既要立足眼前，解决群众"急难愁盼"的具体问题，又要着眼长远，完善解决民生问题的体制机制。要扎实开展"三重四创五优化"和"三包四帮六保五到位"活动，办好三件大事，巩固三大攻坚战成效，坚决把好事办好、实事办实，让群众长期受益，增强人民群众获得感、幸福感、安全感。汇聚起7400多万燕赵儿女在新的伟大征程上继往开来、接续奋斗的强大力量，不断夺取新的更大胜利。

三是与时代发展同频共振。红色基因作为中华民族时代精神的真实写照和汲取中外优秀文化的思想精华，是时代性和开放性的高度统一。红色基因总是与时代脉搏同跳动，同中国共产党的命运、中国人民的命运、中华民族的时代命运紧密联系。同时，红色基因又以开放包容的姿态直面多元多样的文化，汲取其思想精华，赋予新生因子，不断增强自我发展活力与生机。当前，红色基因传承面对的不仅是主题的变迁、受众的变化、传播渠道的升级，还有话语体系的整体变化。因此，面对时代的发展，红色基因传承要把握准时代特征，积极应对时代挑战。要敏锐关注时代变化，紧贴时代脉搏，深刻把握时代主题，主动直面回答时代问题，调整红色文化的话语体系，丰富和完善话语内容与传播手段，增强红色语言的时代竞争力。构筑红色宣传教育的新型平台，充分利用新型传播路径，突出红色文化传播叙事内容的生活化和网络化视角，用微言微语微视频传播红色文化，让红色文化入耳入脑入心。准确把握时代特征，始终站在时代前沿和实践前沿，使红色基因的传承发展与中华民族伟大复兴的宏伟愿景相结合，与新时代我国经济、社会、文化等方面的发展相结合，聚集"三件大事"、"两翼"带动、科教兴冀战略、新时代人才强冀战略和创新驱动发展战略等等，做到顺应时代潮流，展现地方特色，推动红色基因传承，实现新的飞跃。

四　河北省红色基因传承的路径对策

回望百年征程，从"五四"新文化运动和党创立初期红色基因传承的精英化到解放战争时期红色基因传承的大众化，从社会主义革命时期红色基因传承的区域化到社会主义建设时期红色基因传承的主流化，再到改革开放时期红色基因传承的嬗变与重构。红色基因传承既见证了中国共产党"赶考"答卷的政治成效，又促进了我国社会主义经济发展的经济成效，还丰富发展了中国特色社会主义文化的文化成效，更充分发挥了思想政治教育功能的教育成效。当前，面临信息爆炸式、裂变式增长，中西价值观激荡碰撞，思想观念多样多元多变，意识形态领域斗争激烈带来新挑战，红色基因传承如何适应时代需要？如何突破教育方法、资源保护、心理认同和传承方式等多重困境与挑战，作为衡量文化传播效果的重要依据——融合，为红色基因传承提供了新的方向。

一是营造红色基因内化于心的环境。文化的培育与践行，需要通过坚持不懈的教育和引导，落细落小落实于生活实际。红色基因代表了一种特殊的、原真的、革命的文化形态，如何传承红色基因并将其贯穿于国民教育的各个环节，让受教育者真正认知、认同红色基因，真正做到内化于心是关键一环。

教育融合路径。将红色教育与各类教育相互渗透融合，丰富传承红色基因的思想教育体系。在国民教育体系中将红色显性教育与隐性教育融合，让"有形"渗透于"无形"；红色资源与思想政治教育融合，释放红色教育因子，筑牢意识形态主阵地；红色文化与社会主义核心价值观教育融合，构建科学、系统的红色文化教育内容体系，为社会主义核心价值观教育提供生动载体。着力推动红色基因进校园、进教材、进课堂、进单位、进基层、进社区、走进大众的日常生活，不断升华社会全体成员的理想信念。

文化融合路径。创新性地阐释红色历史，弘扬红色精神，传播红色文化，让国家记忆转换为百姓感受，融入日常。红色文化与传统文化融合，对中华优秀传统文化进行再造、凝聚、升华，实现中华优秀传统文化的红色创造性转化和创新性发展；红色文化与社会主义先进文化融合，红色文化展现了不同历史时期的先进文化，是社会主义先进文化不可或缺的一部分，二者辩证统一于当代中国特色社会主义伟大实践。红色文化与外来文化融合，以博大的胸襟容纳外来文化，以从容的态度改造外来文化，让红色基因提升本土文化的高度和厚度，坚定文化自信。

二是构建红色基因外化于行的场域。内化于心是为了外化于行，知行合一，才能使传承有真正的价值。除了将红色基因通过教育与文化融合的路径之外，更加需要切实践行，通过旅游路径延伸红色基因的传播链条，通过传播路径养成红色基因的外在场域，通过情感仪式烘托红色基因传承的切身感受。使红色资源成为社会主义核心价值观进行常规性教育、群众性教育及主题性教育的优质载体与天然凭借。

旅游融合路径。延伸红色旅游消费链，拓展红色基因辐射力，实施"旅游+"战略，推动相关产业融合发展，不断培育新业态。红色+绿色，探索红色旅游开发新模式，加快绿色生态产业优化升级，推动二者协同发展；红色+古色，以发展红色旅游为主线，挖掘古韵遗风的历史足迹，红色和古色深度融合，相得益彰；红色+民俗，积极开发红色旅游与民俗旅游相结合的业态，为色彩斑斓的民俗文化注入新活力；红色+数据，完善红色旅游产业公共服务平台，推进红色文化资源数字化，促进旅游产业数字化发展；红色+体育，结合地域特色开发多元化格局的红色体育旅游，使红色与体育多效融合渗透。

传播融合路径。传统传播与全媒体数据融合，开拓红色基因传播空间，建构新型传播生态。让自媒体成为"快闪镜头"，向身边人传播红色基因；纸媒深度挖掘，搭建展示红色历史画卷"大平台"；微信公众号在特定时间节点，接力传承红色能量，唱响主旋律；重点打造新闻门户网和客户端，形成红色文化系列节目"重头戏"。

情感融合路径。红色资源与纪念仪式融合，通过仪式教育机制，建构纪念仪式的时空与符号，充分彰显纪念仪式的特殊价值。强化民族认同，凝聚社会力量。创新纪念仪式的话语表达，将广泛认同的仪式符号建构为凝聚之心、激发民族精神的重要力量。传承历史文明，构建集体记忆。仪式呈现了红色基因集体记忆的现实表达，把过去、现在和未来紧紧相连。塑造价值观念，巩固政治信仰。通过规范的仪式行为操演、政治标语口号的传播传递政治价值，强化政治信仰。宣传时代楷模，营造浓厚氛围。通过仪式庆典，构筑感染性场域，引导人们崇尚英雄、缅怀先烈，增强红色文化认同。

三是形成红色基因固化于制的长效机制。没有规矩，难成方圆。红色基因传承既要唤醒人的内心，也需要制度的外在规束。不论是学习塑造还是实践修炼，不论是内化于心还是外化于行，都需要通过一系列制度建立红色基因传承的长效机制，切实保障红色教育的常态持久。

制度融合路径。通过健全相关法律制度，为红色基因传承提供法理支撑。建立合理的传承红色基因的领导机制和工作机制，坚持政府主导与社会参与相结合，形成齐抓共管、各司其职的工作格局，打破各种地域、条框、行政的界限，实现区域联动。

进一步健全红色资源开发机制，强化各级政府和相关政策的统筹引导作用，编制区域红色资源开发利用的总体规划，推进红色文化资源的推广力度。进一步健全红色资源保护机制，坚持"保护为主、抢救第一、合理利用、加强管理"的方针，全面保护与整体保护、抢救性保护与预防性保护、遗址本体保护与周边环境保护相结合。进一步健全红色教育仪式机制，制定规范统一的仪式章程及制度，使各类纪念仪式在具体实施过程中有章可循，将红色文化纪念活动上升到国家意志高度。进一步健全红色旅游的行业标准机制、服务质量评价机制、信用监管机制与消费反馈处理机制，加强对红色旅游业态引导、服务和管理。进一步健全与红色资源相关的其他相关法律制度，从法治层面对红色基因传承、红色文化传播的基本原则、重点任务、工作机制、权责关系、保障体系等作出全面系统的制度安排。推动红色基因传承必须强化法治思维，要不断完善传承红色基因的政策与制度，把传承红色基因落实到社会治理中，让传承红色基因有章可循。

中华优秀传统文化在河北的传承与践行

郭君铭*

摘　要： 传承践行中华优秀传统文化意义重大深远。河北省近年来在传承践行中华优秀传统文化方面取得了显著成效，文物保护和非遗传承工作成就突出，认真贯彻传统文化"双创"思想，群众性传承践行活动丰富多彩。今后，河北拓展传承践行中华优秀传统文化的路径，首先要加强宣传，营造氛围；其次要进一步加强对燕赵文化和地方文化的研究；最后要增强做文化工作的韧劲，扎实做好基础工作，提升河北文化的影响力和感召力。

关键词： 中华优秀传统文化　河北　文物保护　非遗传承

历史发展的轨迹清晰表明，文化是民族生存和发展的重要成果，同样是重要的动力来源。习近平总书记强调："没有中华文化繁荣兴盛，就没有中华民族伟大复兴。"中国共产党人是中华优秀传统文化的忠实继承者，更是积极的践行者和弘扬者。传承弘扬中华优秀传统文化，是推进社会主义文化强国建设、提高国家文化软实力的重要内容。党的十九届六中全会通过的《中共中央关于党的百年奋斗重大成就和历史经验的决议》提出，党坚持以社会主义核心价值观引领文化建设，注重用社会主义先进文化、革命文化、中华优秀传统文化培根铸魂。

---

* 郭君铭，中共河北省委党校（河北行政学院）文史部教授，研究方向：中国传统文化、河北文化建设。

河北是文化大省，有着丰富的历史文化资源和深厚的文化底蕴，这是其建设现代化经济强省和美丽河北的宝贵资源，传承和践行中华优秀传统文化本身也是精神文明建设的核心工作之一。认真学习贯彻习近平总书记关于大力弘扬中华优秀传统文化的重要论述，尤其是考察河北的重要讲话精神，保护好、传承好、利用好我们的传统文化资源，是我们河北干部群众必须做好的一项重要工作，也是燕赵儿女必须完成的一项历史课题。

一 传承和践行中华优秀传统文化的重大意义

习近平总书记指出："世世代代的中华儿女培育和发展了独具特色、博大精深的中华文化，为中华民族克服困难、生生不息提供了强大精神支撑。"在漫长的历史发展中，中华民族之所以能够成为伟大的民族，始终屹立于世界民族之林，之所以历经磨难而愈挫愈勇、奋发奋起，一个重要原因就是培育和发展了独具特色、博大精深的中华文化，为自身发展提供了强大精神支撑和丰厚文化滋养。历经磨难、见证过辉煌的中华先民们留给我们的精神财富值得我们珍视和传承，祖先们砥砺奋进中总结出来的智慧必须在新时代加以弘扬践行。

（一）传承和践行中华优秀传统文化，事关中华民族的根与魂

在中华五千年的历史长河中，无数先辈辛勤劳作、奋进拼搏，创造了源远流长、博大精深的中华优秀传统文化，为灿烂的世界文明做出了中国的贡献，为中华民族的生生不息、发展壮大提供了强大的精神支撑和智慧动力。中华优秀传统文化中的思想观念、人文精神、道德规范、意志品质等不仅承载着先辈们的智慧精髓，而且是滋养当代中国人精神世界、提振当代中国人精神志气的源头活水和不断提升中国人精神境界的不竭动力。中华优秀传统文化已经成为深入每一个中华儿女血脉之中的精神基因，是展示中华民族特质的精神标识。在五千年的历史延续中，中华优秀传统文化从未中断，至今仍焕发着活力，究其根源在于中华优秀传统文化强大的

感召力、吸引力和影响力。传承中华优秀传统文化，就是传承中华民族的历史根脉与精神追求，就是传承中华儿女的勤劳奋斗与实践探索，就是传承中国人的不懈追求与文化需要。抛弃中华优秀传统文化，我们将成为无源之水、无本之木。习近平总书记指出，"抛弃传统、丢掉根本，就等于割断了自己的精神命脉"，"历史和现实都表明，一个抛弃了或者背叛了自己历史文化的民族，不仅不可能发展起来，而且很可能上演一场历史悲剧"。传承中华优秀传统文化就是守住中华民族的根，就是守住中华民族的魂；践行中华优秀传统文化能树立起我们建设现代化经济强省、美丽河北的精神支柱。

面对国际上西方文化霸权主义的影响，充分发挥中华优秀传统文化的独特优势，不断推进中华优秀传统文化的创造性转化与创新性发展，在建设社会主义现代化强国的伟大征程上，践行中华优秀传统文化显得至关重要。习近平总书记深刻指出："在5000多年文明发展进程中，中华民族创造了博大精深的灿烂文化，要使中华民族最基本的文化基因与当代文化相适应、与现代社会相协调，以人们喜闻乐见、具有广泛参与性的方式推广开来，把跨越时空、超越国度、富有永恒魅力、具有当代价值的文化精神弘扬起来，把继承传统优秀文化又弘扬时代精神、立足本国又面向世界的当代中国文化创新成果传播出去。"中华优秀传统文化以其和合共生、崇尚大同的发展理念，求同存异、兼容并包的开放胸襟，爱国爱民、谋求复兴的民族情怀，惠众利民、安业富民的人文精神等，在世界文明的历史进程中独树一帜，是中华民族赖以历经磨难而不衰亡的宝贵精神财富。我们不仅要在实现中华民族复兴伟大事业中充分发挥中华优秀传统文化的作用，而且要把中华优秀传统文化资源置于当代世界文化的语境下加以深入挖掘与开发，充分展现其独有的魅力与价值，积极主动地讲述中国故事，传播中国声音，推动中华优秀传统文化走向世界，彰显中华文明对世界文明发展的贡献，为解决当今世界的时代痼疾提出中国方案，贡献中国智慧，让植根于中华民族的文化之根和智慧之魂为人类命运共同体的构建与发展提供精神滋养与价值支撑。中华优秀传统文化，是我们坚定文化自信的底气，有了这种底气，我们就能在纷繁复杂的百年未有之大变局中站稳脚跟，不断推进改革开放和社会主义现代化建设，实现中华民族的伟大复兴。

（二）中华优秀传统文化是涵养社会主义核心价值观的思想源泉

培育和践行社会主义核心价值观是凝魂聚气、强基固本的战略之举，为建设社会主义现代化强国、实现中华民族伟大复兴聚集强大的能量，具有重要现实意义和深远历史意义。培育和践行社会主义核心价值观必须立足中华优秀传统文化，用中华优秀传统文化涵养社会主义核心价值观。从这个意义上讲，践行社会主义核心价值观与践行中华优秀传统文化具有价值指向和目标旨归上明显的一致性。

从思想结构来分析，中华优秀传统文化是包含多个层面和构成部分的有机统一体。首先是思想理念层面，这是传统文化的核心部分，从某种意义上决定着中华民族的思维方式、行为习惯乃至民族气质与性格。其次是传统美德层面，这是中华传统文化中最为丰厚凝重的部分。和其他民族的文化传统相比，中国的先哲们更重视社会人伦，在调节人与人、人与家庭社会、个人与国家的关系中形成了一系列道德规范，表现出了鲜明的集体主义价值取向。中华传统美德在维系中华民族团结统一、社会稳定，凝聚中华儿女的共同情感，经营多民族大家庭方面发挥着不可替代的作用。最后是人文精神层面，中国人历来奉忠恕之道为待人处世的原则，强调"仁者爱人"人文关怀，推崇"己所不欲，勿施于人"的换位思考，旗帜鲜明地反对形形色色的双重标准。

中华文化的这些丰富内涵，是社会主义核心价值观赖以产生的思想温床。社会主义核心价值观中，富强、民主、文明、和谐是国家层面的价值目标，自由、平等、公正、法治是社会层面的价值取向，爱国、敬业、诚信、友善是公民层面的价值准则。中华优秀传统文化与社会主义核心价值观的要求一脉相承，紧密相连。善于继承才能更好地创新，传承中华优秀传统本身就是对社会主义核心价值观的践行。习近平总书记要求我们深入挖掘中华优秀传统文化讲仁爱、重民本、守诚信、崇正义、尚和合、求大同的时代价值，使中华优秀传统文化成为涵养社会主义核心价值观的重要源泉。中华优秀传统文化的核心价值理念，是一个相互联系的有机整体，值得我们深入挖掘蕴含其中的丰富内涵、时代价值和普世智慧。传承和践行中华优秀传统文化，可以为培育和践行社会主义核心价值观提供更多理论滋养。

当前，河北干部群众正在以昂扬的激情和干劲投身现代化经济强省、美丽河北的建设，努力为实现第二个百年目标交出河北答卷，贡献河北力量。全面发展的河北才能称得上是现代化的强省，文化现代化的河北是现代化强省的题中应有之义。河北的美丽也不仅仅体现在山川秀美、生态和谐上，精神文明的河北、道德的河北，也是河北美丽的必然内涵。河北地处京畿要地，是首都的政治"护城河"，是京津冀协同发展的重要腹地，在传承与践行中华优秀传统文化方面，河北也要拿出自己的手笔，为进一步增强河北文化软实力，为建设经济强省、美丽河北提供更加有力的文化支撑。

二 中华优秀传统文化在河北的传承与践行

十八大以来，弘扬中华优秀传统文化成为时代热潮，中共中央办公厅、国务院办公厅印发了《关于实施中华优秀传统文化传承发展工程的意见》。为贯彻中央文件精神，2017年8月，河北省印发了《落实中华优秀传统文化传承发展工程的实施意见》，对传承和践行中华优秀传统文化工作作出全面部署。近年来，河北省的文化工作者和各界干部群众积极行动，在传承和践行中华优秀传统文化方面取得了显著的成绩。

（一）文物保护工作成就显著

河北是中华民族的重要发祥地之一，具有悠久的历史和特殊的区位，历史文化资源极为丰富，是不折不扣的传统文化大省。从第三次全国文物普查公布的数据看，全省共有不可移动文物33943处，在全国名列前茅，其中世界文化遗产4项6处，全国重点文物保护单位291处，这一数据居全国第3位。全省现有国家级历史文化名城承德、保定、正定、邯郸、山海关、蔚县共6座，宣化、涿州、定州、赵县、邢台、大名6座城市为省级历史文化名城。已经入选历史文化村镇名单的数量也相当可观：全省共有历史文化名镇名村90个，其中国家历史文化名镇8个、国家历史文化名村32个、省级历史文化名镇12个、省级历史文化名村38个。全省备案的博物馆共有165家，其中免费开放149家，国有馆藏文物1402448件（套）[①]。河北文物总量庞大、类型丰富、历史跨度长，呈现出较为有序的传承体系，已成为河北省发展的"金色名片"和独具特色的文化战略资源。有人戏称：一千年文化看北京，三千年文化看西安，五千年文化看河南。其实在河北一省境内，可以看到中华文明自草创至今所有历史时期的遗存轨迹。

从省文物局了解到的数据看，"十三五"期间河北考古勘探、发掘项目共计200个，考古勘探面积13393053平方米，发掘面积86300平方米，出土文物24228件（套）。其中，配合基本工程建设考古项目109项，勘探面积4932303平方米，发掘面积38199平方米，出土文物共计4903件（套）[②]。"十三五"以来，河北省文物工作者认真贯彻落实党和国家的文物工作方针，积极推进文物工作与国家重大战略对接，服务经济社会发展大局，围绕推进京津冀协同发展、雄安新区规划建设、筹办北京冬奥会举办等重大任务，稳步推动文物保护利用改革。为切实推进长城、大运河文物保护，落实《长城保护总体规划》，《河北省长城保护条例》已于2021年6月1日实施。河北文物工作有许多具有时代意义的亮点，为稳步推动大运河文化带建设，雄安新区文物保护与考古、正定古城保护等重大文物保护工程和项目有序推进，涉冬奥文物保护顺利进展，河北文物工作者付出了大量心血，为河北省的优秀传统文化传承工作打下了坚实基础。革命文物承载着中国共产党百年奋斗的艰辛与辉煌，必须重点加以保护利用。河北省在全国率先出台了省级革命文物保护利用的地方性法规，2021年5月28日，河北省人大常务委员会表决通过《关于加强革命文物保护利用的决定》，该决定已

[①] 相关数据由河北省文物局提供。
[②] 同上。

于7月1日起施行。这一法规的颁行，对加强河北省革命文物保护利用工作，进一步传承红色血脉意义重大。

（二）非遗保护传承事业取得实质成效

非物质文化遗产是中华优秀传统文化中的重要组成部分，也是传统文化中最为鲜活的部分。河北省不仅是全国文明的物态文物大户，也是非物质文化遗产大省。目前，河北省已建立起国家、省、市、县四级非遗名录体系，保护传承制度不断趋于完善。蔚县剪纸、丰宁满族剪纸、唐山皮影戏、杨氏太极拳、武氏太极拳、王其和太极拳6项非遗项目成功列入联合国教科文组织人类非物质文化遗产代表作名录。列入国家级非遗代表作名录的非遗项目，河北省有163项。省政府批准先后公布了7批共990项省级非遗代表性项目，各市公布了2818项市级非遗代表性项目，各县（市、区）公布了6810项县级非遗代表性项目。全省共有国家级非遗代表性传承人149人、省级非遗代表性传承人873人、市级非遗代表性传承人2758人、县级非遗代表性传承人5658人。[①]

针对如此丰富的非遗资源，河北省积极探索试分类保护措施。首先，深入实施传统工艺振兴计划，共有18项传统工艺类非遗代表性项目列入国家传统工艺振兴目录。为更好地开展非遗保护传承工作，有关管理部门支持有较强设计能力的高校、企业和相关单位，在全省传统工艺项目集中地设立了8个传统工艺工作站。其次，持续推进传统戏剧类、曲艺类非遗项目分类保护，女娲祭典、太昊伏羲祭典列入文化和旅游部"中华民族文明发源文化发祥重点项目"重点培养。国家级非遗代表性项目井陉拉花、西河大鼓、衡水内画和丰宁满族剪纸共4项被文化和旅游部评选为"优秀保护实践案例"。

为规范非遗保护工作，提升非遗保护工作的科学化水平，河北省有关部门不断加大对《非物质文化遗产法》和《河北省非物质文化遗产条例》的

---

① 相关数据由河北省文化和旅游厅提供。

学习宣传和贯彻落实力度,增强依法保护文化遗产的意识和能力。省文旅厅相关部门牵头制定并由省政府办公厅转发了《关于河北省传统工艺振兴的实施意见》,会同省委宣传部、河北省财政厅制定了《河北省非物质文化遗产传承发展工程实施方案》,制定了《河北省省级非物质文化遗产代表性传承人认定与管理办法》和《河北省省级文化生态保护区命名与管理暂行办法》,目前已经建立起比较健全的非遗保护政策法规体系,为河北省非物质文化遗产保护传承工作的深入开展提供了政策支持和法治保障。

在各级领导和文化工作者共同努力下,河北省近年来的非遗保护传承能力大有提升。"见人见物见生活"的非遗传承工作理念深入人心,非遗保护传承能力建设成效明显。为提高非遗工作者的理论业务水平,积极开展非物质文化遗产研究培训工作,目前河北省有3所院校被推荐参与文化和旅游部、教育部、人力资源和社会保障部联合实施的中国非遗传承人群研修研习培训计划,累计举办研修、研习、培训17期,培训学员640人次,为河北省和全国的非遗保护传承工作做出了贡献。河北省的非遗工作服务国家战略成效显著。围绕精准扶贫国家战略,会同省扶贫办在全省深入开展非遗助力精准扶贫工作,建立非遗扶贫就业工坊405个,参与的建档立卡贫困户5047户、6248人,线上线下共开展培训6301次、培训人数87038人[①],取得了良好实效。长城沿线非遗保护工作深入推进,大运河文化带非遗保护进一步加强,雄安新区非遗普查调研高标准完成,非遗服务国家战略能力进一步提升。

(三)贯彻"双创"思想成绩突出

文化只有与时俱进,才能充分展现其魅力和生机。深入挖掘中华优秀传统文化的丰富内涵,推动中华优秀传统文化创造性转化、创新性发展,是十八大以来确立的弘扬发展中华优秀传统文化的基本方略。河北的文化工作者和各级干部群众,认真贯彻"双创"思想,一方面积极探索传承践行中华

---

① 河北省文化和旅游厅:《对河北省第十三届人民代表大会第四次会议第1168号建议的答复》,http://whly.hebei.gov.cn/Home/ArticleDetail?id=15092。

优秀传统文化的新载体、新路径、新平台，另一方面在结合实际上做文章，赋予传统文化以崭新的时代内涵，为河北的经济社会发展注入丰富元素，成为建设现代化经济强省、美丽河北的强大精神动力。

随着大数据时代的到来，数字技术不断得到提高和普及，数字化手段成为保护传承传统文化的重要手段。河北省文化领域各部门积极推进数字化技术应用，把传统文化的保护工作提升到了一个新的高度。以邯郸的响堂山石窟为例，峰峰矿区的响堂山石窟是国务院第一批公布的国家重点文物保护单位，是河北省已发现的最大石窟，拥有大量珍贵文物。2018年，响堂山石窟艺术博物馆与高校合作"数字响堂"项目，用科技手段保护千年石窟取得了显著成效。目前，响堂山石窟的数据采集工作已经完成。100多件流失海外的响堂山石窟造像的数据也正在通过美国芝加哥大学东亚艺术中心进行收集和整理，部分流失海外的文物数据已经收集完成。响堂山石窟数字展示中心已于2021年9月竣工，千年文化瑰宝通过前沿技术得以定格、重生。抢救保护文物有了新的手段，现代化科技的力量赋予传统的文物工作以新的生机，文物真的"活"起来了。

在文物管理领域，数字技术还激发了博物馆系统的创新活力，河北省现已基本构建起了文物资源数字化服务体系。河北博物院通过微信公众号"享·服务""用·导览""逛·河博"栏目，为大众提供文化服务项目、服务活动、服务资讯等近3000项，精心打造永不打烊的线上博物馆。利用以"河博学堂"为代表的众多品牌项目，举办线下社教活动百余场次，同时积极推进文创产品进社区、进街区、进景区。在数字化技术支持下，对外文物交流合作也得到促进，文物保护利用工作取得了丰硕的成果，获得了国家文物局的高度肯定和社会普遍认可。为提升新时代非遗传承工作的水平，河北省有关部门扎实推进非遗数字化记录工程，目前已组织开展了54位包括传统戏剧、曲艺、传统舞蹈等项目代表性传承人的记录工作，6项记录成果荣获"全国优秀建设项目奖"。

早在2018年，河北省就出台了《关于河北省传统工艺振兴的实施意见》，着力实施传统工艺振兴工程，其中包括对传统工艺资源进行保护传承和创新利用，促进传统工艺保护可持续发展，实现非遗创造性转化、创新性发展等内容，以政策保障为非遗传承发展创新保驾护航。在政策鼓励下，河北涌现出一大批借助新媒体和新科技力量传播推广传统工艺的先进事例，面塑大师李海花就是其中有代表性的典型。有2000多年历史的民间手艺面塑是河北省非遗项目，为了更好地传承弘扬这一传统技艺，唐山市工艺美术大师、非遗面塑传承人李海花借助新媒体的科技力量和平台优势为这项非遗文化赋能，全方面开发与挖掘手工面塑的文化和市场价值，为面塑非遗文化的普及和传播打开了广阔的天地。2019年李海花开通个人直播账号"手工面塑海花"至今，账号粉丝已超过9.1万人。2021年5月，李海花开通了线上直播教学，仅仅两个月时间，直播场次就超过75场，让互联网上众多网友见识了解了我们河北的传统技艺，起到了很好的传播推广作用。

（四）群众性传承与践行活动精彩纷呈

人民群众是传承与践行中华优秀传统文化的主体，充分发挥人民群众的主体地位和主力作用，通过开展各种群众性传承与践行活动，才能让中华优秀传统文化得到现代生活的滋养，真正地活起来、火起来，充分地展现新活力，发挥新作用。

传统美德是中华优秀传统文化中的精髓，是推进当代公民道德建设的重要资源。为深入推进思想道德建设，推动社会主义核心价值观深入人心，河北省近年来广泛开展燕赵楷模、道德模范、最美河北人等先进典型评选、宣传活动，用生活中的好人榜样，教育广大群众树立正确的价值观，在全社会营造崇德向善的浓厚氛围。近年来，河北省相继开设了"燕赵楷模发布厅""最美河北人发布厅"等省级典型发布平台，推出了李保国、塞罕坝机械林场、吕建江、张连印等全国"时代楷模"，选树宣传了保定学院西部支教优秀群体、唐山市滦南县李营村党支部书记李志刚、驻村干部孙国亮、"大校村官"石炳启等"燕赵楷模"，发布了"最美抗疫先锋""最美科技工作者""最美退役军人"等"最美河北人"380人。目前，全省累计选树各级"身边好人"9万多名（组），其中2002名（组）入选"河北好人榜"，934

名（组）荣登"中国好人榜"。①

传统杂技、戏剧、曲艺是有着悠久历史、群众喜闻乐见的传统文化形式，在河北省有深厚的底蕴和广泛的群众基础。"十三五"期间，河北省为弘扬中华优秀传统文化，推出了杂技剧《梦回中山国》、丝弦《大唐魏征》、河北梆子《燕赵风骨杨继盛》等新作，取得了很好的社会和经济效益。为传承与弘扬传统戏曲，河北积极配合文化和旅游部开展了"名家传戏"、"名家传曲"、中国戏曲"像音像"以及中国戏曲剧种全集编撰工作。河北卫视农民频道的"绝对有戏"栏目在全国有很大影响，在国内同类栏目中以整体水平高和接地气而著称，成为团结国内戏曲票友，尤其是各地河北梆子票友的著名平台，也是传播弘扬传统戏曲特别是以河北梆子和老调、丝弦等为代表的河北地方戏曲的重要阵地。唐山市乐亭县是多个民间文化艺术的发源地，乐亭大鼓、评剧和乐亭皮影有"冀东三枝花"之称。为推动民间文化艺术的繁荣发展，弘扬传统文化，乐亭县从谋划发展、制定措施、资金保障、活动开展等方面多措并举，积极推进非遗文化进乡村、进校园活动，让民间文化得到了很好的传承与弘扬。2014 年，入选国家级非物质文化遗产名录的南岩乱弹，是流传在石家庄市高邑县东、西南岩村一带的传统地方剧种。高邑县积极推进这一国家级非遗项目的传播与传承，积极开展乱弹进校园等活动，让更多的人了解传统戏曲文化，增进对传统文化的感情。

承德市近年来积极推进戏曲进校园、传统文化进乡村活动。2018 年以来，开展各类传统文化志愿服务活动 150 多场次，直接服务群众 9.8 万人次。2021 年 8 月，习近平总书记视察承德，就保护利用历史文化资源做出重要指示，承德市干部群众认真学习贯彻习近平总书记重要讲话精神，在培树"文艺名村"、打造"书香门第"、推动非遗文化助力乡村振兴等方面积极作为，积极探索保护、发展、利用优秀传统文化的路径。丰宁县滕氏布糊画推出"非遗进校园""非遗＋旅游""非遗＋网络"等系列活动，发展非

---

① 《河北：榜样教育引领群众崇德向善》，见 https：//baijiahao. baidu. com/s？id = 1718842122520615447&wfr = spider&for = pc。

遗就业工坊、非遗民宿、非遗文创、非遗直播等产业，开发饰品、挂坠、团扇等各类滕氏布糊画文创产品，将非遗融入现代生活，让中华优秀传统文化精髓得以传承和发扬。

张家口蔚县拥有的国家级文保单位数，长期位居全国县级行政单位的首位，是响当当的传统文化大县。为挖掘利用好传统文化资源，蔚县深入贯彻落实习近平总书记重要讲话精神，在全县开展古堡振兴行动，充分挖掘古堡古村落深厚的历史文化底蕴，促进文化遗产与经济社会的有机融合，推动乡村全面振兴。目前，该县确立第一批13个有基础、有代表性的村落，明确了"五结合"的原则，即保护传统文化与发展现代产业相结合、非遗传承与时尚创意相结合、古堡建筑与红色元素相结合、农家院落与高端民宿相结合、绿色康养与休闲娱乐相结合，通过一系列项目的落地，打造"古堡振兴示范带"，为探索有地方特色的文化传承和乡村振兴之路做出了有益尝试。

三　河北省传承与践行中华优秀传统文化的路径拓展

总结近年来的工作，对河北省在传承与践行中华优秀传统文化方面取得的成就应该给予充分的肯定，但和国内先进省区相比，尤其是和现代化强省美丽河北的远大目标要求相比，我们还有很多工作可做。要从实现中华民族伟大复兴的高度，从增强河北文化软实力的要求出发，切实重视中华优秀传统文化传承与践行工作，不断创新传承手段，进一步开拓践行路径。

（一）进一步重视中华优秀传统文化的传承与践行，营造浓厚氛围

中华优秀传统文化传承与践行工作的提升，要深入贯彻习近平新时代中国特色社会主义思想，贯彻落实习近平总书记考察河北时的重要指示精神，贯彻落实省第十次党代会精神，牢牢把握社会主义先进文化前进方向，坚持以社会主义核心价值观为引领，坚持创造性转化和创新性发展，深入挖掘和充分利用河北的文化资源，实施一系列文化传承工作计划和项目。省有关文

化工作部门和各市县，要研究制定优秀传统文化传承规划，充分发挥规划的引领作用，投入力量编制本地本单位中华优秀传统文化传承发展工作规划，提出具体工作目标、发展重点、工作路径和具体举措，建立优秀文化传承的"总台账"，确定"路线图"和"时间表"，不断提升中华优秀传统文化传承发展工作规范化、科学化水平，开拓河北省中华优秀传统文化传承、发展和践行、弘扬的新局面。

要加大对中华优秀传统文化传承与践行工作的宣传力度。河北省各级各类新闻媒体和报纸杂志要通过开设专版、专栏、专题或文化副刊等方式，大力宣传中华优秀传统文化，传播燕赵文化知识。要运用互联网等新媒体和新传播平台，开展丰富多彩的网络文化活动，讲述中华历史、传统美德和燕赵文化精神。要大力推动社会宣传，利用各种可以利用的渠道，推进优秀传统文化"六进"工作，组织机关、企业、社区、军营、学校等各级各类企事业单位，加强文化建设，深入开展中华优秀传统文化的宣传，开展丰富多彩的传统美德弘扬活动。将传统美德与人们的日常生活紧密联系起来，把传统文化精髓融入经济社会发展的各个实践环节。制定各种规划，出台各种政策和改革措施时，要考虑优秀传统文化的思想道德要求，形成弘扬优秀传统文化的政策导向、利益机制和社会环境。在社会建设工作中，应通过完善市民公约、村规民约、学生守则、行业规范等，把践行中华优秀传统文化作为社会治理的重要组成内容，融入制度建设和治理工作之中。在家庭教育方面，应传承优良家风家教，养成社会规范的基本品质，在道德观念上强化自我约束和道德践履。总之，通过全社会的努力，引导广大人民群众争当中华优秀传统文化的传播者和践行者，营造全社会参与传承与践行中华优秀传统文化的浓厚氛围。

（二）进一步加强对燕赵文化的挖掘，强化市县（区）地方文化的整理研究

河北是中华文明的重要发祥地之一，是中华文化的重要发生地、演变地和承载区，河北文化是中华文化的重要组成部分。古老的燕赵文化源远流

长、底蕴深厚、成果灿烂，是燕赵先民留给我们的一笔丰厚遗产，是我们当代河北人必须加以传承和弘扬的宝贵财富。燕赵文化在我国众多地域文化中形成较早，发展演化的时间跨度长，加之滋养这一地域文化的地理条件复杂多样，故而燕赵文化的内容极为丰富。多年来，省内外理论工作者对燕赵文化进行了多视角的研究，取得了不菲的成果，为我们深入认识燕赵文化、弘扬燕赵先民的优良传统打下了较好的基础。但由于历史上，包括现在河北地区较为复杂的区域构成和行政归属，还有元代以来燕赵文化的重大转向，围绕燕赵文化还有许多需要澄清的问题，还有很大的研究探讨空间。所以，首先要加强对燕赵文化的研究阐释工作，深入研究、科学梳理，阐释燕赵文化的历史渊源、发展脉络和基本走向。在研究中尤其要坚持辩证分析的原则，彰显燕赵文化中的精华以发挥其当代价值，剔除河北历史文化中的糟粕以克服其对河北文化心理的消极影响。

加强对燕赵文化整体研究的同时，要调动各方力量，深化各市县（区）的地方文化研究。河北历史文化资源的重要特征是体量大、分布广、种类全、品级高，全省不仅没有文化资源的空白点，而且各地都可列数出有相当影响力的文化亮点。以省会石家庄为例，西柏坡、大石桥、华北烈士陵园，都是享誉全国的红色文化资源；近年来的考古发掘，在灵寿、平山等地分布着古中山文化的大量遗存；正定古寺群、赵县柏林禅寺是海内外有重大影响的佛教文化圣地；正定古城和赵州桥更是名声在外的古建筑文化的奇葩；元氏封龙山上的封龙书院，也是历史上极有影响的地方文化中心。有人梳理邯郸市的文化资源，总结出十大文化脉系：中皇山女娲文化、磁山文化、赵文化、成语典故文化、邺城建安文化、北齐石窟文化、磁州窑文化、广府太极文化、鸡泽毛遂文化和红色圣地文化。这种文化资源的富集现象，在河北省具有普遍性，这就凸显出了地方文化研究工作的必要性。各级政府要加大对历史文化研究工作的扶持力度，依托省内社会科学研究机构和高等院校，建立一批河北文化研究基地，形成各有侧重、特色鲜明的研究体系，有计划、有步骤地组织一批重点研究课题，推出更多优秀科研成果，为传承与践行优秀传统文化打下更为坚实的理论根基。

（三）扎实做好基础工作，开拓河北弘扬中华优秀传统文化的新局面

河北开展文化建设，在传承利用传统文化资源方面具有得天独厚的优势。首先，河北的历史文化资源数量大，开发利用空间十分广阔；其次，河北的文化资源分布广，稍加整合就可以形成聚集效应；再次，河北文化资源的品级高，历史影响大，重振雄风的基础非常厚实；最后，河北文化资源的种类全，可供策划方向和运作方案非常多。当然，辩证地看，河北历史文化资源也存在着杂和散的缺点，这或许是河北在当代文化建设中没能取得满意成就的症结之一。河北要想把中华优秀传统文化的传承推上新的高度，在践行中华优秀传统文化工作中开创新境界，需要进一步明确传承主线，突出践行逻辑，这就客观要求我们在彰显特色、打造品牌方面有所建树甚至突破。

为创建河北历史文化传承的主线，我们曾提出过"三个走来"的文化定位，即"东方人类从这里走来、中华文明从这里走来、新中国从这里走来"，站在中华优秀传统文化的大格局下，凸显河北文化的特色和地位。随后，在建设文化强省的热潮中，我们又梳理出了河北"红色太行、壮美长城、诚义燕赵、京畿神韵、弄潮渤海"五大文化脉系。应该说，"三个走来"和"五大脉系"在突出河北传统文化亮点和整合河北文化建设力量方面，都有值得称道的地方，如果坚持把这些构想落实落细，是很可能取得不错的经济和社会效益的。可惜，由于种种原因，这些构想没能持之以恒地坚持下去，预计的最佳传播效果没能充分显现出来。总结以往河北文化建设的得失，我们并不缺乏创新的意识和能力，我们应该着力强化的是踏实深入推进文化工作的韧劲，保持政策和思路的连续性，切实做好各项基础性工作，提升河北的文化影响力和感召力。

要通过对中华优秀传统文化的弘扬，切实把河北的文化资源优势转化为经济社会发展的品牌优势。立足于打造一批有重大影响力的文化品牌和文化名片，继续用好三祖合符、成语典故、武术杂技、毛诗诗经儒学、内画剪纸皮影等地域色彩浓郁、深入民风民俗的重点文化题材，进一步在全国叫响西

柏坡、避暑山庄及外八庙、北戴河、大境门、草原丝绸之路、直隶总督府、白洋淀、衡水湖、广府古城等河北独有的文化名片。要大力宣传推介河北历史文化名人，推出一批展示荀子、扁鹊、毛亨、毛苌、董仲舒、孔颖达、孙奇峰、颜元、赵子龙、纪晓岚、张之洞、李大钊等众多历史文化名人的优秀文艺作品，不断提高河北文化的社会影响力和知名度。要加大对河北省千年古县和历史文化名城名镇名村、传统村落、名人故居的保护利用力度，充分发挥历史遗迹的影响力和感召力。要办好中国吴桥国际杂技艺术节、中国蔚县剪纸艺术节、中国滦河文化节、中国汉牡丹文化节、中国女娲文化节、沧州国际武术节等传统文化节会活动，不断扩大河北文化的国际影响力。要进一步推动文化交流，开展文化走进京津走向全国主题活动，讲好河北故事，传播河北声音。要不断繁荣文艺创作，把中华传统文化资源和燕赵文化内蕴作为文艺生产的题材库和创作源，推出一批历史底蕴深厚、河北特色鲜明、滋养涵育人心的文艺精品。

参考文献

习近平：《习近平谈治国理政》第一、第二、第三卷。
《河北省落实中华优秀传统文化传承发展工程的实施意见》。
魏建震、温玉春：《燕赵学术思想史》（先秦卷），河北出版传媒集团、河北人民出版社，2020。
《做好保护传承利用文章　弘扬中华优秀传统文化》，https：//baijiahao.baidu.com/s？id=1709536290502581249&wfr=spider&for=pc。
《河北：保护传承利用，让优秀传统文化走进百姓生活》，https：//baijiahao.baidu.com/s？id=1717705345931257160&wfr=spider&for=pc。

河北省党史学习教育实践成效
与继续推进的思路对策

尹 渊[*]

摘　要： 在建党百年之际开展党史学习教育，是以习近平同志为核心的党中央作出的一项重大决策，是党内政治生活的一件大事。河北省委始终坚持把党史学习教育作为重要政治任务牢牢抓在手上，在党史学习教育开展过程中积极进行实践探索，形成了一批好做法好经验，取得了重大成效。踏上新征程，继续推进党史学习教育，以发挥其以史为鉴、资政育人的作用。要求推动党史学习教育与强化党的政治建设相结合，为党史学习教育继续推进提供坚强的政治保证；推动党史学习教育与弘扬伟大建党精神相结合，为党史学习教育继续推进提供丰富的精神内涵；推动党史学习教育与业务工作、经济工作相结合，为党史学习教育继续推进提供强劲的内生动力。

关键词： 河北　党史学习教育　党的建设

历史是最好的教科书，党史是最好的营养剂。立足新的历史方位，在建党百年之际以习近平同志为核心的党中央作出了一项重大决策——在全党开展党史学习教育。河北省委始终坚持把党史学习教育作为重要政治任务牢牢抓在手上，在不断推动党史学习教育形成长效机制、发挥长效作用的过程中形成了一批好做法好经验好成果，取得了重大成效。河北省广大党员干部通

---

[*] 尹渊，河北省社会科学院邓小平理论、"三个代表"重要思想和科学发展观研究所实习研究员，研究方向：马克思主义世界历史思想、思想政治教育。

过党史学习教育，在以史为鉴中提高了历史自觉，提升了历史主动，增强了历史担当；在干事创业中持续筑牢了人民立场，不断增强"四个意识"、坚定"四个自信"、做到"两个维护"；在开创未来中统一了思想、意志和行动，凝聚了新时代"赶考路"上的奋进力量。本阶段的党史学习虽然告一段落，但发展未有穷期。踏上新征程，仍要发挥好党史"教科书""营养剂"的作用，在鉴往知来中统一思想、协调步调，才能确保我们的旗帜不变色、道路不偏离、精神状态不滑坡、历史使命不遗忘、奋斗目标不动摇，走好新时代"赶考路"。

一 河北省党史学习教育开展的脉络考察

根据中央统一部署安排，河北省委认真把握党史学习教育三个阶段的主要任务和具体要求，聚焦学史明理、学史增信、学史崇德、学史力行和学党史、悟思想、办实事、开新局的目标要求，分别明确各阶段重点工作，从动员大会到"七一"庆祝大会，以全面学习党史为重点，以党的百年奋斗历史为时间线索，对学习作出全面系统安排；从"七一"庆祝大会到党的十九届六中全会，重点学习习近平总书记在庆祝中国共产党成立100周年大会上的重要讲话精神，通过专题学习、宣传阐释、基层宣讲等，掀起学习贯彻的高潮；从党的十九届六中全会到总结大会，重点是同学习党的十九届六中全会精神结合起来、同系统总结各地各行业各领域历史经验结合起来，推动党史学习教育形成长效机制，发挥长效作用。

（一）以学为先，感悟思想伟力

习近平总书记在党史学习教育动员大会上强调："在庆祝我们党百年华诞的重大时刻，在'两个一百年'奋斗目标历史交汇的关键节点，在全党集中开展党史学习教育，正当其时，十分必要。"[①] 党中央对开展党史学习教育作出部署，印发《关于在全党开展党史学习教育的通知》，决定在全党

---

① 习近平：《在庆祝中国共产党成立100周年大会上的讲话》，人民出版社，2021，第4页。

开展党史学习教育。

河北迅速召开省委常委会会议，传达学习习近平总书记在党史学习教育动员大会上的重要讲话精神，研究贯彻落实意见，先后印发了《关于在全省开展党史学习教育的通知》《关于在全省开展党史学习教育的实施意见》等文件，组织各级党组织和广大党员干部以学为先，感悟思想伟力。河北省委坚持领导干部带头、层层压实责任，省委主要负责同志作为第一责任人首先担负责任，多次主持召开党史学习教育领导小组会、推进会、座谈会等专题会议，亲自研究谋划、亲自组织推动、亲自督办重点任务落实，亲自审定实施意见、宣讲工作总体安排、"我为群众办实事"实践活动方案等。省领导以上率下，带动各地各单位紧密联系实际，落实党史学习教育各项部署，通过组织开展专题学习、专题培训、专题研究、专题组织生活会和民主生活会等活动，推动党史学习教育深入开展。在党史学习教育开展过程中，河北始终坚持集中学习和自主学习相结合，坚持规定动作和自选动作相结合，把潜心自学作为重要基点，采取领导带学、集体研学、典型导学、巡视促学等学习方式，引导广大党员干部深学细悟4本指定教材。全省各地各单位立足实际情况，边学习边思考，形成了"理论学习一刻钟""五步中心组学习模式""农村夜校""老书记初心讲堂""劳模大讲堂""车轮上的红色讲堂"等特色鲜明、形式多样的学习教育方式，使广大党员干部在党史学习中做到有所思、有所悟、有所得。

（二）广泛宣传，营造浓厚氛围

"在全党开展党史学习教育，是党中央立足党的百年历史新起点、统筹中华民族伟大复兴战略全局和世界百年未有之大变局、为动员全党全国满怀信心投身全面建设社会主义现代化国家而作出的重大决策。"[1] 这是一场自上而下的教育活动，在全党范围内开展学习的同时，也要在全社会范围内宣传好，抓好以党史为重点的"四史"宣传教育。

---

[1] 习近平：《在党史学习教育动员大会上的讲话》，人民出版社，2021，第1页。

红色遗址遗迹作为红色资源的重要组成部分，不仅见证了我们党的百年岁月征程，是我们党在百年岁月征程中凝结出来的红色精神的物化形态，还承载着我们党的优良传统和工作作风，是党史学习教育和"四史"宣传教育开展的鲜活教材。河北现有革命遗址时空跨度大，新民主主义革命、社会主义革命和建设、改革开放等各个历史时期遗留下来的遗址遗迹在全省广泛分布，河北省委充分发挥红色遗址遗迹使"'昨天的故事'和'今天的故事'在同一内核上形成共鸣，不同场景的人在同一精神域产生对话"①的作用，以红色培训、红色研学、红色旅游等活动为抓手，发挥西柏坡纪念馆、李大钊纪念馆、抗大陈列馆、白洋淀雁翎队纪念馆、八路军129师司令部旧址、华北军区烈士陵园等爱国主义教育基地的作用，通过整合省内红色遗址遗迹，组织各地各部门各单位加强合作协同，把河北有代表性的各处红色遗址遗迹作为"点"，串联进建党百年历史这条"线"，推出党史学习教育五大主题16类百条红色旅游线路，使省内具有红色资源的区域形成集群效应，广大党员干部群众在"寓学于游""寓思于游"中实现学党史、悟思想。面向青年群体，准确分析和把握新时代青年群体的思想特点、需求特点、接受特点，推出原创歌曲《岁月征程》，在内容上聚焦党的百年奋斗历程，借助跌宕起伏的旋律，使理性的学习教育与感性的聆听形成联动，让党史学习教育具备润物无声的效果。同时，在尊重原创歌曲的基础上，组织开展创作传唱活动，以高校学生为参与主体，以歌词、曲谱、伴奏为内容载体，以网络新媒体为宣推平台，在传唱过程中引导青年学生实现对信仰的传承，打造潜移默化式党史学习教育课。举办《信仰的力量——英烈家书朗诵会》，以话剧、音乐、舞蹈等艺术形式，通过家书诵读，体现英雄烈士的崇高精神和家国情怀。举办"老英雄红色故事报告会"，邀请4位进入耄耋之年的老英雄采取口述的方式，通过自己的亲身经历，打造情景交融式党史学习教育课，在讲述红色故事中传承红色基因。此外，打造了一批党史学习教育最生动、最鲜活的教材，精心组织先后创排河北梆子《没有共产党就没有新中国》、

---

① 刘建伟：《红色文化融入高校社会主义核心价值观教育研究》，人民出版社，2018，第111页。

民族歌剧《雁翎队》、大型民族管弦乐《团结就是力量》、多媒体音乐剧《壮士》、新编现代京剧《挂云山》等,河北在充分挖掘利用红色资源中,为党史学习教育营造了浓厚的舆论氛围。

(三)知行合一,践行使命任务

"这次党史学习教育要同解决实际问题结合起来,开展好'我为群众办实事'实践活动。"① 河北坚持学习党史解决思想问题与解决实际问题相结合,做到知行合一、学做一体,持续稳固人民立场,不仅把实事办好,还把实事办实,真正让人民群众切切实实地感受到了党史学习教育开展以来带来的实效。

河北善始善终、力求实效,为及时解决群众反映的"不办事""办不成事""办不好事"等各类问题,省委、省政府主要负责同志带头调研督导,发挥示范引领作用,全省各地各部门各单位立足实际和部门职责,组织开展走访调研、座谈会等,广泛征集群众的"急难愁盼"。通过搭建电视问政平台、开通网上"我为群众办实事"民意直通车、搭建主题擂台赛等,积极主动畅通民意反映渠道。根据征集和反映的问题,先后印发《"我为群众办实事"实践活动方案》《河北省2021年20项民生工程实施方案》《关于深入开展"我为群众办实事"实践活动聚焦办好10件民生实事的通知》《深入推进"我为群众办实事"实践活动若干举措》等文件,明确了办实事的内容,20项民生工程中的棚户区改造、城中村改造、城市公共停车设施建设、市政老旧管网改造、"空心村"治理等在2021年10月20日完成率已达100%,让人民群众感受到了实实在在的变化。此外,建立领导分工包联重大民生项目制度,各地各部门各单位主要领导带头办,在办实事过程中,对办理情况实行及时公开,主动接受群众点评,评价结果与考核挂钩,促使党员干部真正把实事办好、把实事办实。截至2021年11月中旬,全省各级党组织实施办实事项目12万多个,开展服务群众活动78.3万多次,惠及群众

---

① 习近平:《在党史学习教育动员大会上的讲话》,人民出版社,2021,第25页。

6900多万人次。围绕巩固脱贫攻坚成果、全面推进乡村振兴，各地推出政策举措11000多项，其中9000多项已经落实。围绕深化政务服务，推出为民惠民便民的实招硬招3.9万余项，其中3.1万余项已经落实。格外关注革命老区，各级各部门出台支持革命老区发展政策举措3000多项，为老区办实事3200多个，服务老区人民153万人次，广大党员干部在办实事中践行使命任务，"让人民群众的获得感、幸福感、安全感更加充实、更有保障、更可持续"①。

二 河北省党史学习教育开展过程中的实践探索

自党史学习教育开展以来，河北各地各部门各单位在学思践悟中形成了一批开展党史学习教育的好做法好经验好成果，注重用事实说话、用典型说话、用成效说话，对全面把握党史学习教育规律，及时总结党史学习教育开展的经验方法，推动党史学习教育在常态化开展中发挥长效作用，具有借鉴意义。

（一）党史学习教育融入党内基本生活制度

在党史学习教育活动中，河北利用清明节、五一劳动节、五四青年节等重要时间节点，结合主题党日活动，以理论学习中心组为平台，组织开展专题学习、专题培训、专题宣讲等，增强了学习教育活动中理论学习的效果，提升了思想高度。

"年轻干部是党和国家事业接班人，必须立志做党的光荣传统和优良作风的忠实传人。"② 河北省省直工委积极探索破解理论学习、党史学习中的形式主义难题，实行工委领导包联"青年理论学习小组"机制，推动青年干部在学思践悟上下功夫，切实增强学习和发扬党的光荣传统和优良作风的

---

① 《习近平谈治国理政（第三卷）》，外文出版社，2020，第138页。
② 《习近平在中央党校（国家行政学院）中青年干部培训班开班式上的讲话》，《中国纪检监察报》2021年3月2日，第一版。

政治自觉、思想自觉、行动自觉。一是领导干部既做表率，也当"同学"。省直工委每位领导联学一个学习小组，不定期参加集体研讨交流。领导干部和青年党员成为"同学"，在交流活动上，大家一同展示学习笔记，面对面畅谈党史学习体会，在交流中形成"比学赶超"的浓厚氛围，看谁读得快、谁学得好、谁想得深，真正带动了全体党员干部在学懂弄通做实上下真功夫。二是既要青年干部听，也要青年干部讲。以往的学习交流活动多是会前定人"备稿子"，青年干部都是台下听会，但是自联学制度实行以来，青年干部认真学习习近平《论中国共产党历史》等指定学习书目，互相讨论学习多了起来，学习的主动性、积极性明显提高了，从而保证在交流活动中可以畅谈学习收获，分享学习感悟。领导包联"理论学习小组"，不仅提供了一个领导与青年党员相互交流、沟通、理解的平台，同样也给青年党员提供了自我学习成果的展示平台。无论领导干部，还是青年党员，人人都是"赶考人"，个个都是"应考者"，理论学习"一个都不能少"，增强了理论学习的主动性、积极性。

（二）党史学习教育融入新时代文明实践中心和融媒体中心

讲红色故事，看红色电影，唱红色歌曲，为群众办实事……河北省各地充分发挥新时代文明实践中心（所、站）基层宣传思想文化活动和精神文明建设中心的作用，因地制宜、突出特色，通过开展形式多样的文明实践活动，推动党史学习教育在基层走深走实。辛集市新时代文明实践中心设立展览展示区、实践活动区和志愿服务办公区，按照功能编排各活动室使用计划，为群众提供展演场所和器材。群众可以通过多媒体移轨滑屏了解我国经济建设取得的巨大成就；戴上VR眼镜沉浸式体验红色革命场景；拿出手机扫描二维码聆听"习"声，体会习近平总书记坚持以人民为中心的发展思想；走进农民画工作室、小剧场、摄影工作室等活动区域，详细了解实践中心基础设施建设情况；等等。打造"党建+VR"红色阵地，利用3D影像和VR技术再现历史，让体验者在身临其境回溯历史，在抚今追昔中感知时代脉搏、体悟岁月征程，在光与影、情与景的交织中学习百年历史，汲取奋进力量。

发挥融媒体优势，线上线下同频共振。河北紧扣建党百年主题主线，充分利用平台型媒体建设成果，把冀云·融媒体平台打造成为党史学习教育的"红色阵地"。一是推出党史"云课堂"。依托冀云·融媒体平台，策划推出党史教育可视化题材——《百年风华丨百堂党课》系列党史学习教育云课堂，邀请省委党校（河北行政学院）10名教师走进演播室，以时间轴为主线，以党史为基础，创新呈现短视频与PPT相结合的全新党课模式，生动宣讲1921~2021年发生的100个党史故事。真实记录河北百年党史的动人篇章和辉煌成就，推进党史学习教育深入人心。二是打造学习新形式。以融媒访谈形式，策划推出"身边的奇迹·中国共产党为什么能"思享会，作品融网络访谈、现场评论、深度采访等于一体，让身边人讲身边事，用身边事触动身边人，既讲好党带领人民为美好生活不懈奋斗的"史"，又讲好党治国理政的"道"，真实可感地展现中国共产党带领人民创造的历史伟业，让更多人信服坚持党的领导是党和国家根本所在、命脉所在的深刻逻辑。三是打通传播新渠道。采用纪行式、访谈、蹲点调研等多种形式，深入挖掘红色事迹、英雄模范的感人细节。精心组织《沿着高速看中国·穿越太行》《河北！从"新"出发·向总书记报告》等报道；用融媒访谈形式，策划推出"身边的奇迹·中国共产党为什么能"，聚集阜平脱贫攻坚、雄安新区规划建设、唐山涅槃重生、承德生态文明建设等主题，让身边人讲身边事，描绘时代的变迁。

（三）党史学习教育融入为民办实事

开展党史学习教育要求把"我为群众办实事"实践活动贯穿学习教育全过程，做到学史力行。

河北采取科学方法攻坚克难，发挥制度作用形成了办实事的长效机制。廊坊市探索建立"群众说事　干部解题"工作机制，着力解决群众急难愁盼问题。一是打通"群众说事"渠道。在线上利用手机App、微信群、网站、微信小程序、公众号、政府热线电话等方式搭建线上"说事"平台，群众可以将问题以语音、文字、图片等形式反映，解决问题进度可以全程查询；在线下的村街、小区设立121个乡镇（街道）说事站、3420个村（社区）说事点、6300个说事箱，并配备6000名网格员、40000余名网格辅助力量，接受群众诉求，实现线下"接单"。群众可以与村社干部、网格员面对面交流想法，提出意见建议。廊坊市涌现出以香河县五百户镇为代表的"社会治理信息系统+智慧平安乡镇系统"模式、以广阳区新源街道为代表的"微信公众号+网格化治理平台"模式、以安次区调河头乡为代表的"微信公众号+大喇叭"模式和以霸州市裕华街道为代表的"街道综治中心+楼门长、街组长"等多种模式，真正让群众"说事有门、办事有人"。二是优化"干部解题"流程。畅通说事渠道是基础，解决矛盾问题才是关键。廊坊市坚持问题导向，紧紧抓住"解题"这一"牛鼻子"，通过市县乡村四级联动、50余个职能部门参与，建立起一套上下贯通、部门联动、社会协同的完整工作闭环，实现接办、交办、处置、反馈、回复、评价全流程操作，做到服务由"多个平台"向"一个平台"汇集，方式由"多头分散"向"体系运行"集中，内容由"单一服务"向"综合服务"转变，切实提高为百姓办实事的效率和质量。群众诉求汇集到乡镇（街道）工作平台后，根据事件类型、处置权限，或交由网格员、村社干部及时处理，或上报县级平台分派有关部门第一时间解决，处理结果及时回复当事人，并征询评价意见。实际运行中，一方面接诉即办，限时解决群众难题；另一方面探索未诉先办，通过微信公众号、公开栏等渠道宣传好国家政策和民生信息。同时，实行以知晓率、响应率、解决率、满意率"四率"为主要内容的常态化考核制度，办理过程向群众公开，办理结果接受群众评价，努力让人民群众的获得感、幸福感、安全感更加充实、更有保障。三是干部作风持续好转。通过构建"群众说事 干部解题"工作机制，基层干部围着群众转、直奔问题办、沉到一线干，普遍感到责任在肩，有压力更有动力。"说事、解题"这个主战场，成了基层干部施展拳脚的"演武场"，打通了服务群众的"最后一米"，成为党委政府和群众之间的"连心桥"。"说事、解题"机制，实现最大限度汇聚民意、凝聚民智，让群众在每一件小事中收获满意，也督促党员干部在解决实际问题中多角度、深层次思考问题成因，不断补短板强弱项，推动相关部门立体施策、提升服务，更让广大党员干部用行动切实回答好"忠诚之问""初心之问""担当之问""实干之问"，增进群众感情、密切党群关系、改进工作作风，真正以过硬本领展现作为、不辱使命。探索建立"群众说事 干部解题"工作机制以来，已累计受理群众诉求20.4万余件，解题率达98%，满意率达97%，真正让矛盾化解在基层，把感情融洽在基层，让群众切实感受到党史学习教育的扎实成效。

河北充分发挥基层党组织战斗堡垒作用和先锋模范作用，以党建为引领，以现代信息技术赋能，提升基层治理的实效。沧州市新华区总结提升疫情防控中形成的"党建引领、网格联动、多元共治"社区管理成功经验，在"我为群众办实事"实践活动中，探索打造城市社区"136"智慧网格管理体系。一是民有所呼，我有所应，全网高效联动打通群众诉求表达渠道。探索打造的"136"智慧网格管理体系，坚持"党建引领"一条主线，纵向建立"街道—社区—基层网格"三级管理平台，横向建立社区党委、社区居委会、业主委员会、楼院长、物业服务公司、综合服务站共同参与的"六位一体"社区治理体系，依托平台的计算机端管理系统、网格员的手机端App、群众的手机端微信小程序，构建起联结全区422个基础网格、2000余名基础网格员和广大居民的问题收集、反馈、解决网络。网格员和居民通过简便的手机操作将基层的大事小情及时反映到系统平台，社区和街道会第一时间处理，属于职权范围外的逐级向上级平台反映，实现了随时随地上报。二是民有所求，我有所为，打造"群众吹哨干部报到"的倒逼机制。"136"智慧网格管理体系具有一个突出的特点，就是实现了居民反映的问题有人管、及时管、专人管——群众吹响"问题"哨，网格干部就会到。通过建立"前端上报—网上分流—逐级延伸—限时办理—回访问效"的"快递式"闭环运行机制，把"指令权"放给街道党工委，由街道党工委指挥全区各职能部门解决问题，倒逼区直单位围绕乡办、社区、群众运转，形成发现问题自下而上，处置事件层层分解的反向治理机制，让问题得到高效化解。为进一步保障问题办结的时效和质效，"136"智慧网格管理体系面向民众推出"136民意快递"微信小程序,将"事要解决、群众满意"作为衡量事项办理成效的唯一标尺,在"136民意快递"微信小程序上设评价按钮,居民可实时查看上报事件的办理进度,并进行星级评分。最终将"136民意快递"采集问题办结率纳入各部门的综合考核管理,建立反向倒逼工作机制,把群众反映的"问题清单"变为党员干部的"履职清单",年度考核中由街道、社区根据日常工作执行情况打分评定,通过让群众考评干部,倒逼各部门高度重视、争先落实。三是接"单"必办,办就办好,建立智慧便捷高效的基层治理体系。在设计上,新华区对信息系统研发机构提出了一个要求,就是要以操作上的"傻瓜"程度定义系统的"智慧"水平。群众使用"136民意快递"微信小程序反映问题,免注册,免实名登录,打开即可看到主页设置的"我有事说"和"说过的事"两个大号字体按钮,再轻轻一点就可以随时随地通过语音、图片、视频反映问题、查询办理情况,操作简便。群众通过"136民意快递"微信小程序,实现了发现问题隐患随时拍、随手报,反映的问题涵盖矛盾纠纷、治安隐患、安全生产、环境保护、城市管理、民生服务、其他七大板块。对网格员来说,"136"智慧网格管理体系推出智慧新华手机App,通过信息化线上运行与精准化线下服务相结合,管理者能够在App上了解事件的办理情况进度,加强督导问效。区指挥中心后台管理系统,则会根据群众的诉求数据,分门别类地自动生成"热点问题矩阵",系统后台可直观地显示出群众反映最集中的问题是什么、发生成因是什么,通过积累和分析社情民意"大数据",有效实现了风险预警,也为党委政府作出前瞻性决策提供了更科学的依据。

三 河北省党史学习教育开展过程中的经验启示

经过对党史学习教育开展的一系列实践探索,我们对如何开展好党史学习教育获得了新的认识,积累了新的经验。在党史学习教育中及时总结经验,是实现党史学习教育常态化开展、发挥长效作用的应有之义。

（一）坚持矛盾分析法，抓好主要矛盾和矛盾的主要方面，走好党史学习教育"最初一公里"

主要矛盾和矛盾的主要方面决定了事物发展的方向和性质。运用矛盾分析法，抓主要矛盾和矛盾的主要方面是分析党史学习教育本质的根本方法，对保证党史学习不变味、不变色、不变质至关重要，是走好"最初一公里"的关键。

抓好"关键少数"。习近平总书记在党史学习教育动员大会上要求，"各级党委（党组）要承担主体责任，主要领导同志要亲自抓、率先垂范，成立领导机构，切实把党中央部署和要求落到实处"[1]。要坚持各级党委的领导核心地位，不断加强组织领导，细化责任到个人，在一级抓实一级中认真落实。各级领导干部作为"关键少数"，要发挥示范带动作用，先学一步、学深一层，紧密结合本职工作，带头严格贯彻落实中央通知精神和省委实施方案，带头开展学习研讨，带头讲好专题党课，带头为民办实事。在一言一行、一举一动中做好表率，在一级带动一级中学好党史，推动党史学习教育进系统、进基层，使党史学习教育向纵深拓展。

抓好党性教育。思想教育、政治教育、党性教育等共同构成了党史学习教育的内容体系，其中党性教育在党史学习教育活动中处于核心地位。从活动的主题和要求来看，我们不仅要学习党的历史知识，更重要的是在学习中总结经验、观照现实、锚定未来，而在这一过程中，历史起到了鉴往知来的作用，帮助我们在党的历史发展脉络中进一步牢记初心使命，提升党性修养，更加坚定了用马克思主义理论指导中国共产党进行伟大实践的信心，坚定了对中国共产党领导中国特色社会主义伟大事业的信心，坚定了中国特色社会主义进入新时代具有光明未来的信心。可以说，党的历史为党性教育的开展提供了丰富的学习内容，而党性教育又为我们正确认识党的过去、现在和未来提供了思想基础，它决定了党史学习教育的性质、内容、方向和效果。因此，在活动中要发挥好党性教育的熔炉作用，以党的历史为内容，提高党性修养，增强党性锻炼。

---

[1] 习近平：《在党史学习教育动员大会上的讲话》，人民出版社，2021，第23页。

(二)坚持系统观念,要协调联动,聚焦目标任务"挂图作战",以务实举措推动党史学习教育开展

在党史学习教育过程中要树立系统观念,这是科学认识和正确把握党史学习教育原则的基础,同样也是党史学习教育活动开展的基本方法,关系到党史学习教育开展的整体状态。河北坚持系统观念,在党史学习教育中实施"挂图作战",有助于党史学习教育实现问题导向、目标导向和效果导向的统一,使党史学习教育有力有序有效开展。

坚持系统观念,正确认识党史学习教育活动中各要素之间的关系是首要。党史学习教育活动中的各个要素包括:党史学习教育的主体,指的是党史学习教育的组织者;党史学习教育的客体,指的是党史学习教育的对象群体;党史学习教育的载体,指的是党史学习教育内容的承载方式;党史学习教育的环体,指的是党史学习教育开展过程中的外部环境。各要素之间紧密联系、相互作用,表现为教育主体根据外部环境和受教育群体的发展要求,通过语言、文字、图片、视频等载体,使教育对象最终能够自觉接受教育内容,达到其最初的效果设定。

使党史学习教育活动中各要素之间保持紧密联系、相互作用的关系,既是坚持系统观念的要求,也是实现党史学习教育有力有序有效开展的保证,必须讲究方式方法,坚持问题导向和实践导向,厘清工作思路。绘好"方向图",明确党史学习教育的基本内容,主要是为了弄明白党史学习教育活动的重点要做什么,弄清楚要开展什么样的理论学习来教育党员、干部和群众。因此,要对标预期目标,聚焦聚力落实目标要求和根本任务。明确"任务图"和"流程图",在明确党史学习教育基本内容的基础上,要着重考虑党史学习教育的途径和方法。毛泽东曾说:"我们的任务是过河,但没有桥或没有船就不能过。不解决桥或船的问题,过河就是一句空话。不解决方法问题,任务也只是瞎说一顿。"[1] "任务图"着重研究了党史学习教育开

---

[1] 《毛泽东著作专题摘编(上)》,中央文献出版社,2003,第310页。

展的方式方法，解决了"桥或船的问题"。"流程图"指明从细化方案、建立台账、实时督导、双向反馈、评价问效"五个环节"进行流程管控，解决了途径问题，形成了活动的闭环。制定"责任图"，突出党史学习教育的主体作用，建立定期例会、沟通联络、督导指导、情况通报等工作机制，确保党史学习教育组织到位、领导到位、责任到位。落实"效果图"，围绕"学党史、悟思想、办实事、开新局"，把"我为群众办实事"实践活动贯穿党史学习教育全过程，进一步增强闭环管理。在系统观念的指导下，聚焦目标任务，进行"挂图作战"，使党史学习教育活动中各要素相互联系、相互作用，助推党史学习教育常态化、长效化。

（三）坚持发展的观点，要加强党史理论研究，实现党史学习的与时俱进

党史理论研究的成果直接构成党史学习教育的主要内容，直接影响党史学习教育的开展效果。为使党史学习教育的开展效果符合理想预期，要坚持发展的观点，把党史理论研究工作贯穿整个学习教育活动，在活动开展中注意调整研究方向，突出研究重点，为党史学习教育提供与时俱进的内容。加强党史理论研究，需科学把握"三个新"。

科学把握党史理论研究的新形势。毛泽东曾说："读历史的人，不等于是守旧的人。"[①] 党史理论研究工作为党史学习教育提供良好服务，要立足中国共产党成立 100 周年这一重要时间节点，明确党史理论研究工作的坐标，以中国特色社会主义这一伟大事业为研究重点，紧紧把握当前开展伟大斗争的现实条件、进行伟大工程的实施路径、实现伟大梦想的基本要求，牢牢抓住世界百年未有之大变局和中国大发展这一历史交会期的客观规律，着重解决中国共产党为什么"能"、马克思主义为什么"行"、中国特色社会主义为什么"好"这三个基本问题。

科学把握党史理论研究的新内容。从中国近代知识分子苦苦寻求救国真

---

① 《毛泽东著作专题摘编（下）》，中央文献出版社，2003，第 2345 页。

理,到"十月革命"一声炮响指明前进方向;从中国共产党成立,到领导和团结全国各族人民取得抗战的伟大胜利;从天安门广场上庄严宣告"中华人民共和国中央人民政府在今天成立了!"①,到继续领导和团结全国各族人民进行社会主义伟大建设……历史证明,党的历史就是一部不断奋斗的历史。因此,党史理论研究既要包括党领导和团结全国各族人民进行民主主义革命时期的历史,又要包括社会主义革命、建设和改革时期的历史,更要能够立足新的历史方位,着重体现新时代中国特色社会主义发展需要,深刻反映新时代中国特色社会主义发展规律,围绕党史学习教育统一思想、认识、步调和行动这一中心内容,提供符合教育对象和社会发展需求的党史学习内容。

科学把握党史理论研究的新目标。当前,国内国际环境正发生深刻变化,历史虚无主义思潮沉渣泛起,我们党在治国理政过程中面临的"四大危险"和"四大考验"将更加突出。而进行党史学习教育,组织党员干部学"四史",在学习中总结来时的路、走好现在的路、坚定将来的路,引导广大党员干部坚定"四个自信"、增强"四个意识"、做到"两个维护",对于应对危险和考验是必要的。因此,需要党史理论研究发挥其在历史领域正本清源的作用,以呈现正确的党史、树立正面党的形象为直接目标,帮助人们正确把握改革开放前后两个阶段的关系、认识党的历史活动、评价历史人物等,保证党史学习教育朝正确的方向开展。

(四)坚持实践观点,解决人民群众"急难愁盼"的问题,实现党史学习教育的成效转化

实践是检验党史学习教育成效的根本方法,也是走好党史学习教育"最后一公里"的根本途径。坚持实践的观点,要求我们把"我为群众办实事"实践活动贯穿党史学习教育全过程,把学习党史与为民办实事紧密结合,确保党史学习教育取得真真切切的效果。

---

① 《毛泽东思想年编:1921~1975》,中央文献出版社,2011,第679页。

坚持实践的观点,要把"我为群众办实事"实践活动作为党史学习教育的落脚点,由人民群众来评判党史学习教育开展的好坏,推动党史学习教育善始善终、力求实效。党的十八大以来,以习近平同志为核心的党中央始终坚持把人民的利益放在首位,"全面建成小康社会,一个也不能少;共同富裕路上,一个也不能掉队"①。全面深化改革,就是要"通过改革给人民群众带来更多获得感"②。全面依法治国,要"努力让人民群众在每一个司法案件中都能感受到公平正义,决不能让不公正的审判伤害人民群众感情、损害人民群众权益"③。全面从严治党,就是"使我们党能够团结带领人民有力应对重大挑战、抵御重大风险、克服重大阻力、解决重大矛盾"④。可以说人民群众的满意度是检验一切工作的根本标准。"我们的党,我们每一个人,都是为劳动人民服务的勤务员。"⑤ 这句话不是一个口号,坚持实践的观点,突出党史学习教育的"办实事"和"开新局"作用,最重要的还是要在实践中站稳人民立场、培育公仆意识、增添人民情怀,在与人民群众保持密切的联系中练就过硬的本领,继续带领和团结各族人民在新时代征程上赢得更加伟大的胜利和荣光。

坚持实践的观点,还"要把学习党史同总结经验、观照现实、推动工作结合起来,把学习成效转化为工作动力和成效,防止学习和工作'两张皮'"⑥。总结经验、观照现实、推动工作,要坚持"从群众中来、到群众中去"的工作方法,在倾听群众呼声、了解群众需求中聚焦现实问题,才能使方针政策和发展规划达到有的放矢的效果。同时,要善于从党史学习中汲取宝贵经验,不断创新工作的方式方法,使党员干部既能办成事,又能办好事,把实事真正办到群众的心坎里,实现实践活动提质增效。

---

① 《习近平谈治国理政(第三卷)》,外文出版社,2020,第 66 页。
② 《习近平谈治国理政(第二卷)》,外文出版社,2017,第 103 页。
③ 《习近平谈治国理政》,外文出版社,2014,第 141 页。
④ 《十八大以来重要文献选编(下)》,中央文献出版社,2018,第 454 页。
⑤ 《彭真文选》,人民出版社,1991,第 318 页。
⑥ 习近平:《在党史学习教育动员大会上的讲话》,人民出版社,2021,第 25 页。

四 党史学习教育开展中的薄弱环节

前事不忘，后事之师。党史学习教育经过一年时间的开展，取得了实实在在的成效，但也存在一些问题。对这些问题进行分类概括，主要可以分为两个方面：一是从思想方面来看，对党史学习教育重要性的认识程度不够；二是从学习内容方面来看，在党史学习中对精神内涵的挖掘程度不够。

对党史学习教育重要性的认识程度不够。思想上的不重视，在学习中就会表现为就党史学习党史，模糊了党史学习教育的重点和主题，弱化了党史学习教育以史为鉴、资政育人的功能。思想作为行为的先导，对党史学习教育的重视程度不够，必然缺乏对党史学习教育开展的顶层设计与整体谋划，党史学习教育活动的开展缺乏系统性、计划性，无法与业务工作和经济工作相结合，一方面不符合人的思想发展规律，导致党史学习浮于表面，无法完成悟思想的要求；另一方面党史学习不深入，也无法从学习党史中总结经验、观照现实、推动工作，影响了办实事和开新局的效果。

在党史学习中对精神内涵的挖掘程度不够。在百年党史的不同历史时期内共同形成了党的伟大精神，特色鲜明、内涵丰富，构筑起中国共产党的精神谱系。学习党史，要把党的伟大精神继承好、弘扬好，需要不断创新党史学习教育的开展形式，在见人见事中将抽象的精神具体化。但在具体实践中，有的地方有的单位有的部门主动创新意识不强，学习方式以讲授为主，导致党史学习教育枯燥、乏味，无法调动党员干部学习兴趣，更不要说把党的伟大精神继承好、弘扬好，提振党员干部干事创业的信心了。

五 党史学习教育继续推进的思路对策

从党史学习教育自身发展的特点来看，党史学习教育作为一种教育实践活动，其内部各要素始终随着外部环境的发展而产生新的变化，无论思想观念、理想信念，还是精神状态，又或者是工作作风，都不是一朝一夕养成的，而是一个螺旋式上升、波浪式前进的状态，具有长期性、渐进性的特点；从党史学习教育外部环境的变化来看，2020年中国共产党如期完成了脱贫攻坚和全面建成小康社会的历史任务，疫情防控取得了重大战略成果，"十三五"规划圆满收官，顺利开启了全面建设社会主义现代化国家新征程……如今踏上新征程，我们党召开十九届六中全会对党的百年奋斗重大成就和历史经验进行了总结，明确提出"全党要坚持唯物史观和正确党史观，从党的百年奋斗中看清楚过去我们为什么能够成功、弄明白未来我们怎样才能继续成功，从而更加坚定、更加自觉地践行初心使命，在新时代更好坚持和发展中国特色社会主义"①。因此，我们要继续推进党史学习教育，凝聚全党全国各族人民新征程上的奋进力量。

（一）推动党史学习教育与强化党的政治建设相结合，为党史学习教育继续推进提供坚强的政治保证

党的十八大以来，党中央聚焦不同发展阶段党内出现的问题，根据党的政治建设的需要，先后开展了党的群众路线教育实践活动、"三严三实"专题教育、"两学一做"学习教育、"不忘初心、牢记使命"主题教育和党史学习教育，这些集中教育针对不同的问题，确定了不同的主题，取得了不同的效果。踏上新征程，党的建设任务和党内问题出现了新变化，继续推进党史学习教育，必须紧密结合党的政治建设，聚焦"学党史、悟思想、办实事、开新局"，才能突出重点、明确主题，推进党史学习教育在守正创新中发挥更大作用。

推动党史学习教育与强化党的政治建设相结合，要着眼于提高广大党员干部的思想政治理论水平，突出学党史和悟思想。马克思指出："理论一经掌握群众，也会变成物质力量。理论只要说服人，就能掌握群众；而理论只要彻底，就能说服人。"② 列宁认为，"只有以先进理论为指南的党，才能实

---

① 《中共中央关于党的百年奋斗重大成就和历史经验的决议（全文）》，http：//m.news.cn/2021-11/16/c_1128069706.htm，2021年11月16日。

② 《马克思恩格斯选集（第一卷）》，人民出版社，1972，第9页。

现先进战士的作用"①。中国共产党在团结带领全国各族人民进行革命、建设和改革的实践中坚持推进马克思主义中国化，形成了毛泽东思想、邓小平理论、"三个代表"重要思想、科学发展观和习近平新时代中国特色社会主义思想，并通过党的理论创新不断指导中国特色社会主义伟大实践取得了"四个伟大成就"，历史向我们证明，只有以马克思主义为指导思想的中国共产党才能肩负起历史赋予的重任。因此，必须通过开展党史学习教育提高广大党员干部的思想政治理论水平，坚定广大党员干部的理想信念，从而"旗帜鲜明反对历史虚无主义，加强思想引导和理论辨析，澄清对党史上一些重大历史问题的模糊认识和片面理解，更好正本清源、固本培元"②。只有这样才可以在党史学习中正视历史，不断用党的创新理论武装自己的头脑，紧密团结在以习近平同志为核心的党中央周围，推动党中央的决策部署落地落实，更好地践行使命任务。

推动党史学习教育与强化党的政治建设相结合，要着眼于增强广大党员干部的干事创业能力，突出办实事和开新局。党的十九届六中全会对中国共产党百年奋斗的重大成就和历史经验进行了系统总结，通过了《中共中央关于党的百年奋斗重大成就和历史经验的决议》，明确指出"先进的马克思主义政党不是天生的，而是在不断自我革命中淬炼而成的"③。党史学习教育既是一次马克思主义思想政治教育，也是我们党在直面"四大考验"、防范"四大危险"、警惕"七个有之"时以敢于斗争的精神推进自我革命的实践活动。继续推进党史学习教育，要坚持从党史中总结经验、吸取教训、指导现实，才能对当前存在的风险挑战作出科学决策，不断引导广大党员干部在保持与人民群众的密切联系中掌握解难题的科学方法，提高办实事的能力水平，在筑牢人民立场的基础上开创美好未来。

---

① 苏共中央马克思恩格斯列宁斯大林研究院编《列宁传略》，人民出版社，1956，第37页。
② 习近平：《在党史学习教育动员大会上的讲话》，人民出版社，2021，第25页。
③ 《中共中央关于党的百年奋斗重大成就和历史经验的决议（全文）》，http://m.news.cn/2021-11/16/c_1128069706.htm，2021年11月16日。

（二）推动党史学习教育与弘扬伟大建党精神相结合，为党史学习教育继续推进提供丰富的精神内涵

"一百年来，党坚持性质宗旨，坚持理想信念，坚守初心使命，勇于自我革命，在生死斗争和艰苦奋斗中经受住各种风险考验、付出巨大牺牲，锤炼出鲜明政治品格，形成了以伟大建党精神为源头的精神谱系。"[①] 在百年党史的峥嵘岁月中，中国共产党以伟大建党精神为源头，在新民主主义革命时期、社会主义革命和建设时期、改革开放和社会主义现代化建设新时期、中国特色社会主义新时代中产生了井冈山精神、苏区精神、长征精神等精神，共同筑起了中国共产党的精神谱系，形成了党史学习教育丰富的精神内涵。伟大建党精神作为中国共产党人的精神之源，是我们继续推进党史学习教育引导广大党员干部弄清楚"我们从哪里来？我们走向何方？"[②] 这一问题的"精神密钥"，是我们继续推进党史学习教育时刻引导广大党员干部群众"勿忘昨天的苦难辉煌，无愧今天的使命担当，不负明天的伟大梦想"[③] 的必然要求。

在党史学习教育中弘扬伟大建党精神，要充分挖掘利用红色资源，使抽象的精神具体化，提高党史学习的质量。一是打造党史学习教育"第二课堂"，情景交融式学党史。以爱国主义教育基地为依托，将党史学习教育搬到革命遗址，开展现场教学，课前组织个人自学和集体学习，课中采取讲述党史故事、歌唱红色歌曲、自导自演情景剧、聆听老党员讲授等方式进行，课后定期组织分享感悟和心得。在革命遗址中身临其境寻访红色足迹，引导党员干部群众认识红色政权来之不易、中华人民共和国来之不易、中国特色社会主义来之不易。二是丰富党史学习教育教材，既要用好红色资源这一

---

① 《中共中央关于党的百年奋斗重大成就和历史经验的决议（全文）》，http：//m.news.cn/2021-11/16/c_1128069706.htm，2021年11月16日。
② 国家创新与发展战略研究会主编《读懂中国》，人民出版社，2016，第213页。
③ 《中共中央关于党的百年奋斗重大成就和历史经验的决议（全文）》，http：//m.news.cn/2021-11/16/c_1128069706.htm，2021年11月16日。

"活教材",又要创造出丰富的可视化教材,增强学员的可选择性,要适时推出一批精品党史图书,创作一批精品党史剧作,策划一批红色故事报告会等,在可看可听可说中继承党的优良传统,弘扬伟大建党精神。三是创新党史学习教育载体。网络新媒体具有超越时空的特点,能够打破时空壁垒,更符合当前人们接受信息的方式,因此应不断推出党史学习"云课堂""云教材",持续拓宽党史学习教育的覆盖面,拓展弘扬伟大建党精神的渠道。以具体事和人推动党史学习教育与弘扬伟大建党精神相结合,引导广大党员干部群众领会百年党史的精神内涵,从百年党史的学习中守初心,不断开创中国特色社会主义事业的新局面。

(三)推动党史学习教育与业务工作、经济工作相结合,为党史学习教育继续推进提供强劲的内生动力

推动党史学习教育与业务工作、经济工作相结合是马克思主义的历史唯物主义和辩证唯物主义的要求。如果忽略了业务工作和经济工作,那么党史学习教育难以实现成效的转化,党史学习教育继续推进将丧失现实物质基础;如果忽略了党史学习教育,只讲业务工作和经济工作,思想上的问题不能及时解决,工作的效果也会大打折扣。因此,必须推动党史学习教育与业务工作、经济工作相结合,用业务工作和经济工作的发展成果时刻检验党史学习教育的学习效果,为党史学习教育继续推进不断创造强劲动力。

推动党史学习教育与业务工作、经济工作相结合,应从百年党史学习中把握历史规律,增强历史主动。习近平总书记说:"面对复杂变化的世界,人类社会向何处去?亚洲前途在哪里?我认为,回答这些时代之问,我们要不畏浮云遮望眼,善于拨云见日,把握历史规律,认清世界大势。"[①] 2021年是"十四五"开局之年,身处世界百年未有之大变局和中国社会大发展大变革的历史性交会期,我们踏上了全面建设社会主义现代化强国的新征

---

① 习近平:《开放共创繁荣 创新引领未来:在博鳌亚洲论坛2018年年会开幕式上的主旨演讲》,人民出版社,2018,第6页。

程，河北省委召开省第十次党代会，明确提出建设"六个现代化河北"的奋斗目标，要求加快建设"两翼"带动、协同发展的现代化河北，加快建设创新驱动、跨越赶超的现代化河北，加快建设绿色低碳、生态优美的现代化河北，加快建设文化教育体育繁荣、精神文明高度发展的现代化河北，加快建设共同富裕、普惠共享的现代化河北，加快建设公平正义、平安法治的现代化河北，形成"两翼、两区、三群、六带"发展布局，牢牢把握京津冀协同发展进入关键阶段、雄安新区建设进入实质性建设阶段、冬奥会筹办带动张北地区发展进入新的阶段等千载难逢的战略机遇期。踏上新征程，业务工作和经济工作的新任务要求继续推进党史学习教育，要引导广大党员干部通过党史学习增添及时总结历史经验、把握历史规律、抓住历史机遇的智慧，要引导广大党员干部增强推进中国特色社会主义伟大事业继续向前的历史主动精神，同时也要通过党史学习教育不断激发广大党员干部群众建成社会主义现代化强国的磅礴力量，凝聚广大党员干部群众为实现中华民族伟大复兴中国梦的奋进力量。

实践探索篇
Practical Exploration Reports

聚合力传播创新理论
赋能量助推伟大实践

——关于河北省基层理论宣讲与普及的调查与思考

贾玉娥[*]

摘　要： 持续深入开展基层理论宣讲与普及，既是我们党的优良传统和政治优势，更是新时代新阶段团结教育提高带领广大干部群众推进新时代中国特色社会主义伟大事业不断取得胜利的有效途径。2021年党史学习教育活动开展以来，河北各地各部门积极探索新形式、拓展新渠道，唱响主旋律、壮大正能量，但在责任意识、素质能力、内容打造、效能发挥等方面仍存在一些亟待解决的短板弱项，需要进一步深入开展宣讲理念更新、宣讲平台整合、宣讲名师培育、宣讲形式创新、宣讲机制完善五大提升行动，不断强化管理跃级、重塑硬核力量、彰显时代风采，切实推动党的创新理论入脑入心、落地落实。

---

[*] 贾玉娥，河北省社会科学院政治文化教研处处长，教授，研究方向：马克思主义中国化。

河北社会主义核心价值观培育践行报告（2022）

关键词： 理论宣讲　党史学习教育　创新理论

　　理论创新每前进一步，理论武装就要跟进一步。持续深入开展基层理论宣讲与普及，既是党的宣传思想工作的重要组成部分，也是我们党的优良传统和政治优势，更是新时代新阶段传播党的理论创新成果、团结教育提高带领广大干部群众推进新时代中国特色社会主义伟大事业不断取得胜利的有效途径。2021年党史学习教育活动开展以来，河北省各地认真落实意识形态工作责任制，严格按照中央和省委的部署要求，牢牢把握"明理、增信、崇德、力行"的目标定位，着眼增强广大干部群众对中国共产党光辉历程和丰功伟绩的政治认同、思想认同、情感认同，统筹宣讲资源，优化宣讲生态，拓展宣讲平台，精准发力、守正出新，创造性开展基层理论宣讲工作，让习近平新时代中国特色社会主义思想深入人心，将党史学习教育成效转化为干事创业的动力，为推动河北经济社会高质量发展、实现中华民族伟大复兴汇聚磅礴力量。

一　深入开展理论宣讲与普及的主要做法

（一）整合资源、健全队伍，全力构建理论宣讲大格局

　　理论宣讲是一项系统工程，非一己之力所能做好的。省委高度重视党史专题宣讲工作，制发工作总体安排，对高质量开展党史专题宣讲工作提出明确要求，推动党史学习教育在燕赵大地广泛掀起热潮。

　　一是领导干部带头讲，确保宣讲"有高度"。全省党史学习教育动员大会召开后，省委第一时间组建省委宣讲团，省委书记王东峰任团长，省长许勤任副团长，省政协主席、省委常委、省人大常委会党组书记为成员。王东峰带头到西柏坡作省委宣讲团首场专题宣讲报告，之后深入雄安新区、燕山大学、李大钊纪念馆和李大钊故居开展调研座谈宣讲，做出了示范、树立了标

杆。许勤先后到省审计厅、河北工业职业技术大学做专题宣讲报告,并深入邢台市基层社区做专题宣讲。省委宣讲团成员和其他省领导分别结合工作实际在分管部门、分管领域做报告会宣讲,并深入基层与广大党员干部群众中开展面对面互动交流。各市、县主要负责同志带头学习、带头交流研讨、带头开展集中宣讲,形成了一级抓一级、一级带一级、层层搞宣讲的良好局面。

二是专家学者深入讲,确保宣讲"有深度"。组建16支党史专家宣讲团,紧密结合各地革命历史、英雄事迹、红色遗址等资源,分赴各市(含定州市、辛集市)、雄安新区和省直单位、省属高校、省属企业,开展对象化、分众化、互动化宣讲百余场,高质量完成"三个一",即1次报告会宣讲、1次座谈宣讲、1次互动交流。各市(含定州市、辛集市)、雄安新区及时组建市委(党工委)党史专家宣讲团,深入基层开展多层次、宽领域、全覆盖的系列专题宣讲活动,并通过中心组学习研讨、宣讲报告会、主题党日活动等形式,推进党史学习教育走深走实。如雄安新区邀请大国工匠走进建设一线,讲党史话技能,实现理论素养与专业技术双促进双提升。

三是行业系统结合讲,确保宣讲"有角度"。省直工委组织开展"永远跟党走·百名党史专家进百企"活动,为各级工会和企业提供"菜单式"服务,激发企业追求卓越的信心和动力;省文旅厅启动"百名红色讲解员讲百年党史"活动,用活红色资源,让先烈们的英雄事迹拨动人们的心弦;省妇联组织女模范、女企业家、女干部等开展"巾帼"宣讲,传承红色基因,弘扬革命精神;团省委组织河北青年讲师团,引导广大共青团员、青少年群体厚植爱党、爱国、爱社会主义的情感,强信念、跟党走;中小学积极开展"红领巾"宣讲,以学生为主体深入班级、校园,唱红色歌曲、讲党的故事、画心中愿景,引导同学们知党史感党恩,努力成长为党和国家的栋梁之材。如邢台市文明办组织全市中小学校开展"童心向党献礼百年",学、讲、唱、行、画,感悟党的初心使命,增进爱党之情、爱国之情。

四是基层百姓用情讲,确保宣讲"有温度"。广大普通党员群众积极参与到党史学习教育中来,特别是老党员、老干部、老教师、老战士、身边好人、道德模范、抗疫英模、最美人物等各行各业的代表性人物主动担任宣讲员,到红色基地、党群服务中心、新时代文明实践所（站）、农家书屋、田间地头等阵地讲述"身边的党史"，使党史宣讲活动更接地气、更聚人气。如沧县启动"百名党史宣讲志愿者入百村"活动，重温党的光辉历程，见证党100年的变化，不断增强人民群众的获得感、幸福感、安全感；赞皇县组织老干部宣传团、蒲公英宣讲小分队，讲好党史故事，激发干事创业热情。

（二）紧扣主题、丰富内容，始终高扬理论宣讲主旋律

宣讲内容正确鲜明，是做好理论宣讲工作的根本。全省理论宣讲工作始终以坚持和发展中国特色社会主义为主题，以宣传习近平新时代中国特色社会主义思想为主线，着力在"解码""解惑""解渴"上下功夫，切实讲透新思想、讲活新实践、讲出新激情，充分发挥统一思想、凝聚力量的积极作用。

一是坚持思想引领。习近平新时代中国特色社会主义思想是当代中国马克思主义、21世纪马克思主义，是中国文化和中国精神的时代精华，是实现国家富强、民族复兴、人民幸福的思想武器和行动指南，是党和国家必须长期坚持的指导思想。全省各级各部门始终把用习近平新时代中国特色社会主义思想武装党员干部、教育广大人民作为首要政治任务，着力讲清楚习近平新时代中国特色社会主义思想的重大意义、丰富内涵、精神实质和实践要求，深刻阐释中国共产党为什么"能"、马克思主义为什么"行"、中国特色社会主义为什么"好"，切实推动全社会增强"四个意识"、坚定"四个自信"、做到"两个维护"。

二是突出党史教育。党的辉煌历史是中国共产党和中华民族的宝贵财富，它犹如一面明镜，启迪今人、照鉴未来。全省各地积极把党史学习教育融入全省宣传宣讲工作大局，深入开展党史专题宣讲，从习近平总书记关于党的历史的重要论述到开展党史学习教育的重大意义，从中国共产党百年奋斗的光辉历程到四个历史性贡献，从社会主义建设史到新中国史、改革开放史，全面解读党史著作、经典故事、重大事件、精神谱系、历史经验，将红色基因"融"入人心，激发全员知史爱党、知史爱国的热情。

三是强化政策解读。围绕全面贯彻落实党的十九大精神以及党的路线方针政策，充分调动各类宣讲资源，深入解读党中央治国理政新战略新部署，特别是党的十九届五中、六中全会精神，全国两会精神，河北省委全会精神，引导广大干部群众把智慧和力量凝聚到落实党中央和省委决策部署上来，充分认识新发展阶段，全面贯彻落实新发展理念，积极构建新发展格局，正确开启全面建设社会主义现代化国家新征程。

四是回应群众诉求。坚持把人民对美好生活的向往作为宣讲的出发点和落脚点，重点从群众关心的疫情防控、乡村振兴、文明提升三方面内容讲起，同时结合基层实际及重点工作，将社会主义核心价值观、脱贫攻坚、环境保护、农业技术、产业发展、普法教育、平安建设等"大专题"转化为"小切口"，注重用全面建成小康社会的决定性成就说话、用新时代坚持和发展中国特色社会主义的生动实践说话，让基本原理变成生动道理、根本方法变成管用办法，让宣讲充盈人民情怀、彰显实践温度，引导群众厘清现象本质、激扬奋进力量，不断增强人民群众的获得感、幸福感、安全感。

（三）创新载体、活化形式，切实保证理论宣讲高质量

理论如何讲活讲透？更好地贴近干部群众工作生活实际？有效针对不同阶段不同群体？各地各单位不断创新方式方法，积极探索"线上＋线下""文艺＋服务""固定＋移动""大屏＋小屏"等宣讲模式，让理论宣讲"潮起来"，实现了小切口和大主题的有机统一、碎片化解读和主题主线贯通的有机统一。

一是"故事互动讲"让理论可亲可近。全省各地积极邀请老党员、老干部、老革命、老模范、老教师等讲红色革命故事，邀请道德模范、燕赵楷模、最美人物讲砥砺奋进故事，邀请热心网民、群众、志愿者讲历史文化故事，以小见大，让群众从身边典型和朴实故事中领悟意义、感悟变化。2021年4月13日晚，由"抗日小英雄"王二小的伙伴史林山、荣获"抗美援朝英雄连长"称号的李银君等4名成员组成的老英雄红色故事报告会在河北

师范大学举行，追忆重大事件、感悟革命精神，当晚直播观看量达42.3万人次。

二是"现场体验讲"让理论见人见物。红色资源既是最鲜活的历史，也是最生动的教材。全省各地结合实际情况，把宣讲工作搬到红色资源现场，在实境宣讲中传递红色力量。如邢台市谋划开展了"重走抗大路"活动，设置"红色加油站""红色课程"，让党员群众在追忆红色征程中坚定理想信念、砥砺初心使命；衡水市串点成线，先后打造了安平台城全国第一个农村党支部纪念馆、五亿农民的方向纪念馆、孙犁故居、饶阳耿长锁纪念馆、冀中导报展览馆、枣强平原枪声展览馆、阜城本斋纪念园、冀州区冀鲁豫边区省委党校展览馆等一批高质量的精品红色旅游景区，让党史学习教育与文化旅游相互融合、有效促进。据不完全统计，全省各级各部门就近就便组织党员干部前往李大钊纪念馆、西柏坡纪念馆、涉县129师旧址等爱国主义教育基地开展现场教学上千场次。

三是"文艺多彩讲"让理论有声有色。坚持文艺搭台、理论唱戏，各地积极组织文艺工作者创作生产散文、诗歌、书画、摄影、电影等文艺作品及戏曲、快板、三句半、小品、相声、说唱、情景剧等文艺节目，寓情于景、寓教于乐，让干部群众在观看节目的同时加深对新理论、新思想的理解。如保定、邢台、廊坊、秦皇岛等地纷纷开展"说唱讲理""文艺展演"等活动，以多样化表演艺术形式诉说红色故事，用通俗易懂的群众语言宣传普及党的创新理论，不断增强党的创新理论的说服力和感染力。特别是邯郸市的"永远跟党走"音乐党史课巡回宣讲活动，用音乐回望党史，用歌声铭刻初心。石家庄学院编排红色话剧《爱在天际》，讲述"两弹一星"元勋郭永怀为我国核武器事业奉献一生的感人故事；石家庄警备区民兵宣讲队创作情景歌舞剧《不忘初心　牢记使命——新中国从这里走来》，艺术化再现了党中央在西柏坡的革命实践，深刻展示了西柏坡精神的丰富内涵。群众普遍反映文艺宣讲接地气，听得懂、听得过瘾。

四是"线上立体讲"让理论随时随地。充分运用学习强国、冀云、抖音、快手、西瓜视频、微博、微信等新媒体平台开设理论超市，以网络直播、微视频、云交流等形式，打造指尖上的学习课堂，让宣讲走进线上和朋友圈，实现实时化、全领域。如省委讲师团邀请权威专家学者走进五级宣讲网络，分层级推送中央、省、市各级各类理论文章，引导干部群众树立正确的历史观、民族观、国家观、文化观；邯郸市"学好党的历史、凝聚奋进力量"微视频宣讲，突出短平快、鲜实活特点，具象化开展理论宣讲，20余条被央视频、今日头条、新华网客户端、人民日报视频号等新媒体采用，使理论传播由"一时一地"拓展为"随时随地"。截至2021年5月，全省新媒体宣讲形式就多达100余种，网络点击量达7200万余次。

（四）着眼特色、树立品牌，积极扩大理论宣讲影响力

理论宣讲要做好规定动作，更要立足优势打造特色品牌。全省各地牢固树立"品牌意识"，以特色打造引领推动理论宣讲上水平。

一是省级层面，积极做好引领示范，以高水平制作实现全领域推动。省档案馆积极探索"党建＋档案"宣传工作新模式，将档案文化宣传与党史学习教育有机结合，用珍贵的红色档案讲党史，引起更广泛的知党、爱党、跟党走的社会共鸣；省委组织部等五部门联合开展的"精品党史课巡讲"活动，精选24门精品党史课，让优质党史学习资源向基层延伸，受到广大干部群众热烈响应；省文旅厅依托红色文化资源，推出"建党先驱——播撒火种红色之旅""抗日烽火——太行抗战红色之旅""新中国从这里走来——革命圣地红色之旅""砥砺赶考行——脱贫致富之旅""筑梦新时代——开拓奋进之旅"五大主题红色文化线路，丰富了党史学习教育的内容和形式载体。

二是市级层面，认真总结经验、探索规律，精心打造影响巨大的品牌活动。如石家庄市的"燕赵讲坛"公益文化讲座，17年来积极用社会主义核心价值观照亮人们的心灵，先后邀请六小龄童、苏叔阳、舒乙、杨红樱、彭蕙蘅等名家名角登台宣讲，内容涉及教育、健康、文史、艺术、科技等方面，做到了通俗而不媚俗、浅显而不粗陋，深受社会各界好评；邯郸市的"惠民帮帮团"始终坚持好听又实用，把宣讲理论政策与为群众办实事紧密

结合起来，深入田间地头、小微企业、蔬菜大棚、养殖车间，开展适应基层需求的"靶向宣讲、定制宣讲、点单宣讲"，既解思想压力，又解政策困惑，更解生活困难，受益群众高达500多万人次；邢台市的"小马扎"宣讲，身着统一配备的标识，结合实际选择时间、地点和方式，精心选择最能触动受众心灵的红色往事和英雄故事等讲述给大家，在邢襄大地掀起党史学习教育和"四史"宣传教育热潮；衡水市的"胡同党校""小红帽"义务宣讲团，坚持从群众中来到群众中去的原则，深入基层走进庭院，与群众零距离接触、面对面谈心，用唠家常的方式，让宣讲既有高度又有温度，既全面准确又丰满可亲，有效推动党的创新理论飞入寻常百姓家。

三是县区级层面，紧密结合实际开拓创新，不断推出富有活力的特色做法。承德市围场县充分发挥老载体的新作用，让"乡村大喇叭""红色小广播"响彻乡村广场、校园课堂、田间地头，助力党史学习教育"声"入基层、"声"入群众、"声"入人心；衡水市阜城县充分发挥驻村第一书记与帮扶村党员干部群众同吃、同住、同劳动的优势，组建了"驻村帮扶书记宣讲团"，利用早晨、中午、夜晚闲暇时段，在村内广场和群众面对面交流，使广大群众及时了解党的方针政策；邢台市临西县一辆满载党史传播志愿者及红色经典书籍的流动大篷车走进各村文化广场，带领聚集在广场的村民学唱一首党歌、教跳一支红舞、共同学习革命故事，成为党史学习教育的"移动课堂"；秦皇岛市北戴河区着眼于解决离退休老党员年龄偏高、行动不便、参加集中学习有困难的实际问题，开办"家庭党校"送学上门，确保宣讲对象不漏一人；唐山市玉田县把"点单式"宣讲与推进"我为群众办实事"实践活动紧密结合，既宣讲政策理论又线上直播带货，帮助3000余户商户走出困境。

（五）延伸拓展、筑牢阵地，努力形成理论宣讲全覆盖

宣讲阵地是不是掌握在自己手中，不仅关乎理论武装效果，更关乎国家前途命运。全省各地充分发挥纸上、网上、掌上、点上立体化宣讲阵地作用，努力让党的创新理论"天天见""天天新""天天深"。

聚合力传播创新理论　赋能量助推伟大实践

在纸上，传统媒体唱响主旋律。依托期刊阵地，推动党员干部学习理论、研究理论、运用理论不断线。省委主办的《河北日报》《河北经济报》，省委宣传部主办的《共产党员》《河北政工》，省委讲师团主办的《党委中心组通讯》《理论信息》《宣讲参考》及各市县党报党刊、各高校的学报学刊等，精心策划选题、刊发优质稿件，多角度广领域宣传阐释党的创新理论和方针政策。

在网上，新媒体演绎多重奏。依托学习强国、冀云、河北新闻网、长城网、河北干部网络学院、河北干部理论教育网、县级融媒体中心等平台渠道载体，全方位打造理论宣讲的网络化"云课堂"。如省委讲师团和各市委讲师团普遍建设了"理论宣讲"网站或网页，开辟专栏专题，及时推送习近平总书记重要讲话，中央和省委决策部署、重要言论和阐释文章。河北新闻网多次邀请专家学者、部门领导、专业技术人员开展网络访谈，深层次高水平宣讲新思想新观点新理念，并通过新浪、腾讯、今日头条等知名商业网站转发转播，增加传播频次，实现叠加效应。

在掌上，自媒体同唱协奏曲。借助微信公众号、抖音、快手等指尖宣讲平台，分享传播微宣讲、微党课、微电影、微语音、微漫画等，在线答疑、技术指导、政策咨询、实时评论，为干部群众提供最新鲜的理论产品。如"新闻发布""理论在线"等微信公众号充分发挥即时传播功能，扩大理论宣讲的惠民实效。仅邯郸"理论战线四级党建微信宣讲群"就依托全市1.2万余个微信群，以线上征集、线下落实等方式对接群众需求，扩大了宣讲版图。

在点上，新时代文明实践中心和基层理论宣讲工作站同频共振。截至2021年7月，全省共建成县级新时代文明实践中心106个、新时代文明实践所1130个、新时代文明实践站14000多个，各中心（所、站）积极创新形式手段，丰富载体渠道，推进党史学习教育落细落实。如廊坊市大厂县114个新时代文明实践中心（所、站）开设了红色讲堂，发放宣讲资料20000余册，推动党的政策理论落地生根。与此同时，省委讲师团还先后设立了包括机关、学校、企业、社区、农村在内的近百个省级基层理论宣教基地,各市委讲师团相应设立市级理论宣教基地,从村民活动中心、农家书屋、文化广场到田间地头、企业车间、项目工地,纵横延伸、广泛覆盖,实现了从点上先行,到线上延伸,再向面上覆盖的持续跃变。据统计,仅张家口万全区就在全区636个党支部全部设立了基层理论宣讲点,不定期邀请专家学者宣讲党的创新理论,着力打通理论武装"最后一公里"。

二 基层理论宣讲及普及工作存在的突出问题

总体来看,近年来各地各级党组织高度重视基层理论宣讲工作,积极探索新形式、拓展新渠道,唱响主旋律、壮大正能量,有力推动了党的创新理论飞入千家万户,保证了党的方针政策落地落实。但对照新形势下宣传思想工作的重要任务要求,全省基层理论宣讲仍存在着一些亟待解决的短板弱项,主要表现在以下4个方面。

(一)重安排部署轻实际效果,责任意识有待强化

基层理论宣讲工作的成效与各级领导责任意识密切相关。调研发现,基层理论宣讲面临着越到基层越难开展的难题。首先,重视程度不一。从全省情况来看,各级领导能够认识到基层理论宣讲的重要性,但宣讲发展不平衡。有的能积极采取措施,统筹宣讲力量,创新宣讲形式,拓展宣讲渠道,宣讲成效显著。但有的只是以会议贯彻会议,部署起来轰轰烈烈,落实起来蜻蜓点水,理论宣讲陷于"说起来重要,做起来次要,忙起来不要"的境地;有的没有制度安排,往往是"主题战役喊得响,过了半年没动静",存在应付了事的心理。其次,管理体制不畅。省、市一级由宣传部统一部署,讲师团具体承担。但由于机构设置原因,有3个市委讲师团与宣传部合署办公,1个市委讲师团独立办公,6个市委讲师团并入社科联,1个市委讲师团并入市委党校。县一级只有宣传部没有讲师团,基层理论宣讲工作由负责理论工作的同志组织实施。乡镇一级由宣传委员组织协调,少数地方由组织委员、纪检委员兼任,极个别地方无专人负责理论宣讲工作。因为管理缺乏

约束，上面政策到了下面很难贯彻。最后，经费保障不足。有的没有固定经费，日常开销难以及时保障；有的拨付的专项经费属于一次性的，额外的宣讲活动经费很难得到有效保障；有的宣讲点是宣讲一次报一次，外请专家到基层单位宣讲能提供少量宣讲津贴，但兼职宣讲员的费用补助难以落实，基本靠无私奉献，长此以往势必影响其积极性，导致基层理论宣讲内生活力不足、拓展延伸不够。

（二）重资源整合轻素质提升，宣讲效果有待提升

高素质的宣讲队伍是推动党的创新理论及时、准确进基层的重要保证，是做好基层宣讲工作的重要支撑。目前，各地能够有效整合各种资源，实现多方联动。从总体看，宣讲人员的构成较为复杂，既有专职人员，如从事理论工作的干部、党校教师、社科专家等；也有兼职人员，如领导干部、文艺人士、先进典型、致富能手、道德模范、退休职工、学生群众等，由于职业属性、文化素养、学习能力不同，其理论水平、宣讲能力差异较大。仅就兼职宣讲人员而言，一方面理论素养欠缺问题比较突出，有的对党的路线方针政策理解不深、把握不准；有的谈中心工作与党的政策结合不紧；有的知识结构陈旧，宣讲内容少有新意。如"草根宣讲团"，虽和人民群众联系紧密，也擅长用"接地气"的方式宣讲，但专业的理论知识储备不足，理论阐释缺乏深度。另一方面宣讲技巧尚欠火候，部分宣讲人员并不擅长将生动活泼、喜闻乐见的大众化语言运用到宣讲中，互动化、对象化、分众化的宣讲方式也没有充分运用，影响了宣讲的整体水平。如大学生宣讲团，虽有朝气有激情，但缺乏实践历练，讲故事、说道理的能力并不强，照本宣科、机械枯燥，人民群众听得"一头雾水"。调研发现，目前各地对基层理论宣讲队伍的定期培训明显不足。省、市一级每年仅组织一两次基层理论宣讲骨干培训班，主要是针对县级以上从事理论工作的同志；县一级举办基层理论宣讲的业务培训更少，兼职宣讲员特别是乡镇及以下的兼职宣讲人员很少有机会参加系统的培训，甚至没有得到过专业培训，宣讲质量难以保证。

（三）重形式创新轻内容打造，娱乐倾向较为突出

理论宣讲是一项用科学理论武装全党、掌握群众的重要工作。然而，近年来却悄然滋长着一种娱乐化倾向，必须引起高度重视。一是搞戏说，理论宣讲任性随意，不严肃认真。有的宣讲者为了达到"生动活泼"的目的，用搞笑雷人的话语和经不起检验的故事来诠释论证理论；有的盛行"拿来主义"，对互联网上的各种资料不加甄别，导致理论宣讲变成各种信息的"大杂烩"，内容失真失据。二是侃大山，理论宣讲脱离主题、转移论题。有的宣讲者在正题上轻描淡写，在旁枝末节上高谈阔论，没完没了地讲一些趣闻逸事；有的很少针对宣讲内容开展前期专题调研，不清楚受众实际需要什么，只会讲一些大话空话套话。三是瞎举例，理论宣讲的案例选择重趣味生动轻典型恰当。有的宣讲者随意选用案例，把一些道听途说的东西当案例来讲，所举案例与特定层次受众的适配度不高，特别是与其所要说明或证明的理论观点的适配度不高。四是秀自我，理论宣讲过多地卖弄自己、闲话家常。有的宣讲者为了吸引受众的注意力、增添课堂的趣味性而渲染一些与宣讲内容毫无关联的个人经历、故事、成就；有的宣讲者以智者自居、以权威自居，喜欢在各种问题包括一些自己不熟悉领域的问题上发表意见，甚至把不同于自己的意见说得一无是处。上述种种表现具有极大危害性，一方面容易损害理论宣讲工作的严肃性，损害意识形态部门的权威性和公信力；另一方面容易造成理论被误解、曲解、肢解，把经念歪误导人，消解理论宣讲应有的宣传、教育、传达公共政策、引导社会舆论等功能、价值。因而，必须以鲜明的态度、有力的措施加以预防和纠正。

（四）重平台打造轻质量提升，作用发挥有待提升

新媒体的出现，为传统的理论宣讲更好地为大众所接受提供了广阔舞台。目前，全省各地根据互联网的便捷特性，虽普遍建立起了层次丰富、各具特色的学习网、微信群，有的新媒体宣讲尽管形式上很新颖也吸引眼球，但实际影响力并不大，发挥作用还存在很大空间。一是资源挖掘不足，部分

宣讲产品虽能够开发利用本地独特资源，但视野不够开阔，缺乏将资源优势转化再生产为生动活泼的视听语言的能力水平，艺术呈现单一，内在挖掘不够，宣传推介无力。二是理论阐释不深，对基层改革发展中遇到的新情况、思想领域出现的新问题、干部群众关心的热点难点，不善于见微知著，讲道理"居高临下"，谈话题"隔靴搔痒"，跟不上融媒体时代内容为王的趋势。如文艺演出式宣讲，"理论＋文艺"的宣传方式接地气、受追捧，但创作的节目文艺色彩浓、理论宣传少，与理论结合不够，理论把握准确度上有偏差，难以达到宣讲效果。三是互动交流不力，多数新媒体宣讲产品单向内容发布多，与平台用户互动少，信息反馈不及时，无法第一时间把握群众思想脉搏、了解基层理论需求、明确日后改进方向。四是精品数量较少，线上理论宣讲虽如火如荼、异常热闹，但由于各自为战，缺少平台整合、品牌引领，既存在资源浪费等现象，又难以形成"爆款"产品，社会影响面小，对受众吸引力弱。如邯郸的"学好党的历史、凝聚奋进力量"微视频宣讲，截至2021年10月，已成功投放18期，新华网客户端、人民日报视频号、今日头条、央视频、学习强国等媒体多有刊播，但社会反响强烈的并不多见。

三 进一步提升理论宣讲与普及效能的对策建议

站在"两个一百年"的历史交会点，面对新阶段新形势新要求，党的理论武装工作如何出彩出新？这是一个时代命题，更是宣传思想工作创新的应有之义。各级理论工作者必须从"新""心"出发，准确把握全媒体时代的信息传播规律，坚持伟大理论与地域特色、武装头脑与温暖人心、正面引导与尊重首创、整合资源与新兴媒体有机融合，深入实施五大提升行动，多向优化理论宣讲，不断推动理论武装走深走实走心。

（一）深入实施"宣讲理念更新行动"，紧跟形势变化

理念是行动的先导。要紧密结合形势变化和目标指向，主动探索互联网

模式下的层级架构、用户需求、行为方式、生存法则等，积极推动理念更新。一要坚持需求导向。通过网络问卷、基层调研、电话留言等方式广泛征集、系统梳理广大干部群众的理论需求，深入了解百姓的所思所想所盼，围绕广大网民关心关注关切的热点难点焦点问题，主动推进基层理论宣讲供给侧改革，量身定制生产各类宣讲产品，精准把脉，对症下药。二要坚持内容为王。垂直细分领域，科学设置主题，精妙构思结构，细心打磨论据，准确阐释观点，深入挖掘特色，以深厚的文化内涵、卓越的审美品位和正确的价值导向，确保理论宣讲贴近生活、贴近群众、回应现实、走进人心，绝对不给错误言论提供传播渠道，坚决维护意识形态领域安全。三要坚持融合发展。强化互联网思维和"融媒体"理念，推行移动优先策略，综合利用"报、台、网、微、端、屏"等媒介资源，打出理论宣讲"组合拳"，努力构建"统筹策划、一次创作、多种生成、多元传播、科学评价、有效应用"的全新业务模式，形成网上网下同频共振、线上线下共同发声的全方位、多层次的传播矩阵。四要坚持实践思维。把理论宣讲是否深入、群众参与是否广泛、取得效果是否实在作为评价标准，促进理论宣讲与有效帮扶有机结合，通过解疑释惑，既调解各类邻里纠纷、家庭矛盾，又破解各种生活难题、发展难事，真正使理论宣讲成为替群众思想上解"惑"、政策上解"渴"、精神上解"压"、生活上解"困"的平台，切实提升群众获得感。

（二）深入实施"宣讲平台整合行动"，奏响理论强音

宣讲平台不仅连着党和政府，更连着普通百姓，是推动党的创新理论"飞入寻常百姓家"的主要阵地。一要搭建活动平台。创新组织文艺宣讲、音乐宣讲、情景剧宣讲、微视频宣讲、网络微评创作比赛、有奖知识答题等活动，以场景化渗透、沉浸式体验等形式，广泛吸引群众参与，积极实现理论宣传普及融入新闻出版、影视作品、文艺演出和丰富多彩的群众性精神文明创建活动之中，做到寓教于学、寓教于乐。二要搭建阵地平台。既深耕现有学习强国、燕赵发布、冀云、移动客户端、农村文化礼堂和新时代文明实践中心（站、所）等理论传播阵地运维，让党的创新理论"从网下走到网

上、从身边走向指尖"，不断提升理论宣讲的普及率和到达率；又积极占领抖音、B站、小红书等新型网络社交空间，开辟专题专栏，推动党的创新理论牢牢占据首页首屏。三要搭建数据平台。适应对象化、差异化、分众化、集群化特点，按照掌握需求侧、优化供给侧原则，依托理论宣讲融媒体矩阵广泛建立"宣讲人才数据库""经典案例数据库""精品视频数据库"，分析读懂用户，整合汇聚资源，推动形成"中央厨房集成化生成，根据基层需求个性化点单"的工作格局，实现资源共享，促进靶向传播。

（三）深入实施"宣讲名师培育行动"，打造硬核力量

理论宣讲最核心的要素是"人"，宣讲员队伍素质如何直接关乎宣讲质量和群众认可度。因此，要多措并举，锻造多元化高水平宣讲队伍。一要培育专家名师，建立宣讲专家资源库，积极吸纳党校、高等院校、科研院所、智库机构、新闻媒体中具有较高理论素养、政策水平的专家学者，投身理论宣讲与普及工作，以内容新、质量高的专业教育提升基层宣讲队伍的整体素质。如高校马克思主义学院人才济济，要加大力度落实专兼职宣讲教师定期培训、课题研究、实践学习等机会，不断提高其知识更新储备和理论宣讲水平。二要培育名人名师，发挥名人效应，着力从社会影响巨大的道德模范、全国先进、重大典型、最美人物、知名艺人、著名作家中聘请名人名师，传道授业解惑，强化示范带动。如借助全国"基层理论宣讲先进个人"的影响力，建立理论宣讲工作室，做到有工作场地、宣讲菜单、宣讲计划、宣讲产品和资金保障，通过"传帮带""导师制"等措施，强化青年宣讲人才培养，形成年龄高低搭配、科学发展、教师队伍可持续的新局面。三要培育名嘴名师，坚持就地取材，着力强化农村、社区、学校、企业等基层一线的民间名嘴、草根讲师骨干培养，通过定期组织"宣讲能手""宣讲新秀"等评选活动，组建乡音宣讲团、草根宣讲团、"蒲公英"宣讲团、特色宣讲志愿服务队，开展宣讲经验交流、现场学习观摩、座谈备课研讨，打造一批覆盖广、靠得住、撤不走的基层理论宣讲队伍，既增强宣讲队伍的稳定性，又使党的创新理论宣讲"活"起来。

（四）深入实施"宣讲形式创新行动"，彰显时代气息

宣讲是在人的头脑里"搞建设"，是在心灵深处"耕耘播种"，要把党的创新理论讲清楚、讲明白，让老百姓听得懂、能领会、可落实，必须不断在形式手段上推陈出新。一要创新传播手段，用活媒介载体，将虚拟现实、增强现实、人工智能等前沿技术嵌入基层理论宣讲中，提高学习趣味性，增强用户体验感，实现计算机屏幕、手机屏幕、影院屏幕、楼宇广告、户外显示屏、基层文化阵地等多形态播出、多终端展示，方便受众碎片化阅读、互动式分享，推动形成全区域覆盖、全媒体融合、全数据共享、全天候联动的矩阵联盟。二要创新话语表达，将主流意识形态的政治话语、理论话语、学术话语转化为广大人民群众喜闻乐见的方言俚语、网言网语、微言微语等，通过故事性代入、艺术化讲述、案例式分析、可视化呈现，努力使抽象、深奥、枯燥的理论更加形象、生动，做到以小见大、深入浅出、举重若轻，引起听众共鸣，提高宣讲实效。三要创新宣讲形式。在传统报告会、座谈会宣讲的基础上辅助视觉冲击力强的历史图片、动画 MV、数据图表、生活场景、漫画音乐、音频视频、互动访谈等时尚元素，实现交互式宣讲、嵌入式宣讲、体验式宣讲、沉浸式宣讲、文艺式宣讲。尤其要多在"微"字上下功夫，通过建立微信互动平台、微理论宣讲社交群等多种方式，创作生产"网红"宣讲精品，引导提升用户注意力传播力，进而达到入耳、入脑、入心的效果。

（五）深入实施"宣讲机制完善行动"，强化管理提升

机制管根本管长远。推动理论宣讲高质量发展，更好地促进党的创新理论在燕赵大地落地生根、开花结果，离不开强有力的体制机制保障。一要建立健全领导管理机制，党委牵头负责，宣传部门统筹协调，讲师团具体负责，建立上下贯通的省、市、县（区）、乡镇（街道）四级基层理论宣讲管理机制，解决基层理论宣讲工作"谁来管"的问题。二要建立健全经费保障机制，各级各部门要因地制宜，逐年提高宣讲工作经费，并纳入年度预

算，切实提高宣讲人员尤其是基层宣讲人员的课酬标准以及交通和食宿等专项补贴，切实为开展宣讲工作提供充足的物质保障。三要建立健全档案管理机制，坚持开门宣讲，对基层骨干宣讲人员实现动态更新管理，及时收集整理宣讲活动的图片、二次备稿、活动反馈表等资料，做好收集归类存档保管，为常态化宣讲提供人才支撑。四要建立健全需求统筹机制，整合各方面资源，统筹党员干部群众学习需求，统筹专家学者、领导干部、百姓宣讲员等宣讲人才资源，积极回应社会热点，解决好宣讲资源的有效供给问题，在供需对接中夯实工作基础。五要建立健全培训交流机制，将宣讲人员培训纳入宣传干部培训规划，纳入哲学社会科学教学科研骨干研修培训计划，每年举办1~2期基层理论宣讲骨干培训，集体备课、交流经验、学习考察，不断提高宣讲队伍整体素质。六要建立健全常态督查机制，将宣讲工作纳入宣传思想工作总体部署，纳入意识形态责任制考核内容，针对组织领导、方案制定、课件审查、组织实施、问题整改、绩效评价等开展督查指导，及时发现问题、解决问题，确保每个环节都有严格标准，一丝不苟。七要建立健全评估反馈机制，采取发放调查问卷、召开座谈会、电话抽样调查、官方微博吐槽大会等多种方式，收集受众评价信息，科学评估宣讲效果，及时调整宣讲内容，进而形成良性循环，实现效果最优化。八要建立健全约束激励机制，定期开展先进理论宣讲人员、精品理论宣讲课程、优秀理论宣讲报告视频等评选活动，既对组织不力的单位进行通报，更对社会影响力大、群众反响好的个人和集体予以表彰奖励，切实提高宣讲工作者的荣誉感和自豪感。

政治协商在发展全过程民主中的河北实践研究

吴景双*

摘　要： 习近平总书记在庆祝中国共产党成立100周年大会上发出开辟我国社会主义民主政治建设新征程的号令，要求"要践行以人民为中心的思想，发展全过程人民民主"。中国特色社会主义民主既有选举民主，又有协商民主，协商民主更能体现民主的"全过程"特性。中国共产党领导的多党合作和政治协商制度是全过程民主的重要载体和最便利的实现方式。党的十九大以来，河北省人民政协深入学习贯彻习近平总书记关于加强和改进人民政协工作的重要思想，以加强专门协商机构建设、提升制度效能为努力方向，在坚持党的全面领导、加强自身建设、提高政治协商实效、广泛凝聚共识上做了大量探索、完善和改进工作，发挥全过程民主的优势作用显著增强。本文对十九大以来河北省各级政协在发展全过程民主中的实践做了系统梳理，并提出了意见建议。

关键词： 全过程民主　政治协商　河北省

习近平总书记2019年11月在上海考察时首次提出了"全过程民主"概念，2021年7月在庆祝中国共产党成立100周年大会上发表"要践行以人民为中心的思想，发展全过程人民民主"的重要论断，这是对社会主义

---

* 吴景双，河北省社会科学院邓小平理论、"三个代表"重要思想和科学发展观研究所（精神文明建设研究中心）研究员，研究方向：思想道德建设。

民主本质属性和优势的概括，也发出了开辟我国社会主义民主政治建设新征程的号令。中国共产党领导的多党合作和政治协商制度是中国特色社会主义全过程民主的重要实现方式和载体。党的十九大以来，党中央对人民政协的地位作用、目标任务、职责使命提出了全新要求。河北省人民政协深入学习贯彻习近平总书记关于加强和改进人民政协工作的重要思想，领会其科学内涵、核心要义和精神实质，以加强专门协商机构建设、提升制度效能为大方向，在坚持党的全面领导、加强自身建设、提高政治协商实效、广泛凝聚共识上做了大量探索、完善和改进工作，发挥全过程民主的优势作用显著增强。本文对十九大以来，河北省各级政协在发展全过程民主中的实践做了系统梳理，并指出了存在的问题，提出了自己的意见建议。

一 政治协商是中国特色社会主义全过程民主的重要实现方式和载体

"全过程民主""全过程人民民主"是习近平主席在2019年11月2日与上海同社区居民代表交流时和2021年7月1日庆祝中国共产党成立100周年大会上提出的民主概念，意指中国特色社会主义的民主是全过程人民民主。理解"全过程人民民主"的关键是把握"全"过程和"人民"两个层面。实际上全过程民主的概念"雏形"已经包含在社会主义民主政治制度和实践中。我们大家熟悉的中国共产党领导的多党合作和政治协商制度就是"全过程人民民主"的最好诠释。十六大及以后党的若干全会相关规定都明确提出了党在发展社会主义人民民主要求的"全过程"雏形。如"丰富民主形式，拓宽民主渠道""从各个层次、各个领域扩大公民有序政治参与"。十九大报告强调要"推进社会主义民主政治制度化、规范化、程序化，保证人民依法通过各种途径和形式管理国家事务，管理经济文化事业，管理社会事务"；"扩大人民有序政治参与，保证人民依法实行民主选举、民主协商、民主决策、民主管理、民主监督"；"保障人民知情权、参与权、表达权、监督权"。"加强协商民主制度建设，形成完整的制度程序和参与实践，保证人民在日常政治生活中有广泛持续深入参与的权利。"习近平在2021年10月14日中央人大工作会议上指出："我国全过程人民民主实现了过程民主和成果民主、程序民主和实质民主、直接民主和间接民主、人民民主和国家意志相统一，是全链条、全方位、全覆盖的民主，是最广泛、最真实、最管用的社会主义民主。"全过程民主应包括民主参与的主体"全"，参与的内容"全"，协商的过程"全"，要构建完整的民主体系，民主的形式"全"。

中国特色社会主义民主既有选举民主，又有协商民主。其中，协商民主更能体现民主的"全过程"特性。中国共产党领导的多党合作和政治协商制度是全过程民主的重要载体和最便利的实现方式。第一，全国政协由中国共产党、各民主党派、无党派人士、人民团体、各少数民族和各界的代表，香港特别行政区同胞、澳门特别行政区同胞、台湾同胞和归国侨胞的代表以及特别邀请的人士组成，各省市县政协也充分考虑了人民政协界别的代表性。这就充分展现了协商民主的主体"全"及人民性特征。第二，人民政协工作要聚焦党和国家中心任务，监督党和国家重大方针政策和重要决策部署的贯彻落实，体现了协商民主的内容"全"。第三，把协商民主贯穿于政治协商、民主监督、参政议政全过程，也可以说贯穿履行职能全过程，说明协商民主的协商过程"全"。第四，不断完善政协工作制度和形式，体现了协商民主的形式"全"。因此，协商民主相较选举民主来说，"众人的事众人商量"，更能很好地体现习近平主席强调的我国民主的"过程民主和成果民主、程序民主和实质民主、直接民主和间接民主、人民民主和国家意志相统一，是全链条、全方位、全覆盖的民主"的全过程人民民主特性。政治协商的本质是协商民主。协商民主在实现"全过程人民民主"中具有不可替代的作用。

二 政治协商在发展全过程民主中的河北实践

党的十九大以来，河北省政协系统认真学习贯彻习近平总书记关于加强和改进人民政协工作的重要思想，全面落实中央和省委政协工作会议精神，进一步健全政协协商民主制度机制，努力提高人民政协建言资政、凝聚共识双向发力的质量和水平，瞄准加强专门协商机构建设提升制度效能，全面推进全过程民主实践。

（一）坚持党的全面领导，强化思想政治引领，为发展全过程民主提供政治保证

中国共产党的领导是全过程人民民主的政治保证。河北省出台《关于加强新时代人民政协党的建设工作的若干意见》，积极探索新时代政协党建工作的新思路、新方法和新举措。

一是紧密结合县（市、区）实际，不断完善党组织设置。十九大以来，河北省各市县政协以专委会为依托，按照专委会、界别和区域相结合的办法，坚持党建与委员管理（全员入委）、履职深度融合，在各专委会设立功能型党支部，在委员活动小组设立党小组，构建了政协党组—机关党组（机关党委）—功能型党支部—党员委员活动小组的层级组织架构，功能型党支部的工作协调和服务保障工作委托机关党委负责。目前，河北省各市县政协系统党组织构架有3种基本模式：按专委会界别划分的"政协党组—机关党组—专委会功能型党支部—党小组（界别）"模式；按专委会（界别）和区域相结合方式划分的"政协党组—机关党组—专委会功能型党支部—党小组（区域）"模式，在相邻乡镇设置党小组，解决路远、活动不便的问题；还有"政协党组—机关党组—履职党支部"模式。

二是加强政协党的建设工作。十九大以来，河北省各市县政协更加重视党的建设，出台和修订党的《政协××市委员会党组成员联系县（市区）政协党建工作制度》《××市委员会党组关于加强思想政治引领与党外委员开展谈心谈话制度》等，同时持续健全完善党的建设相关工作机制和规则。如"三联三带"工作机制，即市县政协党组成员、机关党组成员、专委会功能型党支部成员联系带动党员委员，党员委员联系带动党外委员，党外委员联系带动界别群众。制定完善政协党组和机关党组工作规则、议事决策规则等文件，为实现党的组织对党员委员全覆盖、党的工作对政协委员全覆盖提供了制度保障。全市各级政协组织都建立了政协党组成员联系党员委员、

党员委员联系党外委员制度，每位党组成员根据工作分工联系分管专委会所联系界别中的党员委员，每位党员委员联系1~2名党外委员，有力地推动了党的工作对政协委员全覆盖。

三是强化党的创新理论武装，夯实共同思想政治基础。习近平总书记在中央政协工作会议暨庆祝中国人民政治协商会议成立70周年的讲话中，全面总结党的十八大以来对人民政协工作提出的一系列新要求，深刻阐述新时代人民政协工作的使命任务、总体要求、着力重点。中央出台了《中共中央关于新时代加强和改进人民政协工作的意见》《关于加强人民政协协商民主建设的实施意见》《关于加强和改进人民政协民主监督工作的意见》《关于加强新时代人民政协党的建设工作的若干意见》等一系列重要文件，形成了习近平总书记关于加强和改进人民政协工作的重要思想。河北省各级政协机构始终把加强思想理论武装摆在重要位置，形成了党组理论学习中心组引领学、主席会议专题学、常委会议集体学、政协讲堂辅导学、智慧政协线上学、界别工作站线下学等立体化学习体系，特别是建立了习近平新时代中国特色社会主义思想学习座谈会制度，深入学习习近平新时代中国特色社会主义思想，特别是深入学习贯彻习近平总书记关于加强和改进人民政协工作的重要思想，领会其科学内涵、核心要义和精神实质，切实让党对人民政协工作提出的一系列新要求、新时代人民政协工作的使命任务、总体要求、着力重点入脑入心。

（二）加强政协自身建设，为发挥政协全过程民主优势作用提供坚强保证

河北省各市县政协坚持把加强政协自身建设作为提高履职能力的重要基础，积极建章立制规范运行，强化担当激励作为，为发挥政协优势作用提供坚强保证。

一是完善专门委员会工作制度，提升专门委员会整体水平。党的十九大以来，河北省各市县政协为深入探索更好发挥政协专门委员会特别是界别作用的办法和思路，修订了《专门委员会通则》，出台了《加强改进专门委员

会工作和制度建设的意见》等。各市县结合界别实际情况，制定出台了充分发挥界别作用的意见、界别履职工作考核办法等制度机制，健全了界别组织联系体系。石家庄市政协推动各专门委员会打造出"提案追踪""座谈协商""立法协商""政协讲堂""界别学习""三下乡""统一林"等工作品牌。沧州市政协重视专门委员会管理，明确专门委员会具体职责，做到职能明晰、工作明确、责任到人，并充实专委会力量。

二是全面落实委员主体责任，增强委员履职动能。河北省各市县政协按照习近平总书记对政协委员提出的"懂政协、会协商、善议政和守纪律、讲规矩、重品行"的明确要求，完善委员培训机制。各市县政协分头制订委员学习培训计划，对新老委员进行轮训，同时，建立委员读书群、微信公众号"学习空间"专栏等，如邯郸市政协构建以党组理论学习中心组学习为引领，以政协委员、机关干部全员培训为重点的学习培训制度体系，适时将学习活动扩大到政协委员。坚持习近平新时代中国特色社会主义思想学习座谈会制度，建立学习座谈小组，定期开展学习活动。强化委员管理，激发委员责任担当意识。各市县政协聚焦更好发挥委员在政协履职中的主体作用，出台了《加强政协委员服务管理工作的意见》《政协委员履职的考核评价办法》等，建立了常委提交履职报告、委员履职档案、委员评价等制度机制、委员联系机制，政协委员全部纳入专委会和委员活动组管理。同时，石家庄市政协还建立了"智慧政协"委员履职量化评价办法，建立委员履职"数字"档案；沧州市政协坚持正向激励和纪律约束并重，表彰优秀委员，激发委员履职热情。

三是选优配强政协机关干部，打造一支高素质干部队伍。努力破解"两个薄弱"（即基础工作薄弱、人员力量薄弱）问题。全省各市县（市、区）党委高度重视，政协主动作为，全面落实了统战部部长兼任同级政协党组副书记、乡（镇、街道）党委副书记兼任政协工作联络员等有关要求，并合理增加了人员编制，选优配强了机关干部队伍，规范完善了市县两级政协专委会机构设置和职能配置，大部分实现了县级政协全面设置"一室四委"。建立健全各项规章制度。各市县在全面梳理以往规章制度的基础上，先后修改和完善了《政协全体会议工作规则》《常务委员会工作规则》《主席会议工作规则》《专门委员会通则》等规范性文件，包括党建工作、调查研究、委员履职、机关管理、机关干部学习培训等制度，并积极开展各项活动，进一步提升干部队伍综合素质。如深入开展党史学习教育和"四史"宣传教育，扎实开展思想作风纪律整顿和党风廉政建设警示教育等；利用各级政协组织建立的"委员之家""委员履职党支部"等活动平台，加大了学习交流力度，增强了为民履职能力；省政协聘请咨询专家与各级政协人员一起组成全省政协理论研究会，每年组织开展理论研讨，全省各级政协积极响应，引导政协人围绕提高协商质量、如何发挥委员作用、政协履职与互联网深入融合等事关政协工作发展的关键问题，以及"政协是什么、干什么、怎么干"进行深刻思考。

（三）进一步发挥专门协商机构作用，提高政治协商实效

习近平总书记指出，人民政协要发挥作为专门协商机构的作用。河北省各市县政协聚焦人民政协专门协商机构性质定位，围绕协商议政主责主业，推出一系列制度机制，建立健全专门协商机构工作制度体系。

1. 健全政协协商民主制度，进一步提高协商议政质量和水平

为了以制度规范协商议政程序，推动政协履职提质增效，十九大以来，河北省各级政协的协商工作已经从探索创新阶段进入制度建设阶段。河北省各级政协以宪法法律和政协章程为依据，按照"构建程序合理、环节完整的协商民主体系，推进协商民主广泛多层制度化发展"的要求，出台了《关于新时代加强和改进人民政协工作的实施意见》《关于加强人民政协协商民主建设和民主监督工作的实施意见》，强力推动了协商民主制度建设和机制创新，推动政协协商制度更加成熟、更加定型。为了进一步健全规范协商、监督、调研、提案等工作，各市县还分别修订完善了相关细化制度，制定了各种工作办法，有的甚至以条例形式推出，如《关于支持人民政协履行职能发挥作用的意见》《关于深化提案督办工作的意见》《关于加强人民政协协商民主建设的实施意见》《提案工作条例》《反映社情民意信息工作

条例》《加强和改进视察考察工作的实施办法》《加强和改进调查研究工作的实施办法》《政协协商民主工作办法》《大会发言工作规则》《协商议政质量评价工作办法》《协商成果转化落实督办工作暂行办法》等。沧州市政协还对全体会议协商、常委会会议协商、主席会议协商、提案办理协商、对口协商、界别协商等各种形式分别作出规定,基本搭建起了协商机构制度的"四梁八柱"。可以说,河北省政协协商制度更加健全,为提高协商质量提供了一系列的制度保障,具体从以下几个方面完善了协商制度。

第一,精选协商议题,完善协商内容。河北省各市县政协坚持党委会同政府、政协制订年度协商计划原则,紧扣党政中心工作、民生现实需求、改革热点问题,采取党政领导点题、向委员和部门征题、政协自己报题的方式,与党政共同研究制订年度协商计划,报市委批准后实施。

第二,建好协商平台,丰富协商形式。河北省各市政协在以全体会议协商为龙头,常委会专题协商议政为重点,专题协商、界别协商、对口协商和提案办理协商的基础上,结合各地实际探索新的协商形式。承德市政协以季度协商为特色;邯郸市政协创新推出了双月专题协商议政座谈会;沧州市政协出台月协商会议工作规则;邢台市推出"面对面"高层协商形式,制定市委书记、市长与政协委员定期"面对面"协商制度;唐山市政协探索建立"1+1+2+10+N"协商机制,规定每年至少开展1次政协全体会议协商、1次议政大会协商、2次常委会协商、10次专委会协商、N次协商座谈会。大部分市县政协推出了网络议政、远程协商,以更加灵活的方式推动协商民主持续广泛深入发展。

第三,规范协商程序,健全协商规则。河北省各市县加强政协协商议事工作规程制定,对坚持调研于协商之前、把协商互动列为必要环节等进行规范,并针对常委会、专题协商会和专项民主监督等,制定了相应的工作制度和工作规则。如张家口市政协制定《关于规范协商议政工作程序的通知》《关于加强协商议政成果落实的通知》。协商前,制定活动方案,以委员为主体组建调研队伍,坚持问题导向,深入实际开展专题调研,形成协商意见建议;协商中,主动邀请党委和政府分管领导、有关部门负责人、相关专业人士、界别群众代表共同参加协商会议,通报发展情况,听取委员发言,开展交流互动,及时答疑释惑,多角度多层次对协商议题进行分析讨论;协商后,及时向市委市政府报送协商成果,并向委员反馈协商成果转化落实情况。

第四,探索政协协商向基层延伸。河北省各市县政协积极推进把政协协商向社区、农村延伸,提升基层社会治理能力。如承德市政协建立了乡镇(街道)协商议政和村(社区)居民恳谈会制度,推进政协协商向基层延伸,在全省乃至全国政协系统探索出一条政协协商与提升基层社会治理能力相结合、扩大协商民主与凝聚发展共识合力相衔接的"承德路径"。2020年,邯郸市政协创新推出"小微协商"平台,紧紧围绕群众身边的烦心事、揪心事、闹心事开展协商,把协商地点放在基层社区,吸纳更多群众代表参会发言,打通基层协商工作的"最后一公里"。

第五,建立上下联动制度机制,有效形成市县政协履职合力。河北省各级政协分别建立市县政协协同调研、联动协商和联合监督制度机制,加强与省政协的沟通对接。有力地推动了上级政协人才优势与下级政协熟悉当地情况优势的整合,不同程度地缓解了基层政协人员力量薄弱问题。如石家庄市政协以网络协商为纽带,联合元氏县、赞皇县、正定县等政协,围绕推进新型城镇化建设、农业基础设施维护管护等远程协商,推动了一批涉及群众切身利益的问题得到了较好解决。

第六,提案工作质量和水平进一步提高。河北省各级政协特别重视提案工作,分别制定了加强政协提案办理落实提高办理实效的办法、提高提案质量的意见、优秀提案评选办法等。采取遴选重点提案、政府领导牵头督办、联合市委市政府督查办集中督办、走访提案承办单位、联合相关专委会逐件督办等办法,提高提案的质量和数量,并以点带面促进提案办结。

第七,协商式民主监督进一步加强。河北各级政协进一步重视民主监督工作,出台相关政策并探索可行性的有效监督办法。承德市政协协助市委制定出台了《关于加强和改进民主监督工作的实施办法》,积极探索有效民主监督新形式,在全省率先尝试成立监督小组,采取政协统筹引导、委员领衔组织,灵活开展协商民主监督活动,构建起集协商、监督、参与、合作于一体的民主监督新格局，推动"柔性监督"向"刚性落实"转变。邢台市政协不断整合监督力量、拓展监督内容、创新监督形式，紧紧围绕党政所需、群众所盼、政协所能，广泛动员了省市县三级政协委员、民主党派成员和"三员"参与监督活动；同时，在市级媒体面向社会发布公告，征集线索，并为确保监督成效，建立了"政协报送—市领导批示—两办督查室分解督办—相关单位整改—结果反馈政协"的机制，形成了"党委要求并支持政协民主监督，政协民主监督推动党委政府决策落实"的良性循环。

第八，建立协商议政质量评价工作机制。对专题协商议政座谈会、专题调研、提案工作、反映社情民意信息进行质量评价，推动协商质量和效果进一步提升。健全协商成果采纳、实施、反馈机制，对市政协提交的协商报告，市领导批示和部门采纳情况，由市委办公室和市政府办公室以书面形式反馈市政协。同时，加强跟踪督导，密切与相关部门的沟通联络，促进协商成果有效转化落实。

2. 聚焦主责主业，践行政协协商，倾力服务全省各市县经济社会发展大局

河北省各市县政协扎实推进全体会议协商、切实强化专题协商、依托重点调研和提案办理开展对口协商等协商形式，结合当地党委政府中心工作及重大民生课题，开展广泛深入多次调研视察活动，形成视察调研报告若干篇，报送市委、市政府，为党委政府科学决策提供有益参考。如石家庄市政协围绕重点项目建设、养老妇幼事业发展、主导产业发展、滹沱河生态修复、扬尘治理、城市交通改善、正定古城古貌恢复、轨道交通项目建设、制造业质量提升、企业创新能力提升、石家庄市旅游发展、促进全省全域旅游发展、雄安新区建设和冬奥会筹办、中药材产业发展、基层医疗体制改革等充分调研。邯郸市政协围绕京津冀一体化、推动产业转型升级、提升科技创新能力、突破旅游发展瓶颈、培育上市企业、提升开发区土地利用效率、改善生态环境、老旧小区改造、文旅商融合发展等议题开展调研工作，并通过市县两级政协联合开展了"农村改厕、污水处理、垃圾处置"专项监督三年行动。衡水市政协先后围绕重点项目建设、优化营商环境、民营经济高质量发展、服务和承接雄安新区产业转移、基础教育、脱贫攻坚、生态环境建

设、地下水超采综合治理、推进现代都市农业等组织开展调研和专题协商。唐山市政协先后开展以"加强物质文化遗产的保护和利用,丰富城市底蕴,扩大城市影响力""全力整治农村人居环境,助推实施乡村振兴战略""抢抓'新基建'机遇"为议题的常委会专题协商。邢台市政协围绕学前教育、垃圾处理、酸枣产业等开展的"面对面"协商,效果显著,解决了学前教育中水、电、暖、气收费政策优惠,无证幼儿园清零,公办幼儿园保育费标准调整等20余个几十年来未解决的老大难问题。

(四)突出团结民主,加强思想政治引领,广泛凝聚共识

习近平总书记强调,人民政协要通过有效工作,努力成为坚持和加强党对各项工作领导的重要阵地、用党的创新理论团结教育引导各族各界代表人士的重要平台、在共同思想政治基础上化解矛盾和凝聚共识的重要渠道。河北省各级政协开展广泛的实践活动,切实做到把凝聚共识贯穿到政协履职的全过程和各方面。

一是在思想引领中夯实团结奋斗基础。河北省各级政协制定党组理论学习中心组学习实施办法,建立习近平新时代中国特色社会主义思想学习座谈会制度,制定政协委员读书活动方案等,通过党组理论学习中心组引领学、座谈会制度深入学、委员读书活动经常学等多种形式,深入学习习近平新时代中国特色社会主义思想、中央政协工作会议精神和各项部署要求、习近平总书记在庆祝中国共产党成立100周年大会上的重要讲话、党史、新中国史、改革开放史、社会主义发展史等等。引导广大政协委员从中华民族迎来了站起来、富起来到强起来伟大飞跃的历史进程中深化认识,加深对中国共产党为什么能、社会主义为什么行的深刻理解,增进对中国特色社会主义的政治认同、思想认同、理论认同、情感认同,巩固团结奋斗的共同思想政治基础。

二是充分发挥统一战线组织功能。各级政协围绕年度协商议政重点工作,组织党派团体开展联合调研,在大会发言、专题协商、视察调研中优先安排发表意见,积极为各民主党派、工商联和无党派人士履职建言搭建平台、创

造条件。把凝聚共识与协商监督、视察调研等履职活动结合起来，在协商议政中，安排互动环节，促进委员、党派团体与党政部门充分沟通交流，使协商的过程成为统一思想、增进共识的过程。定期走访各民主党派、工商联和有关人民团体，加强同党外知识分子、非公有制经济人士、新的社会阶层人士等的沟通联系，注重发挥少数民族委员作用，坚持走访宗教团体和宗教界代表人士，在通报工作、征求意见、加强团结协作中进一步增进认同、增进了解。承德市政协探索建立重点界别代表人士恳谈会（圆桌会）双向发力平台机制，进一步明确凝聚共识的平台载体、工作机制、目标对象等内容。

三是开展重要活动汇聚各方力量。省市县政协以庆祝中国共产党建党100周年、中华人民共和国和人民政协成立70周年、纪念改革开放40周年等为契机，举办了一系列具有政协特色的书画、摄影、座谈、研讨、文艺演出、知识竞赛、主题征文等活动，讴歌中国共产党的丰功伟绩，展现中华人民共和国和人民政协事业的光辉历程，在迎喜事、大事中教育引导广大政协委员坚定道路自信、理论自信、制度自信、文化自信。同时，市政协领导班子成员深入包联企业和贫困村帮助解决困难，持续开展扶贫帮扶工作，广泛汇聚发展合力。石家庄市政协创造性开展委员集体视察活动，组织400多名市政协委员，就滹沱河生态修复、市旅发大会筹备、民生实事落实、养老妇幼事业发展等开展集体视察，看发展、看成就，以看得见的变化增进委员对中央和省委、市委决策部署的认同和支持。

四是积极面向社会凝聚和传播共识。河北省各市县政协引导广大委员深入界别群众，大力宣传党的十八大以来党和国家事业取得的历史性成就、发生的历史性变革，宣传政策，解读政策，倾听群众的呼声和诉求，引导各界群众深刻认识中国共产党对中国、中华民族、中华文明做出的历史性贡献，更加自觉听党话、感党恩、跟党走。举办政情民意相关的电视栏目，发出制止餐饮浪费行为倡议书，营造文明健康、绿色环保的良好氛围。建成文史馆，发挥文史资料"存史、资政、团结、育人"的功能作用，讲好地方故事，传播传统文化。开展健康扶贫义诊活动，做好机关"一帮一"结对帮扶，把党和政府的关怀温暖送到困难群众身边。利用政协微信公众号、政协网站等载体，宣传政协委员担当尽责的精彩事迹，传播政协声音、展现委员风采、凝聚社会共识。

三 存在的问题和不足

全省各级政协在协商民主建设上进行了一些探索，也取得了一定成效，但与新时代对政协工作的新要求相比，还存在一些问题和不足。

（一）对协商民主的认识有待进一步提高

政协的协商民主主要是围绕着政治协商、民主监督和参政议政三大职能而展开的，但在实际工作中，一些同志对协商什么、与谁协商、怎样协商和协商成果的转化运用等问题认识不清、界定不明，制约了政协协商民主作用的发挥。特别是部分县级政协对新时代人民政协作为专门协商机构的定位认识不到位、理解不深刻、实践有差距。协商本为两个主体，即政协组织与党委政府及其部门。但目前多是政协组织主动邀请党委政府领导及其部门参与，党委政府及部门主动提出协商课题，主动就地方政策决策、重要工作落实等事项进行协商还不够，实现从"要我协商"到"我要协商"还有一定距离。

（二）民主协商制度有待进一步完善

虽然中央和省、市委都出台了加强人民政协协商民主建设的相关文件，但还存在改进空间。如现有的相关文件规定不够具体，特别是在协商内容、程序、反馈、成果运用机制等方面缺乏有效的制度规范，为随意性留下了空间，造成有些重要问题和重要决策不能及时在政协这个平台进行协商；现有的制度大多是针对政协内部的，对党委、政府及其部门缺乏明确的、具体的、刚性的规定，导致一些部门要求协商的自觉性不高，参与协商的主动性不足；委员之间的议事协商、委员与群众之间的社会协商等方面的制度建设还未破题，难以适应协商民主广泛多层制度化发展的现实需求。

（三）委员作用有待进一步发挥

除党派团体外，政协其他界别的组织化程度不高，导致作为政协工作主体的委员大多是兼职，受到履职时间、精力等方面的客观制约，离"懂政协、会协商、善议政"还有一定距离，特别是在履职状态、责任担当方面还有较大提升空间。有的委员只愿享受荣誉和权利，不愿承担义务和责任，缺乏积极参政议政的意识和要求，或很少参与其他活动，或参加活动敷衍了事、走过场，履职成效难免会大打折扣。有的政协委员对政协工作的必要性和重要性认识不足。有的委员专业知识不够，或调研不深入，或选题不准确，看待事物缺乏广度，分析问题缺乏深度，对经济发展、社会事业、热点问题关心关注不够，协商议政质量不高，影响了专门协商机构作用的发挥。协商文化还没有成熟。有的委员在一定程度上存在"怕惹事"不敢协商、"怕麻烦"不愿协商、"怕不懂"不会协商等错误意识。同时，政协组织在促进不同思想观点的充分表达和深入交流的氛围营造上还有待加强。

（四）协商成果有待进一步转化

协商成果闭环尚未形成。在各项议政性会议、调研视察活动结束后，存在协商议政止于会议结束、协商成果转化止于领导同志的批示，没有真正形成落实议政成果。协商成果尚未建立有效的反馈机制。政协报送的意见建议，主要停留在领导批示和文件转发上，部门真正运用协商成果推动工作改进缺少刚性约束机制。政协组织自身也缺少对批示落实情况的跟踪问效。协商成果沟通渠道不多。部门与委员之间沟通方式单一，还不同程度地存在着信息沟通不畅、信息不对称、信息不准确等现象，影响整个协商活力和协商成效。

（五）"凝聚共识"有待进一步加强

当前，多元思想文化交流交融交锋前所未有，改革发展稳定面临的风险挑战前所未有，统一战线复杂性前所未有，建言资政和凝聚共识双向发力的必要性和重要性也前所未有。但在实际工作中，仍在一定程度上存在重协商议政、轻思想政治引领的现象。凝聚共识的机制不够健全。主要表现在解疑释惑平台搭建不够，党和政府的方针政策宣传力度不够，化解矛盾参与治理的主动性不够，团结联谊工作还缺乏"温度"、缺少载体。

四 意见建议

（一）专门协商机构制度建设需进一步加强

从新时代新情况出发，从内部制度设计和外部程序设计两个方面入手，进一步完善协商民主制度建设，制定相关配套措施，对建立协商程序提出明确要求，增强制度的可操作性。在全国政协、省政协有关协商民主制度出台后，结合各地政协工作实际，进一步完善议事规则和工作规则，明确协商民主作为决策过程的必经环节，明确协商的主体、内容、形式，建立健全协商议题提出、活动组织、成果采纳落实和反馈机制，为发展协商民主提供可靠的制度保障。坚持协商于决策之前和决策之中，把协商纳入党委、政府的决策程序。以制度为保障，改变协商靠"党委主要领导的开明、政府主要领导的开通"的局面，使党委、政府从"关心协商"到"必须协商"，从"可以协商"到"程序协商"，实现从"软约束"到"硬办法"的跨越。

（二）协商民主形式需进一步丰富

加强协商民主新形式的理论研究和实践探索，创新载体，丰富形式，积极构建专题协商、界别协商、对口协商、提案办理协商等多层次、多渠道的协商格局。同时，积极探索、运用网络议政、远程协商这些新的参政议政形式，充分给予人民表达意愿的机会与渠道，利用互联网技术力量，加强网络在人民政协协商民主建设中的作用,进一步凸显人民政协的政治功能。

(三)协商民主的广度和深度需进一步拓宽

以问题为导向,不断拓宽协商民主的广度和深度。在议题选择上,除了党政关注、社会关切、群众关心的重点、难点和热点问题,还应增加一些政治、民俗、宗教等出现较少的议题。在参会人员上,应扩大参与度,更加注重吸收委员之外的专家和各界代表人士及普通群众参与,让全社会更充分了解政协履行职能和社会主义协商民主的发展成果。在协商深度上,抓好调研工作。大兴调研研究之风,调动一切有效资源和积极因素,结合实际,着力抓住重点问题和关键环节,进行深入分析研究,形成不调研不协商、不调研不发言的良好作风。写出高质量的有切实可行性的对策建议研究报告。

(四)协商成果转化需进一步推动

要确保政治协商成果落到实处,积极探索党委、政府和政协三方共同跟踪督办的工作机制。党政领导特别是主要领导对政协协商后形成的报告阅批后,要明确办理落实部门,政协应主动会同党委政府及相关部门,对协商意见的落实情况进行跟踪了解。应加强与党政部门或有关方面的沟通和联系,探索设定党委政府及其有关部门对政协协商意见建议办理工作的反馈时限和要求,对意见建议的处理情况,党委政府及其有关部门应以书面形式向政协反馈。

(五)政治协商制度和政协工作需进一步宣传

促进协商文化的进一步形成。通过各种媒体、文件、会议等方式,增强对协商工作重要性的认识。使各级各部门充分认识到,人民政协作为专门的协商机构,充分体现我国社会主义民主有事多商量、遇事多商量、做事多商量的特点和优势。政协委员作为各党派团体和各族各界优秀人士,要代表各界群众参与国是、履行职责，通过协商交流、建言资政和凝聚共识双向发力，对广集良策促进决策优化、广聚共识推动决策实施起到重要作用。要促进形成平等、理性的协商文化环境，增强协商的民主性、互动性、务实性，既避免一团和气，又避免争吵不休，既要营造和谐的讨论氛围，又要鼓励讲真话、讲实话，让协商在思想理性交流中形成有利于国家利益、人民利益的结果。

河北省学习宣传宪法的调查与思考

蔡欣欣　孙永巍*

摘　要： 十三届全国人大一次会议通过宪法的第五个修正案后，河北省积极落实，加强对领导干部、青少年、流动人员等重点对象的学习宣传，开展宪法进农村、进社区，启动"宪法进军营"活动，实施"宪法进万家"工程，严格落实宪法宣誓制度；也存在有的地方和部门领导干部宪法意识不够强，对宪法的重点学习宣传还有欠缺，推动宪法学习宣传实施的制度建设、长效机制还不健全，推进宪法融入青少年思想政治教育不够深入，弘扬宪法精神与培育社会主义核心价值观融合还不够充分等问题。在宪法实施中，河北省践行社会主义核心价值观，加快宪法精神与培育社会主义核心价值观融合发展，强化"关键少数"的示范作用，增强宪法学习宣传实效，全面构建宪法实施保障体系，促进宪法精神融入青少年思想政治教育。

关键词： 宪法　社会主义核心价值观　学习宣传

自1954年我国第一部宪法颁布实施以来，1982年颁布了现行的"八二宪法"。在"八二宪法"颁布之后，全国人大常委会对其进行了4次修正，共通过了31条宪法修正案，分别是1988年通过的2条、1993年通过的9条、1999年通过的6条、2004年通过的14条。从第四次宪法修正到2018

---

* 蔡欣欣，河北省社会科学院法学研究所副研究员、副所长，研究方向：法治建设、社会治理；孙永巍，河北省司法厅普法与依法治理处副处长，研究方向：法治宣传、依法治理。

年，时隔14年之后，十三届全国人大一次会议又通过了现行宪法的第五个修正案，再一次对我国的现行宪法作出了修正。第五次宪法修正案充实了建设中国特色社会主义的指导思想，将"五位一体"总体布局写入宪法，对"全面依法治国"提出新的要求，调整宪法宣誓制度，增加了爱国统一战线的内容，设立了监察委员会。可以说，宪法的第五次修正是中国特色社会主义法治道路的重要里程碑。宪法修正案通过后，河北省高度重视对宪法的学习宣传，召开了河北省委常委会进行专题学习，并专门下发通知对河北省全省学习宣传贯彻宪法作出了部署。2018年以来，河北省每年结合"12·4"国家宪法日举办宪法宣传周活动，宪法学习宣传成为常态。"七五"期间，河北省全省累计新增各类宪法主题公园、广场、街道1300余个，真正让宪法精神走进了人民群众，让宪法宣传更接地气。

一　河北省学习宣传宪法情况

宪法是国家的根本大法，是治国安邦的总章程，是公民权利的保障书。在全民普法工作中，宪法始终是重中之重。2018年以来，河北省坚持普治并举、学用结合，持续将宪法融入法治实践全过程和各方面，以实际行动推动宪法学习宣传走深走实。各地各部门多层面、全方位开展了一系列各具特色的宪法学习宣传活动，深入群众讲好中国宪法故事，在全省兴起了学习宣传宪法的热潮。

（一）高度重视迅速部署

2018年，河北省委办公厅印发了《关于加强和改进党委（党组）理论学习中心组学习的意见》，对宪法学习宣传作出了明确计划。2018年4月15日，河北省委书记王东峰同志主持河北省委理论学习中心组的学习报告会，深入学习贯彻习近平总书记关于全面依法治国的重要思想，围绕我国宪法和推进全面依法治国，听取了中国法学会副会长、中国社会科学院法学研究所原所长李林作的专题报告，并进行研讨交流。在2021年，组织好"12·4"

国家宪法日暨宪法宣传周、全省干部宪法法律知识考试、微视频征集展播等活动，不断扩大宪法学习宣传的影响力，指导各地各部门继续打造宪法主题公园、广场、宣誓墙等场所。河北省法治宣传教育领导小组办公室充分发挥职能作用，对学习宣传宪法工作进行专门部署，组织召开河北省法治宣传教育领导小组会议，对加强河北省全省宪法学习宣传工作进行再动员，提出明确要求。在2020年度全省法治建设年度考核中，把宪法学习宣传贯彻情况作为"四类考核对象"法治考核的评价要点之一，有力推动宪法学习宣传。2021年，石家庄市有21万人参加宪法法律知识考试。

（二）各地各部门积极落实

河北省省直部门、各地市都通过党委（组）理论学习中心组学习、培训、讲座等形式专题对宪法进行了学习，同时对本地本部门进行了宪法学习宣传部署。河北省委宣传部、省司法厅等6部门联合印发了《关于组织开展宪法学习宣传教育活动的通知》，在河北省全省组织开展了学习宣传宪法活动。河北省委组织部在河北干部网络学院中专门设置了"依法治国"板块，将宪法作为干部的必修课，河北省全省近33万名干部在线学习，实现了宪法学习线上全覆盖。河北省委党校、省行政学院专门举办了宪法专题研讨班。河北省司法厅党委集中学习宪法后，研究制定下发了司法行政系统深入学习宣传贯彻宪法的通知。各级党政主要负责同志都认真履行推进法治建设第一责任人职责，在学习宣传宪法中主动担责履责尽责。

河北全省各县（市、区）党委原原本本、逐章逐条学习宪法修正案和习近平总书记在历次中央全面依法治国委员会会议上的重要讲话精神。在革命圣地西柏坡举行"走进西柏坡，2021年'12·4'国家宪法日暨传承红色法治基因专题宣传融媒直播"活动，活动以50个普法产品发布的形式，再现了党中央和毛主席在西柏坡时期为中华人民共和国建立所做出的突出贡献，宣传了习近平法治思想和宪法法律知识，得到了司法部、河北省委和省司法厅的充分肯定，共200多个账号进行了同步直播，线上372万名网民进行了收看，点击浏览量2823万人次，中央电视台、央广中国之声及省级新闻媒体进行了报道。邢台市委书记专门发出了《致各县（市、区）党委书记、市直部门党组（党委）书记的一封信》，对学习宣传实施宪法、开展自查工作提出了要求。沧州市委宣传部编印了《宪法修改内容对比表》，并将市委领导学习宪法心得体会汇章辑印成册，组织班子成员交流学习。河北省委政法委、省司法厅、省体育局等部门及唐山、邯郸、衡水、定州、辛集等专门举办了宪法学习辅导报告会，邀请专家学者解读宣讲宪法。秦皇岛市委通过网络视频会议，对全市23万名科级以上干部进行了专题辅导。廊坊市举办了宪法专题选学班，组织全市277名县处级干部参加了学习培训。邢台市组织1600余支"小马扎"小分队，深入基层开展面对面、互动式宣讲34万余场次，打通了宪法精神进基层的"最后一公里"。邯郸市专门召开了全市学习宣传宪法调度会，加大教育培训力度，全市共开展宪法主题培训160余场。

（三）加强重点对象的学习宣传

1. 强化领导干部的宪法学习

2018年9月3日至9月7日，河北省委组织部组织全省各市和省直部门部分干部在省委党校进行了为期一周的宪法专题培训。另外，组织省市部分处级以下干部在行政学院进行了宪法培训。2019年，河北省法治宣传教育领导小组向全省印发了《全民宪法法律知识考试和竞赛实施方案》，规定针对全省各级干部、青少年、企业职工和农村社区群众4类群体，开展4次以宪法为主要内容，针对不同群体特点的法律知识考试和竞赛；河北省委组织部、省委宣传部、省司法厅、省法治宣传教育领导小组办公室每年联合组织全省干部宪法法律知识考试，考试以宪法为主要内容，宪法在整卷中占比达38%，以考促学，各地各单位积极按照要求组织宪法法律学习活动，在河北省全省掀起了领导干部学法用法的新热潮，达到了学用结合的目的。河北省委组织部制定实施了《2018~2022年全省干部教育培训规划》，明确提出"加强党的路线方针政策和宪法法律法规学习培训，帮助干部完善履行岗位职责必备的基本知识体系"，指导各地各单位将法治教育纳入干部培训计划。河北省财政厅研究制定了《关于参加全省干部宪法法律知识考试的实施方案》，通过组织法治讲座、法治报告会，发放法律书籍等方式抓紧抓好领导干部学法用法工作。河北省工商联利用一周时间，由各处室负责人带头带领本处室干部职工集中学习宪法和各种法律知识，并开展座谈交流。石家庄市把宪法法律学习情况纳入对领导班子、领导干部的考核评价体系。邢台市采取部门讲法、邀请专家授课、观看学法视频、阅读法律书籍、自学等多种方式，增强学习效果。定州市向全市党员干部印发《中华人民共和国宪法》读本等书籍20000余本，各级干部主动学习宪法的意识进一步增强。

2. 注重培养青少年宪法意识

为加强对青少年宪法意识的培养，河北省司法厅、省教育厅、省法宣办组织在全省中小学、大中专院校师生中开展了"学宪法讲宪法"活动，将宪法教育融入升旗仪式、开学典礼、主题班会等活动，引导青少年争当"宪法小卫士"，传递宪法"小火炬"。各地中小学按照河北省法宣办要求，开展了形式多样的宪法宣传活动，尤其是许多学校结合暑期开学，组织开展了"开学第一课"宪法学习活动。还组织了"手抄报""宪法小课堂""小手拉大手、宪法一起走""宪法知识竞赛""优秀宪法法律情景剧评选"等丰富多彩的宪法学习活动。2019年，河北省司法厅、省教育厅、省法宣办联合组织了宪法法律知识教育和宪法法律知识考试，内容以青少年应知应会法律常识为主，试题委托教育部门从事法治工作的人员依据《青少年法治教育大纲》命题，根据不同年龄段青少年的身心特点，分别通过网络答题和现场考试进行，全省249万名中小学生和近百万名大中专院校学生参加了考试。2020年12月4日国家宪法日暨宪法宣传周期间，河北省组织全省10700余所学校同步开展"宪法晨读"活动，参与师生近千万。2021年会同省教育厅部署开展了大中小学生"学宪法 讲宪法"知识竞赛和演讲比赛活动，推荐8位选手代表河北省参加教育部举办的第六届全国学生"学宪法 讲宪法"大赛。校园学习宣传宪法氛围进一步浓厚，广大青少年学生尊法学法守法用法意识进一步提升。

3. 加强对流动人员的宪法宣传

为大力弘扬宪法精神、维护宪法权威，增强流动人员法治观念和依法维权意识，营造流动人员尊崇宪法、运用宪法的良好氛围，河北省法宣办、省司法厅与石家庄市普法办、司法局充分发挥地铁人流量大的优势，在石家庄地铁新百广场站、北国商城站，利用地铁站内的门头、墙面、吊旗等，开展宪法知识的普及性宣传教育，使广大群众明确宪法不仅是保持国家统一、民族团结、经济发展、社会进步和长治久安的法律基础，也是保障公民基本权利的法律武器、全体公民必须遵循的行为规范，增强了全社会对社会主义祖国的责任感和使命感，形成了浓厚的学习宣传宪法软环境，培养了全社会的宪法意识。

4. 开展宪法进农村、进社区

河北省普法办和石家庄市普法办利用"普法大世界"品牌活动，开展了"宪法进社区""宪法进农村"等法治文化社区行，让社区居民和农村群众深切感受到宪法与日常生活息息相关。同时，河北省各地也广泛开展了"赶宪法大集""村村通大喇叭"等宪法宣传活动。在2020年"12·4"国家宪法日暨宪法宣传周期间，河北省司法厅联合省农业农村厅开展了"宪法进农村"主题宣传活动，联合省民政厅举办了"宪法进社区"主题宣传活动，广泛宣传以宪法为核心的中国特色社会主义法律体系，让宪法精神深入人心，以宪法精神凝心聚力，掀起了基层普及宪法法律知识的热潮。

5. 启动"宪法进军营"活动

为进一步提高官兵法律意识，在军营营造部队官兵尊崇宪法、学习宪法、维护宪法、运用宪法的浓厚氛围，2019年，在石家庄军事法院启动河北省"宪法进军营"宣传周，为官兵送去精神食粮。河北省司法厅、省军区、石家庄军事法院现场签订《军地法律服务协议》，并为"河北省军地司法协作工作站"揭牌，帮助官兵准确领会宪法的核心要义和依法治国的重大意义，做宪法的忠实崇尚者、自觉遵循者、坚定捍卫者，为实现中国梦、强军梦贡献力量。"宪法进军营"通过法律服务团队送宪法法律知识进军营，能讲好宪法故事，培育宪法信仰，有效引导部队官兵运用法律手段维护自身权益，提高国防和军队建设法治化水平。另外，"宪法进军营"也是双拥共建工作的一项重要内容，是法律拥军的拓展和延伸，能进一步建立健全军地协作法律服务机制。

6. 实施"宪法进万家"工程

宪法是中国的根本大法，社会的发展要依照宪法前行。河北省司法厅、省法宣办在河北省全省部署开展宪法宣传全屏工程，构建社会"大普法"格局。借助技术先进、传输快捷、覆盖广泛的广电网络平台，在河北省全省有线电视机顶盒中设置了宣传宪法内容的开机画面，在落实媒体公益普法责任制的同时，推进宪法真正走进了万千家庭。"宪法进万家"工程打通了宪法宣传的"最后一纳米"，深化和强化了全社会对宪法的政治认同、法治认同、思想认同、情感认同和事实认同，让群众在潜移默化中受到宪法法律的熏陶，为人人应尊重和信仰宪法，推进全面依法治国、建设社会主义法治国家打牢了坚实的思想基础。

7. 严格落实宪法宣誓制度

以宪法为根本活动准则、恪守宪法原则、履行宪法使命是对国家工作人员的基本要求。2018年5月，为彰显宪法权威，激励和教育国家工作人员忠于宪法、遵守宪法、维护宪法，加强宪法实施，河北省人大常委会根据《全国人民代表大会常务委员会关于实行宪法宣誓制度的决定》，对《河北省实施宪法宣誓制度办法》进行了修订，对宪法宣誓人员的范围、誓词、程序等作出了详细规定。2018年1月29日，河北省十三届人大一次会议选举和任命的国家机关工作人员向宪法宣誓，当选的省人大常委会主任王东峰、省长许勤带头进行了宪法宣誓。2021年，石家庄市对新任职人员宪法宣誓共459人次。宪法宣誓是助力国家工作人员树牢以人民为中心的发展思想的庄严仪式。目前，河北省各级人大常委会决定任命或任命的国家工作人员都在任职前向宪法宣誓，有力增强了国家工作人员忠于宪法的使命感。

二 河北省学习宣传宪法存在的主要问题

（一）有的地方和部门领导干部宪法意识不够强

宪法思维是法治思维的基础和出发点。一些领导干部的宪法意识还有待进一步提高。自觉运用法治思维和法治方式深化改革、推动发展、化解矛盾、维护稳定的意识和能力还有欠缺。有法不依、执法不严、违法不究现象在个别地方和部门依然存在，少数公职人员滥用职权、失职渎职、执法犯法等严重损害国家法制权威的现象还有发生。

（二）对宪法的重点学习宣传还有欠缺

一些地方、部门对宪法的崇高地位和学习宣传实施的重大意义认识不够，把宪法学习宣传等同于一般的法治宣传教育，不同程度存在就宪法学宪法的现象，学习宪法文本多，对宪法所蕴含的宪法精神的理解领会还不够全面、深刻。有些媒体对宪法公益性宣传重视不够，在时长、版面、位置等方面不够集中突出，形式载体不够丰富，特别是利用新媒体加强重点宣传还不广泛不深入。有的地方、部门只满足于宣传宪法知识，对突出培育宪法意识、涵养宪法精神、努力讲好"宪法故事"的意识和能力还不足，影响了宪法学习宣传的实际效果。

（三）推动宪法学习宣传实施的制度建设、长效机制还不健全

学习宣传宪法存在短期性、临时性问题，在保持连续性、系统性上做得不够。一些地方对宪法学习宣传实施没有做出制度性规划和安排，没有持续发力，没有将宪法与上级文件紧密结合，没有联系实际工作做到学以致用，学习的范围还比较狭窄，宪法学习宣传的广度与深度还不够。

（四）推进宪法融入青少年思想政治教育不够深入

将宪法精神融入青少年思想政治教育能优化青少年内在的素质结构，全面落实立德树人的根本任务，提高学校依法治校能力，推进深入开展法治建设，更能提升青少年思想政治教育的时效性，回应经济社会高质量发展的现实要求。然而，河北省并未深入挖掘宪法精神这一宝贵的思想政治教育资源，以宪法精神滋养青少年的精神生活，将抽象的法治精神转化为生动形象的教育内容不够，不能完全用具象化的教育内容向青少年传达抽

象化的精神理念，引导学生内化宪法精神品质，自觉将其转化为行为习惯。

（五）弘扬宪法精神与培育社会主义核心价值观融合还不够充分

基于法律与道德的对立统一关系，在认识上还有一定的误区，认为宪法精神是一种硬性的约束，而社会主义核心价值观则是一种软性的约束，因此在贯彻落实中存在方法与途径上的差异；出于法律与道德在属性上的区别，认为宪法精神与社会主义核心价值观存在主次上的差别，在社会治理中的地位和作用也存在不同，因此在二者相互促进上还不够有力。

三 践行社会主义核心价值观推动宪法实施的对策

社会主义核心价值观被宪法以国家根本法的形式予以确认，使其法律化与制度化。作为承载社会核心价值体系的最有效载体，宪法以至上的法律地位和强大的法制力量为实现社会主义核心价值观提供了有力的法制保证。作为社会主义核心价值观的最终依归，宪法将践行和培育社会主义核心价值观推到了新阶段和新高度，并开辟了更为广阔的空间。因此，在开展宪法宣传教育活动中把宪法精神融入社会主义核心价值观培育的全过程，促进形成更有利于培育和弘扬社会主义核心价值观的社会氛围，真正推进和落实建设社会主义法治国家的根本任务，使社会主义核心价值观具有活的灵魂。

（一）加快宪法精神与培育社会主义核心价值观融合发展

在内涵上，宪法与社会主义核心价值体系具有内在的统一性，这也决定了宪法实施的过程就是践行社会主义核心价值观的过程。实施宪法与培育社会主义核心价值观能够相互促进、相辅相成，培育和践行社会主义核心价值观有助于推动宪法实施，而从宪法学角度理解并诠释社会主义核心价值观，弘扬宪法精神和宪法理念，则为社会主义核心价值体系注入更为丰富的理论内涵，二者共同推动实现中华民族实现伟大复兴的中国梦。依照宪法规定加强国家各项基本制度建设和促进公民各种基本权利保护，是促进培育和践行社会主义核心价值观的法制化运行方式。首先，充分发挥宪法的规范作用，突出宪法精神在意识形态上的坚定性，保证培育和践行社会主义核心价值观的正确方向，突出宪法在制度机制上的强制性，通过自上而下的制度机制设计为培育和践行社会主义核心价值观制定长效机制。其次，发挥社会主义核心价值观的道德教化作用，为弘扬宪法精神创造良好的法治基础、营造良好的法治环境。

（二）强化"关键少数"的示范作用

依法治国首先是依宪治国，依法执政首先是依宪执政。领导干部是引领经济社会高质量发展的"关键少数"，其学习和掌握宪法、贯彻和实施宪法的状况如何，关系十分重大。领导机关和领导干部身处关键岗位、关键领域、关键环节，要带头学习宣传实施宪法，带头依宪治国、依宪执政、依宪行政。尤其是要求各级领导干部对宪法要原原本本学，深刻理解宪法条文内涵，深刻理解和把握宪法的重要历史作用，将静态的宪法文本转化为每一位领导干部的行为规则，使宪法成为其办事作为的最高准则。通过学习教育进一步增强领导干部的宪法意识和法治意识，确立宪法高于权力、权力来源于宪法、宪法约束权力的意识。让每一位领导干部结合学习习近平法治思想，领悟宪法精神，在内心自发自觉地产生宪法信仰，筑牢领导干部对宪法的敬畏之心。要引导督促各级各部门自觉遵守和维护宪法，用宪法精神指导工作、推动发展，将宪法精神贯穿到工作的全过程，切实发挥领导干部的示范引领作用。

（三）增强宪法学习宣传实效

进一步突出宣传重点，强化政治统领，牢牢把握宪法学习宣传的正确政治方向，深入宣传宪法贯彻实施的重大现实意义和深远影响，有效增强全社会对宪法的政治认同、思想认同、情感认同和行动认同。把宪法宣传教育作为重中之重，在全社会深入开展尊崇宪法、学习宪法、遵守宪法、维护宪法、运用宪法的宣传教育活动。积极探索宪法学习宣传教育的新机制新方法，充分运用传统媒体、新媒体等各种平台，不断丰富宪法宣传实施的载体和方式，在宪法学习宣传实施"全覆盖"上下功夫。将宪法学习宣传教育融入立法、执法、司法、法律服务和基层依法治理的全过程。采用贴近生产生活、群众喜闻乐见、容易接受的方式方法，增强宪法宣传教育的针对性和实效性，推动宪法入耳入脑入心。

（四）全面构建宪法实施保障体系

宪法只有在具体的现实生活中贯彻落实，才能使躺在文本上的宪法成为公民生活中动态的宪法，才能真正实现其价值，充分发挥其功能。人大、政府和政法机关应认真落实宪法宣誓制度，国家工作人员在就职时全部公开进行宪法宣誓，已就职国家工作人员定期重温宪法誓词。坚持科学立法、民主立法、依法立法，进一步完善合法性审查机制，把符合宪法作为决策、立法的基本要求、刚性要求。教育监督国家工作人员忠于宪法、遵守宪法、维护宪法，严格按照宪法和法律法规行使职权、开展工作。教育各级执法司法机关及其工作人员深化对宪法精神、宪法原则和宪法价值取向的理解把握，严格按照宪法行使职权、履行职责，切实维护公平正义和人民群众合法权益，更好地满足新时代人民群众对公平正义的新期待。

（五）促进宪法精神融入青少年思想政治教育

宪法精神内含促进人的自由全面发展的价值指向，是青少年法治素养构成的核心要素。将宪法精神融入青少年思想政治教育，是推进青少年深入学习习近平法治思想的必然要求。将宪法精神融入青少年思想政治教育，首先，要将宪法精神融入思想政治理论课教学，在课堂教学的多向互动中深化青少年对宪法精神的领悟和理解。其次，将宪法精神融入形式多样的校园文化活动，依托关键时间节点，结合日常校园活动，将宪法精神具象化为可感知的实践活动，增强宪法精神的感染力。最后，将宪法精神融入社会实践活动，鼓励青少年积极参与社会普法宣传志愿者活动，加深对法律知识的内化吸收，形成教育联动，让青少年在实践活动中深化对宪法精神的认识，将理论认同转化为情感认同，并最终深化宪法精神的行为转化力。

河北省社会主义核心价值观融入高校校园文化建设研究*

张蓓蓓　梁　平**

摘　要： 社会主义核心价值观是高校校园文化建设的精神内核，高校校园文化是社会主义核心价值观建设的有效载体。河北省高校在社会主义核心价值观融入高校校园文化建设中做了大量的工作，取得了良好的成效，提升了广大师生对社会主义核心价值观的文化体察和精神共鸣。但深入调查研究发现，部分河北省高校还存在融入的全面性、系统性和深入性不够等问题，应加强社会主义核心价值观融入高校校园精神文化、制度文化、行为文化、物质文化等方面建设，力争在潜移默化中达到"润物细无声"的效果，进一步推动社会主义核心价值观在高校落地生根，和高校校园文化和谐健康发展。

关键词： 河北省　社会主义核心价值观　高校校园文化

党的十九大报告指出："社会主义核心价值观是当代中国精神的集中体现，凝结着全体人民共同的价值追求。"习近平总书记强调："要坚持不懈培育和弘扬社会主义核心价值观，引导广大师生做社会主义核心价值观的坚定信仰者、积极传播者、模范践行者。"高校作为人才培养、社会主义精神文明

---

* 本文系河北省学校德育工作中心、河北省高校网络思想政治工作中心研究课题"媒体深度融合背景下高校网络思想政治教育平台建设及创新研究"的阶段性成果。
** 张蓓蓓，华北电力大学党政办公室，研究方向：思想政治教育；梁平，华北电力大学法政系主任，教授，研究方向：司法治理和教育管理。

建设和社会主义核心价值观教育的重要阵地,要充分发挥校园文化凝聚人、引导人、激励人、塑造人的育人功能,结合社会主义特点、时代特征和学校特色,把培育和践行社会主义核心价值观融入高校校园文化建设的全过程和方方面面,用社会主义核心价值观引领高校校园精神文化、制度文化、行为文化、物质文化建设,使社会主义核心价值观的影响像空气一样无处不在、无时不有。

一 社会主义核心价值观与高校校园文化的内在逻辑

社会主义核心价值观是中国特色社会主义文化的精神内核,高校校园文化是中国特色社会主义文化的重要组成部分。从本质上说,社会主义核心价值观和高校校园文化虽然属于文化范畴的不同层次和形态,二者的地位和作用不尽相同,但它们都是文化范畴内的重要元素,通过文化的纽带,二者存在着辩证统一的关系。[1] 社会主义核心价值观和高校校园文化的根本目的和功能具有高度的一致性,都是为中国特色社会主义文化服务的,都是为把立德树人的根本任务落到实处,二者相互支持、补充和促进,从而实现育人效果的最大化。

(一)社会主义核心价值观是高校校园文化建设的精神内核

党的十八大报告明确指出:"倡导富强、民主、文明、和谐,倡导自由、平等、公正、法治,倡导爱国、敬业、诚信、友善,积极培育和践行社会主义核心价值观。"社会主义核心价值观包含12个词,共24个字,分别从国家、社会、公民个人三个基本层面,阐述了社会主义核心价值观的价值目标、价值取向和价值准则,为高校校园文化建设指明了发展方向,明确了价值追求,提供了基本遵循。

---

[1] 宋伟:《社会主义核心价值观融入高校校园文化建设研究》,人民日报出版社,2017,第57页。

1. 社会主义核心价值观国家层面的价值目标，为高校校园文化建设指明了发展方向

在中国，建成富强、民主、文明、和谐美丽的社会主义现代化强国，实现国家富强、民族复兴和人民幸福的中国梦，是各族人民的共同理想和奋斗目标，能够凝聚起亿万人民群众的智慧和力量。我国高校校园文化建设必须以中国特色社会主义文化为主题，以国家富强、民族振兴和人民幸福的中国梦为引领，加强思想观念的培育、行为规范的约束和日常生活的养成，确保高校校园文化建设始终沿着正确的方向前进和发展。

2. 社会主义核心价值观社会层面的价值取向，为高校校园文化建设明确了价值追求

在中国，建立"自由、平等、公正、法治"的社会秩序，促进和实现人的自由而全面发展，既反映了社会主义社会的基本属性，也体现了现代社会的基本精神要素和价值追求。随着高等教育改革的不断深入和高校办学自主权的贯彻落实，广大师生对平等法治、公平公正的诉求日益增长，参与学校治理和维护自身权益的愿望更加强烈。高校作为社会的重要组成部分，应当遵循"自由、平等、公正、法治"的价值追求，积极推进高校治理体系和治理能力现代化，全面推进依法治教、依法办学、依法治校，努力让每个学生在校园中感受到公平公正，促进大学生自由而全面地发展，才能建设出一个充满生机活力、富有现代大学精神的校园，才能实现高校健康可持续发展。

3. 社会主义核心价值观个人层面的价值规范，为高校校园文化建设提供了基本遵循

道德是人类所特有的一种社会意识形态，是人们在长期共同生活和社会实践过程中所形成的行为准则与规范，具有历史性、阶级性和相对性。作为一个社会主义社会的公民，应当具有"爱国、敬业、诚信、友善"的政治道德、职业道德及个人的德行品格等核心道德价值。高校立身之本在于立德树人，要培养和造就又红又专、德才兼备、全面发展的中国特色社会主义合格建设者和可靠接班人。因此，高校应倡导师生遵守"爱国、敬业、诚信、友善"的道德规范，渗透到每个师生的学习工作和日常生活中，渗透到校园文

化建设的各个领域中，通过校园文化所蕴含的人生信仰、道德情操、大学精神等文化因素，陶冶情操、浸润心灵、凝聚人心，不断增强广大师生的道德意识和文明修养，进一步增强校园精神文明建设，提高校园文明程度。

（二）高校校园文化是社会主义核心价值观建设的有效载体

现代大学具有五大基本功能，分别是人才培养、科学研究、服务社会、文化传承与创新、国际交流与合作。高校作为文化传承与创新的重要阵地，在引领社会文化发展中发挥着特殊作用，在文化育人体系中占据着重要位置，应该主动担当作为，肩负责任使命，自觉成为培育和践行社会主义核心价值观的重要阵地，使校园文化成为用社会主义核心价值观教育引导学生健康成长的重要载体。

1. 高校是推进社会主义核心价值观建设的重要阵地

根据教育部发布的《2020年全国教育事业发展统计公报》数据显示，全国共有普通高校2738所，全国各类高等教育在校生总规模4183万人。我国高校数量众多，在校生规模庞大，大学生是国家的未来、民族的希望，他们正处于人生观、价值观形成和确立的关键时期，更容易接受、传播先进的文化思想和价值观念，自然成为社会主义核心价值观宣传和培育的重点人群。深入推进高校培育和践行社会主义核心价值观，关乎高举旗帜这一大事，关乎培养好接班人这一重任，是高校必须承担好的重大任务。[①] 大学生是社会道德风尚的重要体现者和引领者，他们的社会活动范围较广、影响较大，他们的价值观在很大程度上影响着未来整个社会的价值取向，在社会上可以引起以上带下的效应、形成以点带面的效果，进而推动社会主义核心价值观在全社会落地、发芽、开花、结果。

2. 高校校园文化是社会主义核心价值观建设的重要载体

高校校园文化作为社会先进文化的重要组成部分，充分运用主题宣讲、

---

① 教育部思想政治工作司：《培育践行社会主义核心价值观高校案例（第二辑）》，中国书籍出版社，2015，第3页。

文艺演出、社团活动等校园文化形式，充分发挥校园文化的育人、导向、凝聚、激励、约束等功能，有利于营造良好的文化育人氛围，对社会主义核心价值观的宣传教育起到积极的促进作用。高校将社会主义核心价值观的内容寓于校园文化建设的各个方面，融入精神文化、物质文化、制度文化、行为文化建设之中，使高校师生在潜移默化中认同和接受社会主义核心价值观，进而内化为价值理念和价值追求。高校师生作为校园文化建设的主体，在参与校园文化活动的过程中，以实际行动不断践行着社会主义核心价值观，进而外化为自觉行动和行为准则。

二 河北省社会主义核心价值观融入高校校园文化建设的实证研究

（一）河北省社会主义核心价值观融入高校校园文化建设的成效

近年来，河北省高校高度重视校园文化建设，坚持将社会主义核心价值观融入校园文化建设全过程，用中国特色社会主义理论体系武装广大学生，以高尚的文化引导人、以优秀的文化鼓舞人，弘扬主旋律、传播正能量，引导广大师生不断增强中国特色社会主义的道路自信、理论自信、制度自信和文化自信。同时，河北省高校更加注重培育建设优秀文化品牌，采取鲜活生动的内容、喜闻乐见的形式、新颖丰富的载体，将社会主义核心价值观渗透到校园文化建设的方方面面，积极营造具有时代特征和学校特色的校园文化氛围，逐渐形成了"人人皆教育之人，处处皆教育之地，时时皆教育之机"的教育态势，逐渐形成了"学校以育人为本、教师以敬业为乐、学生以成才为志"的优良校风教风学风。主要包括以下几个方面。

1. 把弘扬大学精神与培育和践行社会主义核心价值观结合起来

河北省高校充分发挥校史、校训、校歌等本土文化资源的教育作用，深入挖掘其所蕴含的历史文化积淀、大学精神、价值理念等，积极探索其与社会主义核心价值观教育的契合点，逐渐成为培育和践行社会主义核心价值观的重要源泉和有力举措。比如，华北电力大学通过组织新生参观校史馆、开展华电校史宣讲、唱响"校歌"等形式，宣传办学理念和华电精神，使新同学明晰成长要素和目标，进而使这些活动成为培育社会主义核心价值观的重要方式。河北工业大学将校史文化与大学精神纳入党课团课内容，组织开展校史知识竞赛、校史征文等系列活动，使广大党员团员在接受思想淬炼、政治历练中，继承学校的优良传统，传承学校的文化精神。河北医科大学通过开展"入学誓词"教育，带领新生在开学典礼上诵读医学生誓言，让每一名入学的新生明白并且牢记从事医务、医学工作所必须坚守的责任和担当。

2. 着力推进与社会主义核心价值观相契合的学校制度文化建设

河北省高校持续地、系统地加强制度文化建设，充分发挥师生治校办学的主人翁精神，着力建设民主校园、法治校园、和谐校园，切实提升高校治理体系和治理能力现代化建设成效。例如，河北工程大学深入开展廉政文化建设，不断加强制度建设，健全完善学校章程和监督机制，坚持靠制度管人、按制度管事、用制度管权，严格执行领导干部述职述廉、干部任前廉政谈话等制度，严把领导决策关、用人关、招生考试关、工程建设关等"关口"，从源头上防止腐败，形成廉政文化建设长效机制。河北能源职业技术学院强化质量文化建设，以学院章程建设为统领，不断完善和丰富质量制度体系，强化师生制度意识，以制度规范师生行为，以制度服务师生发展，形成对师生质量行为产生约束性影响的制度文化。

3. 积极打造体现社会主义核心价值观思想的校园文化活动品牌

河北省高校善于运用文学、音乐、舞蹈、绘画等多种文化艺术展示手段，充分发挥学生艺术团、学生社团的主动性和积极性，打造更多喜闻乐见的校园文化品牌活动和优秀文艺作品，来表现社会主义核心价值观的深刻内涵和精神实质，让高校师生在美的享受中陶冶情操，在潜移默化中得到教育。比如，河北科技大学持续开展"非物质文化遗产进校园"活动，将河北民间特有的冀派内画、常山战鼓、井陉拉花、沧州落子等艺术形式引入大学校园，鼓励学生成立、加入民间艺术社团，举办非物质文化艺术动态展演，让师生近距离接触"非遗"文化,参与制作"非遗"文艺作品,唤醒广大师生对"非遗"文化的重视和传承,大力弘扬中华优秀传统文化。河北农业大学持续打造"焦点时刻"交流式教育栏目,以学生成长成才需求为出发点,以学生关注的热点难点问题为切入点,围绕社会主义核心价值观教育理论与实践的结合点,坚持内容"三贴近"、形式"三互动",使教育活动更具有针对性和实效性,更好地营造社会主义核心价值观教育的校园文化氛围。

4. 选树传颂社会主义核心价值观教育的典型人物和先进事迹

河北省高校推出一批"善美""大爱"的典型人物,展出一批"善行""义举"的先进事迹,并以他们作为"我为社会主义核心价值观代言"活动的主体,在师生中大力倡导奋发进取、理性平和、向善守信的心态,引导师生崇德崇智、向善向美、见贤思齐,让社会主义核心价值观成为校园新风尚,凝聚起昂扬向上的正能量。例如,保定学院西部支教群体,连续20余年奔赴新疆、西藏、四川等偏远地区任教,扎根西部大地建功立业,为当地教育事业发展贡献了智慧和力量。2014年5月,习近平总书记在给保定学院西部支教毕业生群体代表回信中指出,"希望越来越多的青年人以你们为榜样,到基层和人民中去建功立业,让青春之花绽放在祖国最需要的地方,在实现中国梦的伟大实践中书写别样精彩的人生"。河北农业大学教授李保国,35年如一日扎根太行山,将论文写在祖国的大地上,长期奋战在扶贫攻坚和科技创新第一线,把毕生精力投入到山区生态建设和科技富民事业之中,带动了10万多农民脱贫致富。习近平总书记称他为新时期共产党人的楷模、知识分子的优秀代表、太行山上的新愚公。

(二)河北省社会主义核心价值观融入高校校园文化建设的困境

根据调查研究发现,河北省高校在社会主义核心价值观融入高校校园文化建设方面还存在一些问题和不足,主要体现在以下几个方面。

1. 在精神文化层面存在的问题

第一,大学精神文化的宣教诠释力度不够。对大学精神的诠释不够深入，有的高校对大学精神的理论内涵没有系统完整的阐释，对学校独特的办学历史没有深入挖掘，鲜明的办学特色缺少与办学实践的有机结合，对个性化的办学文化缺少进一步提炼，对大学精神的认知途径有待拓展。有的高校将大学精神停留在口号宣传、会议宣讲等显性教育活动上，缺乏对大学精神在办学实践中的宣传、落实与实践，未能将大学精神真正融入广大师生的学习、工作和生活中，致使大学精神的思想政治教育功能得不到充分发挥。

第二，对校史校情教育的重视程度不够。校史校情教育未纳入教育教学环节，校史校情教育应该成为一根红线贯穿于大学教育的全过程，认真地抓实、抓好，但有的高校没有明确将校史校情教育纳入新生入学教育和日常教学环节。对校史校情宣传教育力度不够，有的高校校史校情多体现在书面文字上，大多通过理论宣讲、专题讲座等方式对学生进行教育，形式比较单一，不能很好地激发学生们对校史校情的学习兴趣，导致对学校文化缺乏认同感、对校园缺乏归属感。

第三，大学文化的先进性体现不够。大学文化与社会主义先进文化、革命文化和中华优秀传统文化的相融相通不足，有的高校没有贯彻到校园文化建设的方方面面，没有切实有效地融入各类校园活动中去。现有教育方式与文化自身特征和青年精神特质融通性不够，有的高校教育方式比较单一，习惯于采用说教、劝导、就事论事等教育方式，贴近社会、深入实际不够，与当地部队、红色基地等教育资源结合不够紧密，师生直观感受不够强，教育效果有待提高。

2. 在制度文化层面存在的问题

第一，制度建设的系统性不够。有的高校在制度制定过程中缺乏顶层设计，前瞻性和预见性不够，没有形成"组合拳"，在系统集成、衔接配套等方面呼应度不够、系统性不足，校园文化建设缺乏中长期的发展规划，缺乏落地落实的配套方案。有的高校在制度的修订、补充、完善过程中缺乏与时俱进，制度的执行环节需要进一步严谨，监督工作需要进一步到位，以保证学校各项工作循序渐进、健康快速地发展。

第二，制度建设的整体性不强。有的高校规章制度体系不健全，制度建设完整性缺失，一定程度上影响了制度整体性功能的发挥。例如，有的高校成立了若干委员会，出台了相应制度政策，但有些委员会一年仅召开一次会议，象征意义多、解决问题少，没有充分发挥制度政策体系抓主要矛盾、抓重要领域、抓关键环节的抓总效应作用。

第三，制度建设的协同性不实。有的高校存在制度建设不切实际、缺乏可操作性的现象，有时候为制定制度而制定制度，缺乏面向广大师生的调研和意见征集，缺乏与相关部门的沟通，相关领域的制度之间缺乏有效衔接。有的高校执行制度不彻底、不坚决，部分单位、个人对制度执行的重要性缺乏深刻认知，或是执行制度的主动性、自觉性不高，或是同其他单位和个人的主动沟通、协调意识不强，在制度的实施过程中没有形成相互配合、相互促进、相得益彰的良好局面，造成了制度执行上出现"中梗阻"现象及工作效率不高问题。

3. 在行为文化层面存在的问题

第一，人文素养与科学素养融合不够。有的高校对人文素养教育的重视程度不够，艺术与人文领域课程开设不够，教师数量不足，相关教师外聘、引进制度不够健全。有的高校校园内缺乏人文气息，艺术与人文类活动形式相对匮乏，邀请文化大家、学术大师来校举办高水平报告、高雅艺术进校园等提升学校师生艺术水准和文化品位的活动数量偏少。

第二，校园文化活动品质有待提升。有的高校文化活动品牌效应发挥不理想，部分校园文化活动的策划者、主办者对活动顶层设计的重要性缺乏清晰认识，对活动主题、内容、形式及相关渠道缺乏深入研究，以至于顶层设计脱离活动本身的主旨和要求，活动质量水平有待提升。有的高校没有发挥好学生社团的辐射带动作用，有些社团活动缺乏指导教师的指导，同质化现象较多，特点亮点不突出，缺乏多层次、多渠道、高品位、全方位的活动形式。有的高校校园文化活动不能满足师生需求，内容较为单调，形式比较单一，方法途径也鲜有创新，对师生吸引力不足，致使师生主动参与度不高，参加活动存在"被安排"现象。

4. 在物质文化层面存在的问题

第一，建筑缺乏学校特色和人文情怀。部分高校建筑和学校部分建筑的外形和结构存在同质化现象，缺乏学校特色和个性，应根据建筑功能和学科特色赋予建筑不同的设计形式。有的高校楼宇文化建设力度不够，宿舍、教室、食堂、办公场地等室内、楼道墙壁及室外缺乏文化气息和文化装饰。有的高校对道路、楼宇、餐厅等公共空间的命名，采用方便和约定俗成的方式，如教几楼、学几舍、第几餐厅等，这种命名方式标示性作用强，方便记忆和定位，但如果采用能体现办学历程、办学特色和人文气息的命名方式，更能够体现学校深层次的文化内涵和人文情怀。

第二，学校文化景观和活动场所不足。有的高校校园文化景观建设需要加强，整体的校园文化环境没有达到以文化人、以文育人的作用。有的高校校园文化活动场所不足，文体活动场所数量不够，用于师生文化休闲和学生社团开展活动的场所紧张。有的高校校内的宣传橱窗、标语条幅等体现的文化气息不浓，可观性不够强，展示方式不够柔性，不能很好地满足师生审美及文化展示的要求。

三 河北省社会主义核心价值观融入高校校园文化建设的路径探索

社会主义核心价值观融入高校校园文化建设是一个复杂的、长期的、系统的工程，需要做好全面的、科学的、可持续的规划，需要高校师生全员参与、全过程实施、全方位保障，需要重点做好融入精神文化、制度文化、行为文化、物质文化等方面的建设，进而形成一个系统和谐的有机整体。

（一）融入精神文化建设，体现大学文化的独特性、先进性和创新性

文化是一个国家、一个民族的灵魂。习近平总书记在全国宣传思想工作会议上指出："独特的文化传统，独特的历史命运，独特的基本国情，注定了我们必然要走适合自己特点的发展道路。"这一重要论断，对于我们坚定

不移地走中国特色社会主义文化的发展道路，自觉培育和践行社会主义核心价值观，具有重大而深远的指导意义。

第一，提升精神文化的独特性。首先要深入挖掘学校长期办学过程中积淀的历史文化内涵，理解和把握大学文化的历史逻辑、理论逻辑和实践逻辑，并加以诠释和传承，形成具有鲜明特色的精神文化，形成人们耳熟能详的独特文化标记。其次要讲好学校故事，传播好校园声音，把校史教育纳入教育教学体系，讲清楚学校在艰苦中创业、困境中前行、逆境中崛起、发展中奋进等不同历史阶段所蕴含的精神品质，广泛传播学校办学历史中涌现出来的典型人物和先进事迹，增强师生的认同度、归属感和自豪感。最后要建好用好校史馆，真正使校史馆"活"起来，充分发挥校史馆的育人功能，根据不同的受众群体进行有针对性的教育，真正把校史馆建成爱国、爱校、爱专业、立志成才的教育基地。

第二，提升精神文化的先进性。要以社会主义核心价值观为引领，将中华优秀传统文化、革命文化、社会主义先进文化和大学文化相互融合，使之成为汇聚人心、凝聚力量的先进文化代表。首先要加强党史学习教育，讲深讲透中国共产党团结带领中国人民实现从站起来、富起来到强起来伟大飞跃的光辉历程和伟大建党精神，从党史学习中激发信仰、获得启发、汲取力量，增强和激发师生爱党爱国的深厚情感。其次要充分利用和整合红色资源，通过与周边部队、红色景点共建红色教育基地等方式，将红色文化、革命文化融入学校精神文化建设当中。最后要汲取中华优秀传统文化的丰富营养，通过非物质文化遗产进校园、国粹进校园等活动，促使学校的精神文化能够体现中华文化印记和时代鲜明特征，增强师生对中华优秀传统文化的认同和理解。

第三，提升精神文化的创新性。一方面，大学文化要始终站在时代前沿，不但要经得起各种风浪考验，更要勇于自我更新，坚持守正创新、吐故纳新，推动自身创造性丰富、创新性发展，实现大学精神文化内容和形式的不断创新。另一方面，大学文化要始终反映师生价值追求，要坚持"以人为本"的文化发展观，加强自身的建设与发展，不断满足师生日益增长的精神文化需求。

（二）融入制度文化建设，体现制度文化的系统性、整体性、协同性

习近平总书记在庆祝改革开放40周年大会上指出："制度是关系党和国家事业发展的根本性、全局性、稳定性、长期性问题。"面对高等教育事业发展的新形势新任务，全面深化高等教育领域综合改革、制度建设的分量更重，对改革的系统性、整体性、协同性要求更强。要坚持和完善制度体系建设，推进治理体系和治理能力现代化，把制度优势更好地转化为学校治理效能，为实现大学建设目标提供有力保证。

第一，增强制度文化的系统性。加强大学章程建设和完善，根据高等教育形势、相关法律法规政策以及学校发展实际，依法科学制定并及时修订高校章程，进一步完善学校管理制度，提升治理效能，夯实建立现代大学制度的基础。同时，厘清校内各项重大重要制度的逻辑关系，对校内现有的规章制度进行梳理，系统设计、统筹推进，打好制度建设的"组合拳"，做到各项制度的科学耦合、前后呼应、衔接配套。

第二，增强制度文化的整体性。"不谋全局者，不足以谋一域"，要把准方向、着眼大局，抓住根本，坚持从整体出发、全面考量、一体推进，讲求整体效果。同时，坚持辩证思维，从分析解决主要矛盾入手，认清主次，避免"眉毛胡子一把抓"，防止畸轻畸重、得小失大。

第三，增强制度文化的协同性。制度制定和执行时，要充分征求广大师生和相关部门的意见和建议，促进各项制度在政策取向上相互配合、在实施过程中相互促进、在改革成效上相得益彰。同时，要构建制度从制定到宣讲再到执行的链条式的协调、沟通、会商模式，形成多要素融合、多环节贯通、多领域协同的良好局面，最终实现认识一致、步调一致，协同推进。

（三）融入行为文化建设，体现行为文化的品牌化、菜单化、原创化

习近平总书记在中共中央政治局第十三次集体学习时强调指出："一种价值观要真正发挥作用，必须融入社会生活，让人们在实践中感知它、领悟

它。要注意把我们所提倡的与人们日常生活紧密联系起来,在落细、落小、落实上下功夫。"积极推进大学行为文化建设,开展丰富多彩、喜闻乐见的校园文化活动,有助于社会主义核心价值观"落细""落小""落实"。

第一,推动行为文化的品牌化。要以"突出校园文化特色,繁荣校园文化生活,提升校园文化层次"为目标,在广泛开展主题鲜明、积极向上、参与性强、寓教于乐的校园文体艺术活动的基础上,采用项目化运作机制,努力设计打造一批具有鲜明时代特色的校园文化精品项目。同时,要将社会主义核心价值观教育融入大学生社会实践、志愿服务活动中去,通过社会观察、调查研究、专业实践、志愿服务等形式,培养大学生乐于奉献的社会责任感、勇于探索的创新精神和善于解决问题的实践能力,引导大学生以实际行动践行社会主义核心价值观。

第二,推动行为文化的菜单化。要结合学校情况和师生需求,开展"菜单式"校园文化活动,打造内容更加多元、形式更加多样、时间场地更加灵活的文化、艺术、体育活动,同时根据时代变化不断加以改进和完善,使得师生可以根据各自的需求和兴趣来选择参与不同类型的校园文化活动,有效提升活动的吸引力和广大师生的参与度、获得感。

第三,推动行为文化的原创化。要充分调动广大师生的创作热情和创造潜力,结合学校发展历程、学科专业以及校园先进事迹,创造一批反映校园先进文化的高水平、原创性作品,激发师生共鸣,形成更大的凝聚力、感染力和号召力。同时要鼓励引导广大师生积极参与网络文化作品创作生产,尽可能贴近师生思想、学习、工作和生活实际,扩大网络文化影响力,推进校园网络文化建设,构建网上网下同心圆。

(四)融入物质文化建设,体现物质文化的人文化、智慧化、特色化

马克思、恩格斯认为:"人创造环境,同样,环境创造人。"[1] 大学物质

---

[1] 马克思、恩格斯:《马克思恩格斯选集》第1卷,人民出版社,1995,第92页。

文化成果应是大学精神文化精华的凝结、大学价值观的外显、大学物质文化社会影响力的所在。[①] 在高校校园文化建设过程中，要注重物质文化的建设，要将社会主义核心价值观融入物质文化建设中。

第一，建设人文化校园。大学物质文化建设要体现学校核心价值追求，要精心规划、精心施工、精致管理，使之能够承载大学文化传统，体现时代特色、学校特征，成为影响、激励高校师生的文化形式和文化表征。要办有情怀的大学，必须本着"以师生为本"的宗旨服务好师生，形成良好服务氛围，让师生能感受到温暖和关爱，不断丰富师生精神生活，提升师生的获得感、幸福感和归属感，进而增强学校的凝聚力和感召力。

第二，建设智慧化校园。面向高等教育高质量发展的需要，大学物质文化建设要以新发展理念为引领，以信息化为主导，充分运用智慧、知识、技术，加强智慧校园新型基础设施建设，升级教学设施、科研设施和公共服务设施，积极发挥"泛在物联网"、人工智能、大数据、区块链等现代技术的作用，进一步延伸"互联网+教育"的深度和广度，最终构建智能高效、服务便捷的智慧校园。

第三，建设特色化校园。大学的物质文化建设要注意传承传统，突出个性特色，自然景观、建筑物、人文景观等要统一规划、合理布局、形成风格，要深刻挖掘校园内标志性建筑或景观的建筑理念，使优美的自然景观与内涵丰富的人文景观浑然一体、相映成趣，进一步展现学校的悠久历史和文化气息，凸显学校的内涵特质和办学特色，传递学校的办学理念和教学思想。

参考文献

宋伟：《社会主义核心价值观融入高校校园文化建设研究》，人民日报出版社，2017。

---

① 王国强：《传承与创新：大学文化的整体建构》，《江苏高教》2012年第6期。

教育部思想政治工作司：《培育践行社会主义核心价值观高校案例（第二辑）》，中国书籍出版社，2015。

马克思、恩格斯：《马克思恩格斯选集》第 1 卷，人民出版社，1995。

王国强：《传承与创新：大学文化的整体建构》，《江苏高教》2012 年第 6 期。

河北省加强网络精神文明建设初探

刘书越　冯汉才*

摘　要： 近年来，河北省网络精神文明建设活动扎实有效开展，各地、各单位（高校等）加强网络文明建设的经验、做法丰富多彩，制定网络生态文明公约、压实平台主体责任、启动专项行动、举行丰富多样的网络文化活动等具有接地气、出实招、有效果的特点。未来只要进一步加强党的马克思主义最新成果的理论武装，筑牢网络主流思想理论基础，并采取大力培育以社会主义核心价值观为主导的网络文化新风尚、抓好青少年重点群体管理和推进网络综合治理体系建设等得力措施，就一定能够不断提升全省文明从业者价值观和全社会的网络文明水平，为建设现代化经济强省、美丽河北注入强大网络力量。

关键词： 河北省　网络文明　社会主义核心价值观

党的十八大以来，以习近平同志为核心的党中央高度重视网络文明建设，党的十九届五中全会作出了"加强网络文明建设，发展积极健康的网络文化"[①]的重要部署。网络文明建设作为社会主义精神文明建设的新兴领域和重要内容，对于提高社会文明程度的意义和作用愈发凸显。为了总结河北省这方面的基本成就与经验做法，分析存在的问题，研究下一步的对策，

---

* 刘书越，河北省社会科学院邓小平理论、"三个代表"重要思想和科学发展观研究所研究员；冯汉才，石家庄市网信办互联网舆情信息中心副主任。
① 《中共中央关于制定国民经济和社会发展第十四个五年规划和二〇三五年远景目标的建议》，《人民日报》2020年11月4日，第1版。

笔者经过调研形成本报告,希望有助于推动河北省网络文明建设和社会和谐进步、健康发展。

一 网络精神文明建设取得显著成效

近年来,在中共河北省委,特别是省委宣传部、省网信办等部门的坚强领导、正确指导和统筹管理下,河北省坚持以习近平新时代中国特色社会主义思想为指导,在全社会大力培育和践行社会主义核心价值观,全面推进社会主义核心价值观在互联网领域落地生根、开花结果。同时,全省广大网络从业者,积极响应党的号召,结合自身行业特点,全面开展网络文明建设,积极做好社会主义核心价值观的培育和践行工作,努力巩固互联网领域主旋律高昂、正能量强劲的良好态势,为新时代全面建设经济强省、美丽河北凝聚起强大精神力量。

(一)研究制定出台网络文明相关规定,网络文明规范初步形成

河北省委网信办制定了《河北省网络生态文明公约》,为河北省互联网各类主体自觉遵守网络空间道德行为准则培育积极健康、向上向善的网络文化提供了遵循。并在2020年6月至8月,联合省文明办、省教育厅、省公安厅、团省委在全省组织开展了《河北省网络生态文明公约》网络传播大赛,努力营造全省社会公众参与网络生态治理的浓厚氛围。2021年5月12日,河北省委发布《河北省法治社会建设实施方案(2021~2025年)》,其中第六部分明确提出"依法治理网络空间",要求"培育良好的网络法治意识"[1],要坚持依法治网和以德润网相结合,弘扬时代主旋律和社会正能量。加强和创新互联网内容建设,实施社会主义核心价值观、中华文化新媒体传播等工程。提升网络媒介素养,推动互联网信息服务领域严重失信"黑名单"制度和惩戒机制建设,推动网络诚信制度化建设。坚决依法打击谣言、

---

[1] 《河北省法治社会建设实施方案(2021~2025年)》,《河北日报》2021年5月12日,第1版。

淫秽、暴力、迷信、邪教等违法有害信息在网络空间传播蔓延，建立健全互联网违法和不良信息举报一体化受理处置体系。加强全社会网络法治和网络素养教育，开展网上精神文明创建，深入实施燕赵好网民工程和网络公益工程，引导网民文明上网、理性表达，营造风清气正的网络环境。加强青少年网络安全教育，引导青少年理性上网。此外，2020年，河北省委网信办印发《关于加强网络直播服务工作的通知》（以下简称《通知》），部署开展了网络直播行业专项整治工作。《通知》要求，各平台（包括网站、应用程序）要认真落实《互联网直播服务管理规定》《关于加强网络直播服务管理工作的通知》《网络信息内容生态治理规定》等文件要求，坚持正确导向，大力弘扬社会主义核心价值观，培育积极健康、向上向善的网络文化。

（二）压实平台主体责任，启动多个专项行动，网络生态环境更加清朗

2021年9月15日，国家互联网信息办公室发布《关于进一步压实网站平台信息内容主体责任的意见》（以下简称《意见》），该意见目的在于充分发挥网站平台信息内容管理第一责任人作用，引导推动网站平台准确把握主体责任，明确工作规范，健全管理制度，完善运行规则，切实防范化解各种风险隐患，积极营造清朗网络空间。河北省网信办作为省级网信管理部门，切实履行属地管理责任，紧抓不放，持续加大督导检查力度，跟踪评估工作效果。近年来，河北省网信办先后组织实施了"清朗燕赵净网"网络生态治理专项行动，包含青少年优秀网络文化宣教月活动、暑期未成年人网络环境专项行动。连续多年开展了"践行网上群众路线"典型案例征集评选活动，这些活动标志着在河北省深化网络文明建设方面迈出了坚实步伐。

（三）切实加强组织领导，网络文明建设工作有序推进

2021年12月15日，河北省网络文明建设推进会议在石家庄召开。会议深入学习贯彻习近平总书记关于网络文明建设的重要论述，贯彻落实党的十九届六中全会和省第十次党代会精神，传达学习首届中国网络文明大会精

神，研究部署全省网络文明建设工作。省委书记、省人大常委会主任王东峰对网络文明建设工作作出批示。省委常委、宣传部部长张政出席会议并讲话。王东峰在批示中指出，以习近平同志为核心的党中央高度重视网络文明建设，11月19日，习近平总书记对首届中国网络文明大会致贺信，为我们做好工作指明了前进方向。全省各地各部门要坚持以习近平总书记重要指示精神统一思想行动，深入学习宣传贯彻党的十九届六中全会精神，把网络文明建设作为增强"四个意识"、坚定"四个自信"、做到"两个维护"的实际行动和现实检验，坚决当好首都政治"护城河"。要坚持以开展党史学习教育和"四史"宣传教育为契机，扎实推动习近平新时代中国特色社会主义思想深入人心，培育和践行社会主义核心价值观，唱响中国共产党好、社会主义好、改革开放好、伟大祖国好的时代强音。要坚持发展和治理相统一、网上和网下相融合，落实主体责任、主管责任、监管责任，深化燕赵净网行动，加强网络社会管理，构建文明办网、文明用网、文明上网的工作格局，以时代新风塑造和净化网络空间，为加快建设现代化经济强省、美丽河北营造良好环境，凝聚强大正能量。例如，2018年6月至8月，河北省"扫黄打非"办公室牵头在全省范围内开展网络文学专项整治行动，规范网络文学市场秩序，督促网络文学企业建立完善内容把关制度，建立监管长效机制，强化导向管理，为青少年健康成长营造良好网络环境。专项行动明确提出，"严厉查处传播恶搞红色经典、抹黑革命英雄、解构歪曲历史等网络文学作品的不法分子；坚决下架违背社会主义核心价值观的低俗、庸俗、媚俗网络文学作品"，这无疑是在互联网领域培育社会主义核心价值观的重要举措。2021年12月28日，邯郸市召开网络文明建设推进会，会议强调，各级各部门要深刻认识网络文明建设的重要性，更好地把握上级要求，明确目标任务，解决存在问题，提升工作水平。要实化载体抓手，加强网络空间思想引领，加强网上正面宣传引导，加强网络文明内容建设，推动网络文明建设各项任务落地见效。要压实各方责任，形成党委统一领导、党政齐抓共管、有关部门各负其责、全社会积极参与的良好工作局面，共建网上美好精神家园，为加快建设富强文明美丽的现代化区域中心城市凝聚强大精神力量。

2018年5月18日起，河北省网信办在全省范围内开展为期半月的"河北英雄烈士网络不良信息专项整治行动"，全面清理歪曲、丑化、亵渎、否定英雄烈士的文字、图片、视频、账号等各类违法违规信息，压实网站主体责任，健全完善长效机制，切实将相关法律法规落实到网站日常运行之中。《中华人民共和国英雄烈士保护法》于2018年5月1日正式施行，把弘扬社会主义核心价值观和爱国主义精神、崇尚和捍卫英雄烈士提升到了国家法律的高度，为整治诋毁、歪曲、丑化、亵渎英雄形象的网络信息提供了法律武器。在此背景下，河北省在全省范围内展开本次整治行动，将进一步传承和弘扬英雄烈士精神、爱国主义精神，培育和践行社会主义核心价值观，激发实现中华民族伟大复兴中国梦的强大精神力量。

（四）持续举行丰富多样的网络文化活动，推动健康向上的网络文化繁荣发展

举办网络文化活动是开展网络文明建设、加强互联网领域社会主义核心价值观培育践行的重要方式和主要载体。从近年来河北省实践来看，其举办或开展的网络文化活动主要有以下几类。一是聚集网络"重点人物"，开展模范榜样、先进典型等人物的评选表彰活动。如省委网信办组织开展"燕赵好网民百佳故事"系列活动。河北省委网信办、省教育厅、省总工会、团省委、省妇联、人民银行石家庄中心支行联合主办了2021年"燕赵好网民百佳故事"征集展播活动，并在互联网平台陆续展播"燕赵好网民百佳故事"，广大网民可以共同倾听这100个好网民用正能量点亮网络文明之光、共建网上美好精神家园的故事。省委宣传部组织开展先进典型评选、宣传活动。为深入推进思想道德建设，推动社会主义核心价值观深入人心，河北省近年来广泛开展燕赵楷模、道德模范、最美河北人、身边好人、优秀志愿者等先进典型评选、宣传活动，讲好榜样故事，树立价值导向，在全社会营造见贤思齐、崇德向善的浓厚氛围。河北省开设了"燕赵楷模发布厅"和"最美河北人发布厅"等省级典型发布平台，推出了李保国、塞罕坝机械林场、吕建江、河钢塞钢管理团队、张连印等全国"时代楷模"，选树宣传了保定学院西部支教优秀群体、唐山市滦南县李营村党支部书记李志刚、驻村干部孙国亮、"大校村官"石炳启等燕赵楷模，发布了"最美抗疫先锋""最美科技工作者""最美退役军人"等"最美河北人"380人。省委网信办还主导开展了"中国网事·感动河北"网络人物评选活动，自2013年举行，5年间共推出423位（组）草根英雄，成为践行社会主义核心价值观、传播正能量的重要载体。值得一提的是，"中国网事·感动河北"2017年度网络人物评选活动，由河北省委网信办和新华网共同主办，新华网河北频道、河北地质大学承办，在全社会公开发布他们的先进事迹，旨在通过典型带动作用，推进在全社会培育知荣辱、讲正气、作奉献、促和谐的良好风尚。二是聚集网络重点"网民和自媒体"，开展优秀自媒体、群主的评选活动，发挥其示范引领作用。如省委网信办组织开展优秀自媒体"百佳号"评选活动。自2019年开始，河北省连续成功举办三届自媒体"百佳号"评选活动，为社会主义核心价值观的落地落细进行了新的探索和实践。河北省自媒体"百佳号"评选活动由河北省委网信办主办，河北省网络文化协会、河北广播电视台新媒体中心承办，旨在持续提升河北省自媒体"百佳号"的品牌影响力，引导和激励自媒体自觉传播正能量、放大正效应，营造风清气正的网络舆论生态环境。省委网信办连续多年组织河北省优秀群主推选展示活动。这项活动按照广泛参与、层层推选、公平公正的原则，大力推选各行业各领域优秀微信群主，团结带领广大网民弘扬主旋律、传播正能量，讴歌真善美、促进团结稳定，进一步营造同庆百年华诞、共铸历史伟业的良好网上氛围。参与推选的微信群主应符合心中有党、心中有责、心中有民、心中有戒的标准，分推荐报名、传播竞赛、推选公示、宣传展示等环节，进一步团结引领广大微信群主，紧紧依靠网民、广泛动员网民、积极服务网民，加强网络群组管理，规范网上传播秩序，推动社会主义核心价值观继续发扬光大。三是聚集网络"优秀作品"，开展网络文化精品评选活动。如省委网信办组织开展的河北省"五个十"网络推选活动。该活动由省委网信办主办、河北广播电视台承办，进行了网络投票，并邀请广播电视、新媒体、高等院校的专家学者及相关部门负责人组成了专业评审团，对参赛作品进行了多轮严格、认真的评审，最终推选出"十佳网络正能量传播者""十佳网络正能量评论""十佳网络正能量专题""十佳网络正能量图片""十佳网络正能量微视频"。还策划开展了"网聚正能量·感知新河北"优秀网络短视频创作征集等一系列活动，为推动全省网络文明建设，践行社会主义核心价值观做出了大量的努力和探索。

二 河北网络文明建设的主要经验与做法

面对复杂多变的社会和日益发展的网络技术，河北省认真贯彻党中央国务院的决策部署，在省委省政府的正确领导下，立足现实和发展需要，锐意进取，积极探索，形成了一些既切实管用又可推广的经验做法，为网络文明建设做出了积极探索与贡献。

一是成立网络文化协会，加强团结引导。石家庄市在2013年9月24日建立了河北省首个市级网络文化协会，选举产生了协会第一届理事会理事、会长、副会长、秘书长。协会的主要宗旨是，充分发挥党委、政府和网站、网民之间的桥梁纽带作用，以创新的思维、协作的文化、开放的平台、有效的服务为推动全市网络文化健康发展服务，为政府决策服务。邢台市威县成立自媒体协会，注重发挥协会的服务、协调、管理职能，团结"自媒体"从业人员，大力弘扬社会主义核心价值观，积极营造风清气正的网络环境。

二是建立互联网行业党组织，强化党建工作。为进一步强化互联网行业党建工作，全面提高互联网企业党建工作质量，发挥互联网行业党组织的重要作用，2019年8月9日上午，廊坊市成立了中共廊坊市互联网行业委员会。省委网信办副巡视员崔文武，市委副书记、副市长胡晓军出席大会并揭牌。副市长胡晓军要求，市互联网行业党委要提高思想认识，切实增强做好新时代互联网企业党建工作的政治自觉和使命担当，把党组织的政治活力转化为企业的发展活力，有效增强党的创造力、凝聚力和战斗力。要坚持正确导向，着眼于扩大党组织覆盖面、加强党的建设、增强服务功能等方面，充分发挥互联网行业党组织战斗堡垒作用。要突出政治功能，深入学习贯彻习近平新时代中国特色社会主义思想和党的十九大精神，把改革创新作为加强互联网党建工作的强大动力，着力激发党组织生机活力，扎实提高新时代互联网企业党建工作质量。

三是广泛开展多种形式的网络文化活动。石家庄市委网信办组织市网络文化协会和互联网企业党员及部分网络文明志愿者，在社区开展"文明上网 争做石家庄好网民"志愿服务宣传活动。与此同时，石家庄市委网信办还围绕"争做石家庄好网民"，广泛开展网络文明志愿服务活动，传递文明上网理念，引导广大网民倡导文明新风、净化网络环境，营造更加清朗的网络空间。秦皇岛市网络文化节已经连续举办了九届，成为秦皇岛市最具影响力的网络文化品牌，该活动注意弘扬社会主义核心价值观，特别是在庆祝中华人民共和国成立70周年的第八届网络文化节期间，秦皇岛市互联网信息办公室将紧密结合"我和我的祖国"群众性主题宣传教育活动，组织全市各级各类网站和新媒体平台开展短视频展示、网络征文评选、H5作品大赛、校园短视频大赛、老照片征集、网络人物展播等生动活泼的线上线下系列活动，创作展示积极健康、向上向善的网络文化作品，弘扬社会主义核心价值观，讲述秦皇岛好故事，传播网上正能量。邯郸武安市委宣传部、市委网信办在晋冀鲁豫边区革命纪念馆举办"红色殿堂寻初心，争做时代好网民"万人签名活动。邯郸市委网信办组织网络从业者共植"网络公益林"。2019年3月16日，邯郸市委网信办全体机关干部、市网络文化协会部分成员，河北新闻网、邯郸广电网、邯郸新闻网、中原新闻网负责人、复兴区委网信办人员、网络文明志愿者代表40余人，在复兴区义务植树基地开展春季义务植树活动。定州市网信办组织网络文明志愿者深入社区，开展了一系列的网络文明志愿服务活动，例如志愿者们充分利用展板、条幅和宣传明白纸等工具，向居民发放有关网络安全、防范电信诈骗、争做定州好网民倡议书和防范非法集资内容的宣传品，为前来咨询的居民讲解有关网络安全相关知识和非法集资特点、手段，提醒他们安全上网、文明用网，提高防范非法集资意识。同时，对创建全国文明城市的意义进行宣传，凝聚广大居民共同创城的信心和决心。志愿者们还对照文明城市小区、路段创建标准逐项查找问题，对无序停车、店外经营、乱堆乱放等不文明行为进行劝导，对小区和路段的各种垃圾进行地毯式清理，对沿街商户和小区居民开展创城宣传，用实际行动争当文明创建的传播者、参与者、践行者、维护者。秦皇岛北戴河公安分局到辖区高校开展了以"网络文明进校园"为主题的宣传教育活动，为广大师生送去了一堂生动有趣、意义深刻的网络安全教育课。活动中，民警结合近期网络安全态势，采取礼堂集中学习加多媒体网络在线收看的方式，从文明规范用网、个人信息防泄露、网络违法犯罪预防等角度，用通俗易懂的网络语言向学生们宣讲了有关网络安全法律法规、涉网诈骗预防常识、公民个人信息隐私保护等方面内容，呼吁学生们共同建设健康文明绿色网络环境，维护网络社会秩序。沧州青县县委网信办组织召开2020年网络公益活动推进会，促进各相关单位、网络公益组织深度沟通，使网络公益更好地成为弘扬社会主义核心价值观的重要载体，为促进经济社会和谐发展贡献力量。承德市滦平县网信办组织开展"网络辟谣宣传进农村活动"，通过发放宣传页方式，向村民讲解网络谣言的危害、网络辟谣的意义和方法、举报谣言的途径，认真讲解"如何预防网络诈骗""如何安全地网上购物"等与群众生产生活密切相关的知识，提醒广大群众增强网络安全意识和自我保护意识，目的在于提升群众识谣、辨谣、举报谣言的能力，扩大网络辟谣宣传覆盖面，为构建和谐清朗的网络空间打下良好的群众基础。

四是通过培训、合作等方式强化自媒体管理和引导。保定市结合庆祝建党100周年重要节点，组织开展了属地自媒体业务素养培训会。培训会提出，要坚持以习近平总书记关于网络强国的重要思想为指引，积极弘扬社会主义核心价值观，促进社会公平正义。要做内容上的"把关人"，坚持正确价值取向，不信谣、不传谣，共建清朗网络空间；要做网络时代的"先锋军"，不断提高专业素质，创新运营模式，实现自身发展；要做缔造善美保定的"推动者"，强化行业规范，提升发展贡献度，不断传播保定良好形象。2021年初省会石家庄出现新冠肺炎疫情，在石家庄市委网信办的指导下，石家庄市网络文化协会发挥会员及会员单位的"网络阵地"优势，依托微博、微信公众号等新媒体平台策划原创网络文化作品，定期公布疫情防控情况；聚合新媒体矩阵，采用图片、文字、视频、歌曲、书法、绘画等多种形式，汇聚抗击疫情网络正能量，形成全方位、立体化、多角度传播格局。在石家庄市委网信办和石家庄市网络文化协会的领导、指导下，分会积极践行社会主义核心价值观，弘扬正能量，坚守文明、文化、公益三大宗旨，先后开展了30多项健康有益的活动，凝聚了一大批优秀的网友、文友，影响力持续扩大。

三 当前网络精神文明建设存在的不足

从河北省各地的实际情况来看，尽管全省在加强网络精神文明建设方面做了大量的实践探索，取得了一系列的丰硕成果，但是与党中央建设网络文明的指示要求，与新时代经济社会发展的客观需要相比，还是存在一些不足或亟待发展完善的地方，主要表现在以下方面。

一是全省网络文明建设相关法律法规有待进一步丰富完善。网络世界是现实世界的一部分。加强对网络世界法制化建设，拿起法律这一"武器"，最大限度地消除网络"双刃剑"的负面影响，是增强广大网民、网站经营者法制意识、确保互联网健康发展的保障。尽管国家层面已经先后出台了《网络安全法》《网络信息内容生态治理规定》等法律法规，但是在河北还没有更多覆盖全省的落细和实施的细则、条例，仅靠省委宣传、网信部门已经出台的部分法规作为指导，与现在和未来河北省网络文明建设的实际情况相比，还远远不够。因此，加速推进维护网络安全、防治网络犯罪、规范网络秩序等方面的立法工作，用有形的条文约束网民的言论，规范网络管理，才能使我们的网络更加安全、健康、文明。

二是全省各地市网络文明建设实际情况存在区域不平衡现象。从实际情况来看，主要表现在两个方面：一方面，经济发达城市领先于经济欠发达城市。如石家庄、唐山、秦皇岛等经济实力雄厚、社会发展相对发达的地区，比衡水、邢台、定州等综合经济实力相对偏弱城市的网络文明建设水平更高。另一方面，是地级城市领先于县级城市。一般来说，地级城市往往是一个城市政治、经济、科技、文化、教育的中心，集中了本地区的区位优势、人力优势、技术优势，网络文明建设优势和条件得天独厚，因此网络文明建设的实际也就快人一步，容易出成绩、出效果。而一些县城特别是偏远地区的县城，因为一些原因难以吸引互联网人才和技术，网络文明建设开展还有很大的发展空间。

三是网上文明建设与线下文明建设存在不同程度的不同步现象。推进网络文明建设，需网上网下齐发力。由于线上线下是两个空间，具有不同的发展规律，呈现出较大的不协调性。很多网上的活动只是线下活动的一种展示，缺乏群众参与。比如很多地方的网络文明产品，大多数局限在道德模范评选、"我们的节日"主题活动等，一般是举办一个启动仪式，或者一个表彰仪式，或者在网上发出一个倡议书、撰写一篇评论等，从形式上看还不够生动活泼，缺乏线下更多的群众参与其中。也就是说在网络核心价值观建设探索实践中，还是存在线上线下脱节现象。又比如道德模范选树活动，我们更多的是传统渠道的推送，尽管网络也在投票或推荐，但是仍然局限在上网的网民中，对于那些不上网的网民来说，这样的荐举活动就显得活动参与面不够广，参与群体没有实现全覆盖，很容易出现网上轰轰烈烈、网下冷冷清清的尴尬情况。

四　河北省网络精神文明建设展望

2020年，我国胜利实现了全面建成小康社会的奋斗目标，中华民族历史性地解决了绝对贫困问题。2021年是我国完成"十三五"规划、开始实施"十四五"规划的第一年。如今，我们已经开启了"第二个一百年"奋斗历程，迈入全面建设社会主义现代化强国新征程，河北省也面临着建设现代化经济强省、美丽河北的新任务，建设新时代的网络精神文明需要广大互联网从业人员认清形势，努力学习党的十八大和十九大及十九届历次党代会精神，深入贯彻落实党的十九届六中全会精神，努力开创河北网信新局面，为党的二十大胜利召开营造风清气正的社会氛围和网络环境。

（一）持续开展习近平新时代中国特色社会主义思想宣传教育，筑牢网络主流思想理论基础

2021年11月，党的十九届六中全会通过的《中共中央关于党的百年奋斗重大成就和历史经验的决议》指出："党和人民事业发展需要一代代中国共产党人接续奋斗，必须抓好后继有人这个根本大计。要坚持用习近平新时代中国特色社会主义思想教育人，用党的理想信念凝聚人，用社会主义核心价值观培育人，用中华民族伟大复兴历史使命激励人，培养造就大批堪当时代重任的接班人。"[①] 这是深刻总结我们党百年奋斗经验得出的规律性认识，是以习近平同志为核心的党中央站在历史和全局高度提出的重大战略任务，是实现党和国家事业兴旺发达、长治久安的必然要求。

同年9月14日，中共中央办公厅、国务院办公厅印发了《关于加强网络文明建设的意见》（以下简称《意见》），并发出通知，要求各地区各部门结合实际认真贯彻落实。《意见》指出，要加强网络空间文化培育。以社会主义核心价值观引领网络文化建设，广泛凝聚新闻网站、商业平台等传播合力，把社会主义核心价值观传播到广大网民中，传导到社会各方面。深入开展网上党史学习教育，传播我们党在革命、建设、改革各个历史时期取得的伟大成就，弘扬党和人民在奋斗中形成的伟大精神，旗帜鲜明地反对历史虚无主义。激发中华优秀传统文化活力，打造广大网民喜闻乐见的特色品牌活动和原创精品，推动中华优秀传统文化创造性转化、创新性发展。丰富优质网络文化产品供给，引导网站、公众账号、客户端等平台和广大网民创作生产积极健康、向上向善的网络文化产品，举办丰富多彩的网络文化活动。提升网络公共文化服务水平，推动国家重大文化设施和国有文化资源数字化、

[①] 《中共中央关于党的百年奋斗重大成就和历史经验的决议》，《人民日报》2021年11月17日，第1版。

网络化，提高网络公共文化服务供给的普惠性和便捷性。①

这些重要文件的出台，标志着建设网络文明迈出了更坚实的步伐，为今后在互联网领域建设社会主义核心价值观提供了行动指南和重要遵循，是今后开展网络文明建设活动的重要依据和行动纲领。今后，我们要坚持以习近平新时代中国特色社会主义思想为指导，深入贯彻落实习近平总书记关于网络强国的重要思想和关于精神文明建设的重要论述，聚焦《意见》明确的工作目标和重点任务，坚持正能量是总要求、管得住是硬道理、用得好是真本事，大力弘扬社会主义核心价值观，推动形成适应新时代网络文明建设要求的思想观念、文化风尚、道德追求、行为规范、法治环境、创建机制，实现网上网下文明建设有机融合、互相促进。

可以预见的是，今后一个时期持之以恒做好习近平新时代中国特色社会主义思想进网络工作，充分发挥互联网传播优势，不断提升网上宣传效果，推动理想信念教育常态化制度化，让党的创新理论通过互联网"飞入寻常百姓家"，将是网络文明建设的重中之重。同时，要加快推进各类理论资源数字化、网络化、智能化传播和应用，推动大众化理论传播，打造内容鲜活、形式新颖的理论产品。创新开展网上正面宣传，加强网络传播手段建设和创新，不断提高新闻舆论传播力、引导力、影响力、公信力。围绕做大做强网络阵地，推动媒体融合向纵深发展，建好主流媒体移动传播平台，管好用好商业化、社会化互联网平台，形成网络正能量传播合力。

（二）认真贯彻习近平关于网络强国的重要思想，大力培育以社会主义核心价值观为主导的网络文化新风尚

高度重视、正确看待网络文化的价值观问题，努力用社会主义核心价值观引领网络文化的发展方向，已经成为河北乃至我国文化建设特别是宣传思想工作的一个重大课题。各级宣传、网信部门将切实把社会主义核心价值观

---

① 《中共中央办公厅、国务院办公厅关于加强网络文明建设的意见》，《人民日报》2021年9月15日，第1版。

体现到互联网信息服务和网络文化产品生产全过程，增强广大网民特别是青少年网民对社会主义核心价值观的认同感。一要加强党史、新中国史、改革开放史、社会主义发展史网上宣传，传播我们党在革命、建设、改革各个历史时期取得的伟大成就，旗帜鲜明地反对历史虚无主义等错误倾向。二要加强中华优秀传统文化丰富内涵和时代价值的网上宣传阐释，积极推动优秀传统文化和当代文化精品的数字化、网络化传播。三要丰富优质网络文化产品供给，引导创作积极健康、向上向善的网络文学、网络表演、网络影视剧、网络音视频、网络动漫、网络游戏等文化产品。如今后继续把"五个十"网络推选工作作为一项品牌活动持续开展，按照"四个干"机制，吸引更多的人参与到网络文化创作中来，推出更多、更好的网络文化作品，弘扬社会主义核心价值观，发展社会主义先进文化。四要加强互联网新技术创新运用，提高网络公共文化服务供给的普惠性和便捷性。

（三）切实抓好青少年重点群体管理工作，构建网络行为新秩序

青少年是祖国的未来，事关革命事业接班人。要以完善网络文明规范为依托，在各类文明创建工作中鼓励制定出台有针对性的网络文明准则。以提升青少年网络素养为重点，引导青少年网民形成良好的安全意识、健康的用网习惯、必备的防护技能，采取有效手段防范青少年沉迷网络，坚决打击和制止网络欺凌。以压实平台主体责任为抓手，督促网站平台完善内部管理制度，加强平台社区规则、用户协议建设，健全内容审核机制，提高网络内容从业人员政治素质和业务能力。以强化互联网行业自律为基础，坚持经济效益和社会效益相统一，充分发挥行业组织引导督促作用，通过完善行业公约、开展社会评议等方式，广泛凝聚社会共识和行业力量。

（四）加快推进网络综合治理体系建设，努力营造综合治理新生态

加快建立健全网络综合治理体系，统筹推进系统治理、依法治理、综合治理、源头治理。广泛开展网络文明宣传活动，大力强化网络文明意识，引导广大网民积极投身网络文明建设。进一步规范网上内容生产、信息发布和

传播流程，深入推进公众号分级分类管理，加强中国互联网联合辟谣平台建设，健全全国网络辟谣联动机制。深入推进"清朗""净网"系列专项行动，加大对网络暴力、"饭圈"乱象等网络不文明行为的整治力度，动员广大网民积极参与监督。加快制定修订相关法律法规，加强网络执法统筹协调，创新网络普法方式，增强公民法律意识和法治素养。

河北省优秀期刊价值引领
和社会影响的调查与思考

王少军*

摘　要： 本文在阐述期刊社会功能的基础上，剖析了河北省优秀期刊在价值引领和社会影响方面存在的问题，以"问题"为导向，从出版导向、内部管理、外部环境、管理体制、运营机制等方面对提升河北省优秀期刊价值引领力和社会影响力的路径和措施进行了思考。

关键词： 河北　优秀期刊　价值引领　社会影响

文化关乎国运，文化兴则国家兴，文化强则民族强。[①] 期刊不仅是学术研究交流的重要平台、思想文化传播的重要载体，也是价值理念和社会舆论的重要阵地。因此，服务经济、政治、文化发展，激发创新意识，培植科学精神，是期刊的重要历史使命。

新时代、新梦想、新征程，期刊必须承担起时代赋予的重要使命，以高度的文化自觉，提升文化自信，助推文化强国建设。因而，从理论和实践两个维度深入分析河北省优秀期刊价值引领和社会影响，对落实习近平总书记关于加强河北软实力发展的重要指导精神，建设现代化经济强省、美丽河北具有重要意义。

---

* 王少军，河北省社会科学院邓小平理论、"三个代表"重要思想与科学发展观研究所（精神文明建设研究中心）副研究馆员，研究方向：文化建设。

① 习近平：《决胜全面建成小康社会　夺取新时代中国特色社会主义伟大胜利——在中国共产党第十九次全国代表大会上的报告》，http：//news.cnr.cn/native/gd/20171027/t20171027_524003098.shtml。

165

一 期刊的社会功能

(一)期刊和优秀期刊

1. 期刊

期刊,俗称杂志,是指定期或不定期连续出版成册的刊物,包括周刊、旬刊、半月刊、月刊、季刊、半年刊、年刊等。根据《期刊出版管理规定》(2017年修正本)、《河北省出版管理实施细则》的规定,期刊除必须依法设立,获得国家新闻出版主管部门批准,并持有国内统一连续出版物号,领取期刊出版许可证外,还应该符合以下要求:一是必须有一个稳定的名称,设置相对稳定的栏目;二是连续出版;三是以卷、期或年、季、月为顺序进行编号;四是必须是以纸质媒介为基本载体,以印刷方式复制并装订成册的物态存在。[1]

从期刊内容来看,当前期刊主要有四大类型:一般期刊,主要以刊载知识性或趣味性内容为主,面向普通大众;学术期刊,主要刊载学术论文、研究报告、试验报告等,主要面向专业研究者或学习者;行业期刊,主要登载行业信息或行业发展动态;检索期刊,主要是根据学科或行业进行分类检索、评析,受众较小。因此,本文涉及期刊主要为前三类,对于检索期刊不做专门性分析。

2. 优秀期刊

优秀期刊,主要是新闻出版管理部门或委托机构根据一定标准,如导向功能、科学性、创新性及社会影响,组织专家或相关人员进行评审,选取部分期刊为优秀,以引导期刊健康发展。如当前比较主流的核心期刊评价制

---

[1] 国家新闻出版总署:《期刊出版管理规定》(2017年修正本),2017,https：//view.officeapps.live.com/op/view.aspx？src＝http％3A％2F％2Fwww.nppa.gov.cn％2Fnppa％2Fupload％2Ffiles％2F2021％2F12％2F09％25E6％259C％259F％25E5％2588％258A％25E5％2587％25BA％25E7％2589％2588％25E7％25AE％25A1％25E7％2590％2586％25E8％25A7％2584％25E5％25AE％259A.docx&wdOrigin＝BROWSELINK。

度，北大中文核心、CSSCI、CSCD等。另外，也有基于某种特定需要而进行的地域性、行业性的评选。比如河北省从1991年开始进行的期刊评价，尽管名称不一，如十大优秀期刊、优秀期刊、精品期刊、十佳期刊，还有优秀栏目、优秀文章等，但总体评价目标和导向基本一致，主要是考量期刊的社会影响力。

（二）期刊的社会功能

对于期刊的社会功能，《出版管理条例》（2020年修订版）第三条、《期刊出版管理规定》（2017年修正本）第三条和《关于推动学术期刊繁荣发展的意见》（2021年6月）总体要求中，都作出相应要求。《出版管理条例》（2020年修订版）第三条中指出，出版活动必须"传播和积累有益于提高民族素质、有益于经济发展和社会进步的科学技术和文化知识，弘扬民族优秀文化，促进国际文化交流，丰富和提高人民的精神生活"[①]。《期刊出版管理规定》（2017年修正本）第三条也作出了类似规定，期刊出版必须"坚持正确的舆论导向和出版方向，坚持把社会效益放在首位、社会效益和经济效益相统一的原则，传播和积累有益于提高民族素质、经济发展和社会进步的科学技术和文化知识，弘扬中华民族优秀文化，促进国际文化交流，丰富人民群众的精神文化生活"[②]。《关于推动学术期刊繁荣发展的意见》（2021年6月）总体要求中指出，学术期刊要"坚持高举旗帜、服务大局。坚持马克思主义在意识形态领域的指导地位，深入学习宣传贯彻习近平新时代中国特色社会主义思想，增强'四个意识'，坚定'四个自信'，做到'两个维护'，充分发挥学术期刊独特作用，提高学术期刊围绕中心、服务

---

① 《出版管理条例》（2020年修订版），2020，http://www.gov.cn/gongbao/content/2020/content_5570061.htm。
② 《期刊出版管理规定》（2017年修正本），2017，https://view.officeapps.live.com/op/view.aspx?src=http%3A%2F%2Fwww.nppa.gov.cn%2Fnppa%2Fupload%2Ffiles%2F2021%2F12%2F09%25E6%259C%259F%25E5%2588%258A%25E5%2587%25BA%25E7%2589%2588%25E7%25AE%25A1%25E7%2590%2586%25E8%25A7%2584%25E5%25AE%259A.docx&wdOrigin=BROWSELINK。

大局能力，为社会主义现代化建设提供强大精神动力和智力支持"①。

上述要求，揭示期刊的价值引领、创新培育、文化传承、思想智库、生活娱乐等社会功能。

1. 价值引领

期刊不仅是文化传承、知识传播和科学创新的重要载体，也是意识形态、价值观念、舆论传播的重要阵地，更是坚持文化自觉和自信的平台，在传播进步思想和先进文化、促进社会变革与发展、引领社会前进的方向等方面发挥着重要作用。因此，应坚持正确出版方向，坚持以人民为中心的工作导向，坚持正确的政治导向和唯物辩证思想、科学态度和科学作风的导向，宣传国家的方针、政策和法令以及报道社会和科学技术的新动态、新趋势，讲好中国革命、建设、改革和发展的故事，总结科学创新、理论创新、体制创新的经验，发挥"为国立心、为民立魂"价值引领作用，以社会主义核心价值观统领文化建设，注重用社会主义先进文化、革命文化、中华优秀传统文化培根铸魂，培育社会主义优秀建设者和合格接班人。②

2. 创新培育

创新是民族进步的灵魂。社会的进步离不开文化的创新发展，从社会发展的实践来看，期刊在文化创新方面发挥着重要作用。

期刊不仅是学者、政府、企业和公众了解和掌握国内外理论研究水平与科学技术进步水平的重要信息载体，也是一个普及科学技术知识，推动科学技术和文化交流，深化理论研究的平台。因而，从某种意义上讲，期刊的质量和水平直接代表着理论和科技发展的水平，成为展现一个国家或地区、行业理论研究和科技创新水平的窗口。这也是许多期刊致力于追求所谓影响因子，如索引率、转载率、被引率、下载率的内在原因。

---

① 《中共中央宣传部　教育部　科技部印发〈关于推动学术期刊繁荣发展的意见〉的通知》，2021 年 6 月 23 日，http://www.nppa.gov.cn/nppa/contents/312/76209.shtml。
② 《中共中央关于党的百年奋斗伟大成就和历史经验的决议》，http://finance.sina.com.cn/china/2021-11-16/doc-iktzqtyu7643003.shtml。

3. 文化传承

作为语言和信息的重要媒体，期刊还具有文化传承的重要功能。文化不仅是现实生活的写照，也是历史的沉淀。期刊把历史发展过程累积下来的文化形态，以文字、符号、照片、图表等形式记录和保存下来，原生态地描述人类社会生活的变迁和科学技术的发展，帮助人们了解历史、传承历史、总结历史，使文化传承薪火不断、生生不息。

4. 思想智库

科学研究的成果只是通过逻辑分析、实证研究和科学实验所获得的新认识、新方法、新技术、新发现、新发明和新成果，其想要转化为现实的生产力，需要获得社会的认可。而获得社会认可的前提，则是其必须被社会了解、承认、试验、应用或推广。期刊刊载的论文、研究报告或实验数据，为学者、政府、企事业单位了解和认识最新理论成果或科研成果提供重要平台，成为政府和企事业单位决策、实施的"智库"，为社会发展提供智力支持。

5. 生活娱乐

全面建成小康社会目标实现后，人们衣食住行等简单生理需要基本得到满足，人们期待和向往更加美好的生活，从简单物欲到追求高品质的生活，休闲娱乐等逐步进入普通家庭。一些提供生活技巧和娱乐的期刊悄然进入出版领域，如以汽车、钓鱼、烹饪、服装、百科等为主题的期刊大量涌现即是明证。另外，如《读者》《意林》《小学生必读》《老人世界》等期刊"飞入寻常百姓家"，满足各类读者。这些期刊不仅指导人们更好地享受生活，也以各种形式传递着快乐和精神要求。

总之，服务经济、政治、文化发展，激发创新意识，培植科学精神，提升人民思想道德和科学文化素质，满足人民群众精神需求，既是当前期刊的重要历史使命，也是其践行社会主义核心价值观的重要体现。

二 河北省优秀期刊价值引领和社会影响的现状调查

改革开放以来，伴随着建设社会主义文化强省战略、人才强省战略的实施，河北省文化事业也取得迅猛发展，期刊数量快速增长就是突出表现。在期刊数量快速增长的同时，河北省新闻出版主管部门努力贯彻省委省政府建设经济强省、美丽河北重要发展要求，坚持以人民为中心的新闻出版导向，提升期刊质量。据调查，1991年河北省新闻出版主管部门依据国务院、国家新闻出版主管部门管理规定要求，开始评选河北省优秀期刊，以发挥其价值引领作用，影响和推进全省文化建设发展。经过30多年的发展，优秀期刊的引领作用和社会影响力逐渐凸显，但还存在一定的提升空间。

（一）河北省期刊发展概述

改革开放40多年来，河北省期刊逐渐摆脱"书荒"状态，无论期刊的数量、质量，还是涉及的领域，都呈现快速发展的状态。

1. 期刊数量稳中有降

改革开放40多年来，根据国家统计局统计和华经情报研究院分析数据，河北省期刊种数基本保持稳定，近年来稍有下降，具体如图1所示。

图1　2010～2019年河北省期刊出版种数和总印数统计

资料来源：《2010～2019年河北期刊出版种类和总印数统计图》，2010～2019年河北图书、期刊及报纸的出版种数和总印数统计_地区宏观数据频道 - 华经情报网（huaon.com）。

查阅国家统计局《中国统计年鉴》2020年和2021年"文化和体育"数据，河北省2020年、2021年期刊种数分别为227种、226种。而2022年报刊征订目录中，出版单位在河北省内且公开发行的期刊数量为266种，非邮发期刊为115种，除去重复内容后，总体仍保持在226～235种之间，但是2013年至2020年印刷册数从0.54亿册下降到0.4亿册左右，呈现出种数、印数稳中有降的总体态势。

2. 学术类期刊占比增加

从目前河北省内期刊主办单位和办刊性质来看，以高校学报为代表的学术期刊占比呈现上升态势，逐渐由2005年67种上升到2021年100多种（有些期刊性质确定模糊）。省内公办高校基本都主办有一种或一种以上期刊，连专科院校也不例外，几乎涵盖了目前所有的学科门类，主要集中在哲学、文史、法学、医学、农林、理工、建筑土木和工程技术等方面，涉及当前的主要行业。如河北大学有《河北大学学报》（哲学社会科学版）、《河北大学学报》（自然科学版）、《医学研究与教育》、《日本问题研究》4种，河北师范大学有《河北师范大学学报》（哲学社会科学版）、《河北师范大学学报》（自然科学版）、《河北师范大学学报》（教育科学版）3种等，体现了办学特色和研究方向。另外，一些行业机构也创办了部分比较有行业、专业特色的期刊，如由河北省水利厅主管的河北省水利科学研究院主办的《南水北调水利科技》、由河北省文化和旅游厅主管的河北省文物局主办的《文物春秋》、由中化地质矿山总局主管的中化地质矿山总局地质研究院主办的《化工矿产地质》就是这类期刊的代表，体现了河北的科学研究特色和学科发展方向。

3. 坚持办刊导向，影响扩大

河北省内的一些高校学报及学术期刊，大部分都以坚持"双百"方针，繁荣文化事业，推动科学技术创新作为办刊宗旨。在刊物的栏目设置上也能够紧跟时代步伐，结合社会需求，开辟特色栏目或专题栏目，如《河北师范大学学报》（哲学社会科学版）的"三农"研究专栏，《河北学刊》的"经济学问题新观察""燕赵文化研究"专栏，《河北工程大学学报》（社会科学版）的"思政"专栏等，体现了时代问题所需，反映了最新研究动态。

同时，经过多年的努力，河北省期刊总体质量持续提升，《河北学刊》进入全国"双效"期刊行列。部分期刊的影响因子（如被转载率、被引用率、被检索率和被下载率）获得提升，如《河北大学学报》（哲学社会科学版）、《河北大学学报》（自然科学版）、《河北师范大学学报》（教育科学版）持续保持在北大核心期刊目录中，其他一些期刊虽然没有进入"双效"或"核心"序列，但是其在行业或学科方面都具有典型代表意义，如前面提及的《化工矿产地质》就是行业内唯一代表性期刊。

4. 期刊涵盖领域广泛

从目前河北省期刊办刊内容来看，体现着"百花齐放"的文化发展势态，除大量学术、行业期刊外，一些益智、少儿教育、文艺类期刊不仅保持而且发展稳定。如《思维与智慧》《小小说》《当代人》《大众文艺》《国外文学》《老人世界》《长城》《散文世界》《少儿科学》等，为不同生活个体提供工作、学习的精神食粮，为满足人民群众日益增长的文化生活需要提供了基础平台。

5. 期刊数字化发展迅猛

信息技术、互联网技术和智能终端的成熟与涌现，深刻影响着人们的生活方式，带动着阅读方式的改变。一些期刊不断改进技术，推进期刊数字化改革，满足人们"快速式""碎片式""即时化"阅读需要，期刊数字渐成趋势。

（二）河北省优秀期刊价值引领和社会影响作用明显

为鼓励期刊提升办刊质量，河北省新闻出版主管部门从20世纪90年代开始多次组织"优秀期刊"评选活动。30多年来，先后通过十大优秀期刊、优秀期刊、优秀栏目、优秀文章等系列评选活动，从中遴选出河北省"精品期刊"和河北省"十佳期刊"等，《河北学刊》、《河北大学学报》（哲学社会科学版）、《河北大学学报》（自然科学版）、《河北师范大学学报》（教育科学版）、《老人世界》、《智慧与生活》等多次获此殊荣，成为期刊行业的翘楚。它们通过阐释马克思主义科学理论、党和国家方针政策，传播科学技术，以理论力量、精神力量、道德力量、科学力量来武装人、凝聚人、感召人、培育人，在培育社会主义核心价值观、引导舆论和道德风尚、培育科学创新精神、抵制低俗文化中发挥重要作用。

1. 办刊内容凸显价值引领

《中共中央关于党的百年奋斗伟大成就和历史经验的决议》中指出："党坚持以社会主义核心价值观引领文化建设，注重用社会主义先进文化、革命文化、中华优秀传统文化培根铸魂。"① 期刊作为文化传播的重要载体和媒介，不仅要坚持用社会主义核心价值观引领期刊发展，更要用期刊所涵盖的社会主义核心价值观引领社会、经济和文化发展。

从河北省优秀期刊的办刊内容和办刊栏目来看，大部分社会科学或人文期刊都设置了社会主义核心价值观栏目或编辑入选类似内容。《河北学刊》、《共产党员》（河北省委主办）更是持续刊载了宣传和践行社会主义核心价值观的文章。从CNKI数据库搜索，可以查阅到以"社会主义核心价值观"为核心词的文章多篇，如《河北学刊》2013年、2014年先后刊登了《社会主义核心价值观、善行河北建设与人才培养》《培育和践行社会主义核心价值观的河北路径——基于"善行河北"主题道德实践活动的探索》《以社会主义核心价值观提升河北农民的道德素质》，《共产党员》2015年第20期、2016年第18期刊登的《践行社会主义核心价值观是"善行河北"之本》《社会主义核心价值观的渊源及本质》，《河北大学学报》（哲学社会科学版）2021年刊登的《用中华优秀传统家风家训涵养新时代青年价值观》等文章不仅阐述了社会主义核心价值观的来源与本质，而且从不同角度提出了培育和践行社会主义核心价值观的路径方法，引领着河北省思想道德建设、美丽河北的推进。

2. 办刊宗旨彰显政治方向

当前，我国正处于百年未有之大变局，各种社会风险和潜在危机都深刻

---

① 《中共中央关于党的百年奋斗伟大成就和历史经验的决议》，中华人民共和国中央人民政府网，http://www.gov.cn/zhengce/2021-11/16/content_5651269.htm。

影响着中国特色社会主义发展。坚持正确政治导向,不仅是哲学社会科学的责任,也是整个社会的责任。作为文化和意识形态传播的物质形态,期刊必须坚持正确的办刊宗旨,坚持中国特色社会主义发展方向,紧扣时代脉搏,引领社会发展。

从河北省优秀期刊的办刊宗旨来看,坚持马克思主义指导地位,坚持"四个意识"、坚定"四个自信"体现在所有刊物的办刊宗旨中。如《河北学刊》以"追踪学术前沿、力推科研精品、打造全国名刊"为办刊宗旨,形成了关注国内外最新社会科学理论热点和重大学术问题的办刊特色;《河北师范大学学报》(教育科学版)明确提出"坚持正确政治方向和办刊宗旨"等,始终坚持社会主义期刊"为人民服务、为社会主义服务"的方向。同时,这些期刊从内容选取上也确实坚持了这一方向,承担着服务经济社会发展,激发创新意识,培育科学精神的重要使命。

3. 注重社会效益,引导社会舆论方向

期刊是社会舆论的传播载体,也是意识形态工作的重要阵地。河北省优秀期刊在坚守学术准则的同时,紧扣时代发展,做好舆情传播工作,主动承担其"为国立心、为民立魂"的使命,坚持马克思主义在意识形态领域的指导,用马克思主义的立场、观点、方法来分析和解决问题。

从优秀期刊的一些代表栏目和文章来看,无论社会科学期刊还是自然科学期刊都始终坚持这一要求,牢牢守住意识形态工作的阵地。不仅社会科学期刊中开设马克思主义理论、思想政治教育的专题栏目,自然科学期刊中也出现了技术服务人民的文章,《化工矿产地质》2021年第3期目录显示的14篇文章中,专题研究生态环境的占2篇,涉及文化建设和协调发展的各1篇。《河北农业大学报》(社会科学版)2021年第5期刊载了《网络意识形态治理的四维向度研究》一文,这表明生态环境问题、协调发展的新理念、网络意识形态工作成为整个社会关注的问题,这些学术研究成果为营造和培育风清气正的社会舆论环境、引导舆论发展方向起到了积极作用。

4. 紧扣时代发展,引领河北科研创新

从目前采集的这些期刊的主要栏目和优秀文章来看,多集中在京津冀协同发展、燕赵传统文化、南水北调、"三农"问题、社会主义核心价值观的宣传与培育等热点问题上，凸显了河北当前的重点工作和发展方向，不仅折射了河北经济社会生活的深刻变迁，更是引领和指导着河北经济社会各领域的创新性发展和变革性实践，体现了河北理论创新和科学研究的水平和特色。例如《河北学刊》以其浓烈的学术特色，跻身全国"双效"期刊，至今已保持其全国核心期刊地位30年，成为河北省唯一的"双核心"；《化工矿产地质》成为国内化工系统唯一的地学期刊；河北大学以宋史研究而盛名于历史学界，河北师范大学马克思主义理论学科成为华北地区的标志，河北工业大学京津冀一体化研究为雄安新区建设提供了理论依据；另外，还有《邯郸学院学报》的"赵文化研究"专栏、《老人世界》的"晚霞生辉"、《邢台学院学报》的"邢台探索"、《衡水学院学报》的"董仲舒与儒学研究"等充满浓郁行业、地域和学科特色的栏目。

2021年《河北学刊》、《河北师范大学》（哲学社会科学版）、《河北大学学报》（哲学社会科学版）、《河北经贸大学学报》等开设了"庆祝中国共产党成立100周年"专题栏目，发挥本刊特色，从不同角度热情讴歌党百年奋斗的伟大成就，总结党百年奋斗的历史经验，阐释、宣传伟大的建党精神和理论成果。《河北农业大学学报》（社会科学版）则以"全面乡村振兴"为主题开设专栏。这些期刊和专栏紧扣当时社会宣传、教育和社会发展主线开展学术研究，以河北学科优势和特色，引领河北科学研究和理论创新发展。

5. 引领道德风尚，抵制低俗文化

2011年以来河北省评选的优秀期刊中，相对比较稳定的有《河北学刊》、《河北大学学报》（哲学社会科学版）、《河北大学学报》（自然科学版）、《河北师范大学学报》（教育科学版）、《河北医药》、《南水北调与水利科技》、《共产党员》、《智慧与生活》、《河北法学》等。从河北省优秀期刊办刊导向和领域指向来看，涵盖河北省经济社会发展的相关领域、行业和学科，涉及社会生活的各个层面，能够满足各类人群的精神文化需求。

河北一些文艺、生活气息比较浓烈的期刊，如《长城》《散文世界》

《杂文月刊》《唐山文学》《诗选刊》等,给人民群众带来"诗和远方"的精神憧憬,培育人们追求高尚的社会理想。

以社会主义核心价值观为统领的这些期刊及其所刊载的内容,自觉抵制低俗文化、历史虚无主义等不良文化风气和社会风尚,以科学的精神、正确的价值、高尚的道德引导人民群众的社会风尚,以燕赵创新精神、家风家训传承,培育现代社会风尚,推动了美丽河北建设和发展。

6. 助力文化建设,服务文化强国

进入新时代,党和国家高度重视社会主义文化建设,从为实现中华民族伟大复兴的中国梦提供思想保证、精神力量、价值支撑的战略高度,提出了坚定文化自信、加快建设社会主义文化强国等战略设计。党的十九届五中全会则进一步把文化强国纳入"到2035年基本实现社会主义现代化远景目标"①。

期刊是文化传播、文化教育、文化繁荣的重要载体。河北省优秀期刊及创新发展对改变河北省文化生态、催生新兴文化业态、变革文化生产方式、繁荣文化市场起到重要作用,为铸牢中华民族共同体意识、构建中华民族精神家园、实现中华民族伟大复兴提供了价值引领、思想保证、精神动力和智力支持,成为推进文化强国战略目标实现的重要力量。

(三)河北省优秀期刊价值引领和社会影响的障碍因素分析

河北省优秀期刊持续发挥着价值引领、社会积极影响的作用,受科学技术发展、文化产业化发展以及学术评价指标体系等因素的影响,期刊质量、特色影响着期刊价值引领与社会影响作用的发挥。具体而言,主要与下列因素相关。

1. 现代媒体技术冲击纸质媒体的发展

近年来,基于互联网技术、信息技术和智能技术的发展,信息数字化、

---

① 《中华人民共和国国民经济和社会发展第十四个五年规划和2035年远景目标纲要》,中华人民共和国中央人民政府网,http://www.gov.cn/xinwen/2021-03/13/content_5592681.htm。

媒介数字化深刻改变着人们生活方式和阅读方式,"读屏"逐渐取代"读书",人们逐渐从纸媒时代的深思式"深阅读"转向碎片式"浅阅读""快阅读",而期刊受传播介质和载体的限制,难以适应当前读者阅读方式的改变和即时阅读的需要。

据有关统计,期刊订阅量急速下降,除图书馆、高校、专业研究院所和一些机关企事业单位等,许多单位和个人放弃了期刊的订阅。在这一境况下,期刊征订的主力军主要集中在"老、少"这两个人群,如《小学生必读》《老人世界》《快乐作文》等占据河北近几年个人征订到户数的前三名,期刊订阅量和发行量呈现下降的趋势,河北期刊总印数从2010年的0.5亿册下降至2020年的0.4亿册。

2. 期刊的商业化冲击优秀期刊运营

随着文化产业市场化改革的推进,期刊商品属性逐渐显现和被社会认可,商业化、产业化逐渐取代公益性,给期刊,特别是学术或专业期刊发展带来深刻影响。

从河北省期刊运营管理的实际来看,期刊整体上经营水平不高,多数处于亏损状态,主要依赖主办单位的经费支持。而对于大多数主办单位而言,期刊并非其主要业务,往往处于从属地位。因为经费问题,部分期刊日常维持已经难以为继,遑论持续发展。一些大学学报减少出版数量来维系,通常是以双月刊、季刊形式出现。在当前论文发展刚需的现实境况下,成果发表周期拉长,成果展示滞后,先进思想理论与科技发展引领作用弱化。

3. 过度强化"贴近"、"实用"和"服务",期刊特色弱化

基于上述技术更新和运营模式带来的期刊发展困境,许多期刊不得不通过版权"让渡"或版面"寻租"方式来解决资金问题。因此,一些期刊以"贴近"、"实用"和"服务"为由,把一些与期刊办刊特色、办刊内容并不相符的内容编辑入刊,期刊综合性、同质化趋势明显,学术特色、专业优势弱化,其行业地位、社会影响也随之减弱。河北部分期刊从核心降级为普刊,与之不无关系。

4. 编辑队伍参差不齐，影响期刊的发展

据调查所知，河北省内期刊编辑部在单位中大多属于从属地位。编辑队伍的不稳定，使其专业素质、能力受到影响。如有些高校学报编辑主要是一些教师或行政人员兼任，编辑只是其工作的一小部分。不仅如此，受编制管理的限制，编辑人数相对较少。面对日益繁杂的审稿任务，只能委托第三方来进行，只是简单负责版面排列、文字校正，对稿件学术水平、学术地位的评价缺失，甚至出现因功利驱动导致的学术不端行为。之前科技部通报的某教授把落选稿件修改后发表的事件，恐怕不是个案。

综上所述，河北省优秀期刊虽然在社会生活中发挥价值引领、思想凝聚、方向引导、智力支持的重要作用，但也存在着一些问题。当然，这些问题并非完全是由期刊本身造成的，主要是当前学术生态、社会管理机制等多种因素综合导致的。因此，对优秀期刊发展中存在的这些问题，不能简单苛责期刊，而是要积极探索解决问题的路径与措施。

三 提升河北省优秀期刊价值引领力和社会影响力的思考

既然影响优秀期刊价值引领力和社会影响力的因素来自现实复杂的社会生活，那么，解决问题的方法就要从产生问题的现实环境中去寻找。

（一）遵循国家法规，坚持正确办刊导向

1. 建章立制，建立健全期刊出版管理相关规定

要提升河北省优秀期刊的价值引领力、思想凝聚力和智力支持力，不能仅依靠期刊的自觉，必须建章立制，规范管理、科学管理，从制度上加以引导和规范。如果监管不到位或监管缺位，一些期刊就有可能见利忘义，为了经济利益铤而走险。因此，必须建立健全法律监管体系，从期刊出版导向、出版内容、运营方式、拓展领域等加以规范和监督，保证期刊编辑部按照党和国家的要求办好期刊。

2. 坚持正确办刊导向

期刊不仅是知识传播、技术创新和学术交流的平台，也是社会价值观念、舆论传播的平台，更是意识形态工作的前沿阵地。因此，期刊不仅要坚持办刊的学术宗旨，还要坚持正确政治导向。必须遵守《出版管理条例》和《期刊出版管理办法》等法律法规，坚持以习近平新时代中国特色社会主义思想为引领，坚持马克思主义的指导地位，坚持以人民为中心的发展导向和以社会主义核心价值观统领文化建设要求，传承红色历史基因，培育社会主义共同理想，引导正确的舆论方向。对不能遵守国家法律法规和坚持正确办刊导向的行为，要严肃处理，依法勒令其限期整改或取缔。

3. 保护期刊作者版权

从当前来看，成果一旦发表，作者除拥有署名权外，其他版权均被期刊打包转让给大型数据库运营者来获利。而作者想要浏览或使用，也需要付费。中南财经政法大学退休教授、经济史学家赵德馨维权案就足以证明这一点。这个现象现在已经成为普遍的现实和深层问题，亟待国家出台相关规章制度，保护学者的基本权利。

（二）鼓励创新，提升期刊质量

1. 明确办刊理念

期刊要有明确的办刊理念，要深刻思考"办什么刊""办刊为谁"，只有明确办刊的价值取向、服务对象，才能有明确的办刊定位，才能办好"有思想"的刊物，才能真正培育刊物的特色，服务真正的读者。在具体实施中，要摒弃没有明确行业或学科定位、没有明确服务对象、没有内容指向的办刊理念。

2. 强化编辑职业素养

建立和培养一支学术道德优秀、职业素养水平高的编辑队伍，是提升期刊质量的关键。因此，必须严格编辑人员的选聘制度，把业务精、专业强的人员纳入编辑队伍中，并且不断强化编辑人员职业道德，不断加强职业教育培训；同时，重视对编辑人员的人文关怀，提高编辑人员的待遇，改善其工作条件，可根据工作性质试行弹性工作制。

3. 严把选稿用稿质量关

期刊的质量取决于稿件的质量，即选用发表成果的质量。稿件质量是期刊质量的基础。从实践来看，国际国内顶级权威期刊，均长期坚持严格的选用稿件的标准，所发表的成果，均是顶级的原创性、前沿性成果。因此，期刊在选用稿件时要注重稿件质量，注重成果的思想性、学术性、创新性，建构严格的选用稿件流程，推行专家外评、盲审制度等，减少人为设置的非学术因素的影响，尽量避免把一些人情稿，甚至"水稿"编辑入选，影响期刊质量，降低期刊的社会影响力。

（三）推进技术革命，拓展期刊传播新渠道

随着互联网、信息技术和智能终端的普及，信息传播方式给期刊等传统传播媒体带来巨大挑战。因而，期刊必须关注社会传播技术发展和读者需求，适应当前媒体融合发展的趋势。

1. 建立学术期刊网站，为用户提供数字网络服务

从目前来看，期刊主要与中国知网、万方、维普等大型数据库平台合作，较少有建立自身的独立平台或网站，这限制了自身信息传播和影响力的发挥。因此，依托互联网、信息技术，发挥其传播优势，建立自己独立的网站，成为期刊发展的重要选择。一方面，可以在网络上发布期刊信息，另一方面，随着技术的成熟，可以直接给读者提供浏览或下载服务，减少大型数据库运营者的高价垄断，也可以为期刊发展提供经济补偿。

2. 借助智能终端构建微媒体，实现移动阅读

除了网站建设，期刊可通过手机、平板、kindle等移动终端向用户提供推送服务，如导读、介绍、评论及全文下载等，以适应当前读者快速阅读和移动阅读的要求。

3. 搭建"采、编、发"在线一体化平台

在传统纸媒时代，纸质期刊的出版须经过采编、组稿、审稿、编校、出

版等程序，再加上外审环节，作者从投稿到见刊需要较长时间，甚至超过1年的周期。不仅如此，还可能会因为邮递原因出现稿件遗失现象。依托数字传媒和网站建设搭建"采、编、发"在线一体化平台，既可以缩短成果发表的等待期，也提高了成果的安全性。

（四）统筹兼顾，为期刊发展"解绳松绑"

当前，期刊发展受各种外部因素的限制，建议新闻出版主管部门根据期刊类型和行业实际，制定合理的标准，为期刊发展"解绳松绑"，营造良好外部环境。

1. 根据学科和期刊类型规定"查重率"

规定学术成果的"查重率"或复制比，其初衷是好的。但是在具体实施过程中，忽略了学科差异，"一刀切"式执行，限制了部分社会科学期刊稿件质量。

众所周知，历史学、语言学、文献学、政治学、法学、党史党建等人文社会科学学科，在论证时不可避免地要引用文献，甚至要大量引用文献，但是现行学术不端检测标准是以字符来衡量的。如我们有些文件或讲话，题目很长，有的甚至超过20个字，有时为了规避复制比，不得不牺牲语言流畅性，尽管在逻辑上讲得通，但失去了语言的优美和魅力。这也是当前人文社会科学特别是基础性学科，大家不愿意研究的一个重要原因。因此，建议根据学科和专业实际来规定检测标准。

2. 建立科学的期刊管理评价机制

当前，期刊的管理评价仍然处于宣传、文化等部门的多头管理中，多维评价，这固然是保证正确办刊方向、发挥其价值引领作用的需要。但是这种多头管理、多维评价，往往使得期刊无所适从。因此，要通过体制、机制创新，鼓励期刊版式多样化、话语表达方式多样化、内容特色化，既要保证期刊的"思想深度"，也要坚守期刊学术、行业特色，展示其"温度"，让读者"可读""爱读"。

3. 鼓励多元投资，支持期刊发展

从目前期刊运营情况来看，大多数期刊都是由主办单位投资，保障其基本运营。而投资一般为党政机关、高校或研究机构及文化企业。部分期刊因经费紧张不得不牺牲学术质量而转让版面，并交由第三方代为经营。一方面给学者尤其是青年学者带来经济困扰，另一方面容易出现内部人控制的"寻租"现象。建议制定相应政策，鼓励社会力量投资期刊，培育多元化投资主体，本着"谁投资、谁受益"，可以适当插入广告等营利性内容，以解决期刊运营经费问题，降低学者的发表成本，鼓励学术创新和成果发表。

（五）深化期刊管理制度改革，推进"进出"自由制度

我国期刊管理实行申报审批注册制度，流程较长、程序复杂，不利于学术研究机构如研究院所、高等院校学术交流。建议鼓励研究院所、高校依据学科优势创办期刊，打造学术交流载体和窗口，减少审批程序和单位级别限制，依据相应法律法规，"自由进入""自由退出"，以支持特色学科建设，培育特色期刊优势。

（六）深化期刊运营模式改革，鼓励期刊之间有序竞争

在市场经济条件下，有序竞争是激励主体自觉提升水平的动力。许多期刊都是有法人单位投资兴办管理，为单位的辅助机构。其运营效果仅仅是对单位负责。建议鼓励期刊独立运营，引入市场竞争机制，培育打造人民群众喜闻乐见，弘扬社会正能量，展示理论创新、科技创新的文化品牌。

新时代，新目标，新征程。期刊应不断深化改革，守正创新，适应时代发展之需，回应时代发展之问，引领社会发展潮流。

参考文献

习近平：《决胜全面建成小康社会　夺取新时代中国特色社会主义伟大胜利——在

中国共产党第十九次全国代表大会上的报告》，http：//news. cnr. cn/native/gd/20171027/t20171027_ 524003098. shtml。

《中华人民共和国国民经济和社会发展第十四个五年规划和2035年远景目标纲要》，中华人民共和国中央人民政府网，http：//www. gov. cn/xinwen/2021 - 03/13/content_ 5592681. htm。

《中共中央关于党的百年奋斗伟大成就和历史经验的决议》，中华人民共和国中央人民政府网，http：//www. gov. cn/zhengce/2021 - 11/16/content_ 5651269. htm。

国家统计局：《中国统计年鉴》，http：//www. stats. gov. cn/tjsj/ndsj/。

《2010～2019年河北期刊出版种类和总印数统计图》，2010～2019年河北图书、期刊及报纸的出版种数和总印数统计_ 地区宏观数据频道 - 华经情报网（huaon. com）。

文明风尚篇
Civilized Custom Reports

河北省推进诚信建设的实践发展与路径选择

李 娜　丁雪静*

摘　要： 诚信建设是培育和践行社会主义核心价值观的重要内容。近年来，河北省认真贯彻党中央国务院决策部署，弘扬诚信理念，推动信用建设，开展专项整治，在全省范围内对诚信建设进行了有效的实践探索，诚信建设取得了积极进展。但同时河北省诚信建设也面临着一些问题，如商业、个人与之不相配的诚信滑坡等问题，针对这些问题提出河北省推进诚信建设的路径选择。

关键词： 河北省　诚信建设　实践发展　路径选择

---

* 李娜，河北省社会科学院邓小平理论、"三个代表"重要思想和科学发展观研究所（精神文明建设研究中心）副所长，助理研究员，主要研究方向：行政管理、社会治理；丁雪静，石家庄市教育局，主要研究方向：行政管理、现代教育。

十八大以来河北省进入新的发展阶段，积极弘扬和践行社会主义核心价值观，在全省范围内对诚信建设进行了有效的实践探索，但仍存在一些诚信缺失问题。传承中华民族的诚信美德，构建中国特色社会主义诚信文化生态，维护社会和谐、安定的运行秩序，在全社会形成良好的诚信风气就显得尤为重要和迫切。河北省全面贯彻新发展理念，积极构建新发展格局，全力推动高质量发展，从大力培育诚信理念、营造诚信文化氛围等方面，为实现建设经济强省、美丽河北总目标提出推进诚信建设的路径选择。

一 推进诚信建设的重大意义

（一）诚信建设是培育和践行社会主义核心价值观的重要内容

中国特色社会主义诚信建设丰富和扩展了诚信的时代内涵，诚信不仅是一项基本的道德规范和法律原则，还是社会主义核心价值观的主要内容。诚信建设的归旨是培育社会成员遵纪守法、讲求信用、明礼诚信、和谐相处的诚信品质，进而实现全体社会成员自由而全面的发展。诚信是中华民族的传统美德，商鞅通过"立木取信"来推开著名的"商鞅变法"；管仲提出"诚信者，天下之结也"；墨子说，"言必行、行必果，使信之合，犹合符节也，无言而不行也"。充盈的物质基础、美好的生态环境、完善的基础设施、先进的信息科技、山清水秀的政治生态、公平公正的社会环境、多元多样的参与方式、真诚友善的人际关系，无不需要更高水平的诚信建设，无不需要全社会更强的诚信意识、诚信精神。诚信作为一种无形的力量，始终呼唤着人们为善的自觉和行善的意志，但外界环境的反向诱惑，无时无刻不在影响着人们，思想交锋更加频繁，价值观念多元多变更加凸显，道德诚信出现滑坡现象，社会诚信风气逐渐低落，人与人之间、人与社会之间的关系出现紧张、对立情绪，人情冷漠、好坏不分、黑白颠倒，诚信危机愈演愈烈。社会的思想道德状况和社会风气如何，直接影响着精神文明建设的优劣，而诚信建设又是思想道德建设和社会风气改善的重要突破口。在加强精神文明建设的过程中，提高对诚信建设重要意识的认识，坚持不懈地抓好诚信建设，才能够不断提高广大公民的思想道德素质，形成良好的社会风气。面对那渴望诚信的声声呐喊和屡屡失信的可憎面孔，重塑社会诚信不仅是培育和践行社会主义核心价值观的必然选择，也是提升全民族思想道德水平的迫切要求。

（二）诚信建设是社会主义市场经济存在和健康发展的基础

"人无信不立""一言九鼎""不轻然诺""一言既出，驷马难追"，许多有关诚信的成语流传至今。诚信不仅是市场经济有序运行的基本法则，也是市场主体理性意识的具体表现。在产品生产领域，牵涉假冒伪劣商品的大案要案层出不穷，如让人不寒而栗的"瘦肉精""地沟油""毒奶粉""染色馒头""黑心棉""毒大米"等事件，尤其是关系国计民生的食品安全已经成为社会关注的焦点；在商品流通领域，恶意欠款、三角债务、违约失信等现象此起彼伏，侵蚀了市场经济良性运转的生态环境；在消费领域，价格欺诈、虚假宣传、促销陷阱等商业欺骗行为防不胜防，已经严重破坏了等价交换和互利互惠的市场经济原则。另外，电子商务领域中网络水军的误导、钓鱼网站的欺诈和盗版侵权商品的泛滥等，导致这一新兴商业模式出现新的困境。可以说，经济领域的诚信缺失犹如瘟疫一般，从一个行业蔓延至另一个行业，从一个领域扩散到另一个领域，不仅荼毒着人们的精神家园，还严重阻碍着社会主义市场经济健康、有序发展。舌尖上的安全屡屡失守、假冒伪劣频频曝光、面对跌倒老人不敢扶起等，经济社会转型过程中的道德缺失、诚信缺失现象引起社会广泛关注和焦虑，会严重阻碍社会主义市场经济的完善。建立社会征信体系，形成联合惩戒机制，建立诚信红黑榜发布制度，营造诚信光荣、失信可耻的社会氛围，制度的威力必将促使人人都能守住诚信底线、敬畏法律高压线，"诚信中国"也将因此真正落到实处。市场经济作为一种优化资源配置的经济形式，要充分发挥其资源配置作用，必须依靠市场参与者的"诚实守信"，使诚信者获得的收益大于失信者付出的成本，使诚信者处处方便、失信者事事受阻。诚信建设是发展市场经济的基础行为规范，需要将规范内化，形成一种自然而然的行为规则，在社会主义市场经济中得到发扬。加强社会主义诚信建设,需要营造一种"遵法守约、讲求信用"的市场运行氛围,在经济利益最大化的引诱面前,保持诚信原则,遵守交易规则。

(三)诚信建设是加强和创新社会治理的重要举措

诚信建设是一项系统工程,加强和创新社会治理视域下的诚信建设需要综合治理,也只有在综合治理中,诚信建设才会有较大的成效。把社会诚信问题纳入道德领域专项教育和治理是不够的,还必须纳入政府保障和提高民生质量的社会管理中。回顾我国社会信用体系建设的推进过程,如何解决各领域之间相互掣肘的问题,整合不同部门间的信息,始终是焦点所在。要把诚信建设作为分内职责,采取得力措施,完善相关机制,切实抓好各项任务落实。诚信是民主法治、公平正义的必要保障。民主法治只有建立在诚信的基础上,社会成员才能讲真话、讲实话,才能将"法律至上"的原则和精神贯彻到社会生活的方方面面,自觉承担义务和责任,真正享受到民主权利。"公平正义"是社会主义和谐社会的基本价值追求,但社会的公平正义必须依靠社会诚信来实现,言而无信、弄虚作假、尔虞我诈是不会缔造出"公平正义"的。离开了诚信,社会就会没有秩序,没有秩序,社会便无法健康运行;离开了诚信,和谐社会的其他构成要素都将是一句空洞的口号,构建和谐社会的美好愿望也就难以实现。加强和创新社会治理视角下的诚信建设要以政府诚信为先导、企业诚信为重点、个人诚信为基础,多方合力、综合治理。这是刚性约束和规范人的诚信行为的根本保障,不但使中华民族美德代代相传,而且将赋予其新的时代内涵。

二 河北省推进诚信建设的实践情况

河北省将诚信建设作为筑牢社会道德地基的重要载体,扎扎实实地抓好各项工作的落实,诚信建设工作取得了良好的进展。

（一）以社会信用体系建设为根本，筑牢诚信建设基石

近年来，河北省深入贯彻落实党中央、国务院和省委、省政府关于社会信用体系建设的决策部署，作出了一系列的举措和重要部署。2021年以来，河北省政务服务系统聚焦重点、精准发力，全省社会信用体系建设工作取得了良好成效。

首先，社会信用体系建设顶层设计更加清晰。先后组织出台《河北省企业信用分级分类监管实施方案》《河北省政务诚信评价办法（试行）》《河北省信用服务机构监督管理办法（试行）》等13个文件，进一步减轻企业负担，提升政府公信力，营造良好的招商引资环境，为其他省市提供了经验，取得了较好效果。特别是在全国第一个出台《关于进一步提升全省信用状况的行动方案》，开展城市信用监测状况提升专项行动，有效提升了省内各市信用水平，助力改善河北省营商环境。

其次，社会信用体系建设基础不断夯实。建设运行全国首个涵盖省、市、县、乡、村五级的一体化信用平台，荣获国家发展改革委颁发的"特色平台网站"荣誉，在国内具有示范意义。制定涵盖省、市、县、乡、村五级的《全省一体化信用信息资源目录（2021版）》，明确22个大类信用数据、10141个目录项，为跨部门、跨地区信用信息归集共享、业务协同以及信息资源整合奠定基础。信用信息归集量快速攀升，从2020年底的14.2亿条增至2021年的22.5亿条，累计向国家共享1.4亿条，居全国第13名。在2021年第二季度"双公示"评估工作中，居全国第10名，进步幅度居全国第3名。2021年，研究起草《河北省政务诚信评价办法（试行）》，完善政务诚信监督体系和管理制度，促进政务诚信建设。按照国家要求开展公务员录用、调任人选社会信用记录查询工作。截至目前，累计进行信用查询27批次、51944人次。

再次，贯穿市场主体全生命周期的信用工作体系初步建立。全国第一个出台《关于加快推进社会信用体系建设 构建以信用为基础的新型监管机制的实施意见》，以加强信用监管为着力点，进一步激发了市场主体活力，

有效助推河北省经济社会高质量发展。制定《河北省政务服务承诺制改革实施方案》，减轻市场主体负担。建立全省通用的企业信用风险评价模型和分级标准，完成221万家企业信用分级分类评价工作，为政府部门对企业实施靶向监管、重点监管和差异化监管提供参考依据。推进失信被执行人惩戒，通过河北省联合奖惩系统，实现对失信被执行人信用信息查询。截至目前，失信被执行人联合惩戒查询接口累计调用1003万余次。梳理拖欠农民工工资领域的失信惩戒措施，形成《河北省拖欠农民工工资领域失信惩戒措施—事项清单》。

最后，多样化、便民化、常态化信用应用日益丰富。全国信易贷示范平台（河北省站）累计实现成功授信1608笔，授信金额283.29亿元，有效缓解了企业融资难题；推动了信用便民惠企，大力推广"信易贷"，为企业成功授信1826笔，授信金额299.93亿元。全省信用贷款余额6800.62亿元，较2021年初增加1775.64亿元，增速达35.34%，有效缓解了企业融资难题。各设区市、县级市城市信用监测排名稳步提升，信用工作在助力全省深化"放管服"改革、持续优化营商环境中发挥了积极作用。石家庄在省会以上城市序列中从第22名上升至第17名，7个地级市、19个县级市进入各序列全国前50%。邢台市获评全国第三批"社会信用体系建设示范区"，实现河北省多年来"零"的突破。

总之，从目前河北省社会信用体系建设工作推进来看，在信用管理基础建设与管理制度创新方面取得了显著成果，对各地信用管理建设工作有着重要借鉴意义。在基础建设方面，河北省主要围绕"信用管理制度落实"、"信用信息管理"与"一体化信用管理平台建设"三大重点工作有序展开。

（二）以诚信教育与实践活动为着力点，固本强基树理念

河北省始终把主题教育与实践活动作为提高市民道德素养和社会诚信度的一项基础性工作来抓。开展诚信宣传教育实践旨在广泛普及信用知识，大力弘扬诚信文化，深入培树守信意识，让社会公众以诚立身，让市场主体以信兴业，全面展现"信用河北"新风貌、新气象。

1. 开展诚信主题实践宣传活动

河北省社会信用体系建设领导小组成员单位开展了"我承诺、我践行"签名活动、向河北省诚信建设志愿者队伍代表授予"河北省诚信建设志愿者"旗帜等不同主题的活动。通过制作信用宣传单、宣传册、宣传扇子等公众喜闻乐见的宣传品集中宣传，普及信用知识，加强信用政策解读，展示各领域信用建设成果，进一步提高社会公众的信用意识。河北省交通运输厅深入开展"一把手谈信用"活动，"诚信建设万里行""诚信兴商宣传月""诚信缺失突出问题专项治理行动"活动。活动突出交通运输各领域特色，充分利用重要时间节点，集中开展相关宣传工作，抓好各环节落实工作。

河北省各级药品监管部门组织开展"院长说科普""药品安全进药店""药品检验公众开放日"等主题宣传活动，广泛普及安全合理用药知识，不断满足人民日益增长的安全用药需求，助力健康河北健康中国建设。邢台新区祝村镇为塑造"知诚信、守诚信"的新环境，使诚信文化贴近人民群众、贴近市场主体，开展了以"诚信从源头抓起"为主题的诚信教育宣传活动，制作了"手拉手共铸诚信，心连心推进法治""厚德载物，诚信赢天下"等内容的条幅，通过各村悬挂条幅、发放宣传页、喇叭广播，促使全镇居民树立正确诚信观，自觉践行诚实做人、诚实做事的价值观。行政综合服务大厅对前来办理业务的个体、企业等人员发放宣传资料，以加强诚信建设为切入点，宣传企业主体诚信，从而提升企业从业人员诚信意识。

秦皇岛北戴河区通过树立诚信典型、诚信基地建设、诚信宣传实践等形式，多维度打造文明诚信品牌，提升群众的获得感、幸福感。挖掘各行业中的诚信人物、诚信集体、诚信案例，提升行业诚信建设，评选出文明诚信经营户40名，并举行"党员文明诚信经营户"授牌仪式。打造文明诚信基地，在红石路商业街打造新时代文明实践文明诚信基地，引导广大经营户增强社会责任意识，大力支持文明城市建设，积极开展诚信宣传、疫情防控、文明引导、紧急救援等志愿服务活动，打造"文明诚信北戴河"实践活动品牌。以文明诚信建设为切入点，将红石路打造为"文明诚信示范街"，形成"家家争当诚信户、人人争做文明人"的生动局面，共同提升城市文明程度。持续提升市民诚信意识和信用水平，并制定《北戴河城市管理21条》《北戴河文明市民行为十要十不要》《北戴河诚信经营13条》等制度文件，有效根治招手揽客、欺客宰客、店外经营等不文明行为。

石家庄市桥西区推进信用积分与选树诚信社区相结合，开展"信用+诚信街区""信用+社区"活动。以企业基础信用信息数据库为支撑推行商户信用积分制，建立商户"信用分"系统，形成商户诚信二维码，通过诚信教育推动商户用好"信用身份证"。选树"诚信社区"典型，全面开展"信用+公益""信用+志愿"等主题活动。在汇宁社区形成以信用驱动的"共建—积分—激励—表彰—带动—共建"信用生态圈。在恒大社区采取"党建+治理+服务"的"3+"工作方法，形成"一点一线多面"治理模式。

2. 广泛开展诚信宣传教育

河北省充分认识诚信教育的长远战略意义，将诚信建设的养成得益于平时的点滴渗透，从小培养，从小事抓起。石家庄市新华区信用办联合区教育局组织全区64所中小学利用各种形式开展为期一个月的"诚信建设进校园"主题教育宣传活动。在学校的倡导下，学生踊跃参与，让诚信旗帜在校园里迎风飘扬，为构筑全民诚信的和谐社会注入新动力。合作路小学组织教师及学生观看了《诚义燕赵 信用河北》宣传片，懂得了中华民族诚实守信的品质，而诚信更是现代契约经济的核心本质，信用是经济发展和社会和谐的基石；北苑小学组织全体57位教师和23个班级的1100多名学生，集体观看了"信用河北"的宣传视频，使学生从诚信规则中体会到中华民族传统美德的博大精深；全区中小学通过这次"诚信建设进校园"宣传月活动，教育引导学生努力培养知信、用信、守信的良好情操，争做一个诚实守信的美德好少年，为推进学校诚信建设、推动诚信教育的发展和学校各项工作的稳定起到了积极作用。

沧州市启动诚信宣传月活动，广泛开展诚信宣传教育，推动政府诚信行政、企业诚信经营、市民知信用信，全面推进沧州市社会信用体系建设。宣传月将以一系列诚信主题活动为抓手，广泛动员群众参与诚信建设。组织100家企业发起"守法经营、诚信经商"倡议活动，通过"信用大讲堂"

宣讲信用知识，引导企业及时开展信用修复，重塑企业形象。各级机关单位开展"守诺先行、践诺为民"主题活动，广泛学习《沧州市公务员手册》，深入开展公务员诚信、守法和道德教育，依法依规归集政府部门和公务员诚信承诺书，打造"阳光政府"。组建志愿服务队，深入一线开展教育培训、指导帮扶等诚信志愿服务活动，向社会普及信用知识、讲解信用政策、宣讲信用价值。

2021年7月2日承德市市场监督管理局食品流通安全监督管理科联合双桥区市场监督管理局开展了"放心超市 食品销售公开承诺"教育活动，并对食品安全进行科普宣传。食品经营、食品流通以及餐饮服务行业相关人员向社会发出反浪费公开承诺，营造文明用餐、厉行节约、尚德守法的良好社会风尚，共同维护人民群众"舌尖上的安全"，并动员各界人员广泛开展文明用餐宣传。

邢台举办形式多样的"讲诚信，爱邢台"信用记录关爱日宣传教育活动。通过诚信进社区、进学校、进企业、进农村、进家庭"五进"形式，开展信用宣传教育活动2000多次，广泛开展诚信企业、诚信人物评选活动，"诚信邢台"名片逐渐深入人心。

（三）以开展专项治理活动为抓手，多管齐下治顽症

河北省立足实际，创新思路，重点重抓，循序渐进，诚信建设水平不断提升。一是以突出重点为抓手，开展拖欠农民工工资问题专项治理行动。行动以彻底解决存量、压实责任防范增量为专项治理目标，对拖欠农民工工资问题做到"两清零"。重点是招用农民工较多的建筑市政、交通运输、水利等工程建设领域企业，以及依托互联网平台从事网约配送、网约车服务、货车驾驶服务、互联网营销等新业态企业。开展治欠保支"冬病夏治"、根治欠薪夏季行动等专项执法检查，建设举报投诉案件联动处理平台，设立24小时受理欠薪投诉电话，实现欠薪案件动态清零。聚焦全国根治欠薪线索反映平台、省举报投诉联动处理平台、"12345"政务服务热线等平台转办、交办的欠薪问题线索，列出清单台账，开展核查处理，限期解决到位。对不

属于欠薪的，做好政策解释，告知反映人解决途径。对存在欠薪行为拒不改正的，依法向社会公开曝光，符合列入"黑名单"条件的应列尽列，实施联合惩戒。督促用人单位履行用工主体责任，依法与招用的农民工订立劳动合同，按时足额支付工资。加强对在建、新建项目工地的执法监督，督促施工企业全面落实实名制管理、农民工工资专用账户、总包代发工资、工资保证金等工资支付保障制度，对制度落实不到位的依法依规进行处理处罚。河北省根治拖欠农民工工资工作领导小组办公室将适时对各地专项治理行动开展情况、案件化解情况进行督导检查、复核回访，推进专项治理行动深入实施。加强统筹谋划，加大工作力度，全面推进保障农民工工资支付法律法规落地实施，实现根治欠薪工作常态长效。

二是多管齐下，开展多样化专项行动。衡水市在全市范围内集中开展诚信缺失突出问题专项治理行动，严肃查处拖欠工资、论文造假、考试作弊、骗取保险等行为和问题，营造良好的诚信环境。在行政管理、公共服务事项中，政府部门带头查询相关主体信用状况，对诚实守信者采取"绿色通道"、"容缺受理"、减少日常监管频次等激励措施；对违法失信者限制其参与招标投标、限制其申请政府性资金、从严审核许可事项等，提高守信收益和失信代价。

唐山市集中开展"信易贷"、"双公示"、信用承诺和信用修复3个提升专项行动。积极组织本地金融机构全部入驻国家"信易贷"平台，积极引导发动辖区内企业注册入驻国家"信易贷"平台，让更多中小微企业关注、入驻平台，获得融资服务。集中开展"双公示"工作提升行动，委托第三方专业机构对全市各级各部门"双公示"工作进行全面评估，要求行政许可、行政处罚信息自生效之日起7个工作日内，在本部门门户网站或本级信用网站公示，并及时共享到信用信息平台，杜绝迟报、瞒报、漏报情况，同时确保信息归集共享的完整性。集中开展信用承诺工作提升行动，梳理进驻各级市民服务中心（政务大厅）政务服务事项中实行承诺的事项，广泛组织开展主动信用承诺，通过日常监管、办理各类行政管理和服务事项及开展各类宣传活动，主动对市场主体进行诚信教育，并引导其作出书面信用承诺，确保全市可修复的行政处罚信息信用修复率达到90%以上。

邢台市开展电信网络诈骗专项治理、超限超载运输专项治理、社保领域骗保行为专项治理等专项行动。全面梳理失信被执行人涉及44个部门的221条惩戒措施、"红名单"涉及的404条激励措施，建成自动化联合奖惩系统，将信用核查嵌入市县各部门工作流程。累计信用核查超300万次，归集联合奖惩案例7万件。对行政处罚失信主体和严重失信主体，按照"谁认定、谁修复"的原则，依据修复流程，通过督促履责、约谈、培训等帮助其及时修复信用，将负能量转化，使信用工作形成闭环。组织开展信用修复专项行动，主动与待修复企业对接，将信用修复工作常态化。累计完成信用修复1万余件，政府失信事件整改到位率达到100%，地方政府债券、地方政府隐性债务、地方国有企业债未发生违约事件。

三 河北省推进诚信建设面临的新情况新问题

河北省推进诚信建设虽然取得了一定进展，但从商业失信、个人诚信、社会信用体系等方面进行多维思考，从中发现诚信建设的一些新情况新问题。

（一）诚信建设中商业失信问题

古人云："商诚则兴，商奸则衰。"这是历史经验教训的总结概括。一些知名企业为什么颓然坍塌？一些名不见经传的企业为什么平地崛起？有一个根本的原因不能忽视，那就是能否坚守诚信。中华民族具有诚信的商德，但在当今社会，这些优良的商德已经被抛弃，个别商人不是靠勤劳致富，不是靠智慧赚钱，而是靠欺骗发家。

一是企业内部管理的诚信缺失，如拖欠员工工资、侵吞员工绩效工资，甚至拒缴社保等。一些企业一味追求利益，力争利益最大化，使用一些非法手段，获取不正当利益。侵害员工正当的合法权益，如对待员工不履行《中华人民共和国劳动法》，不按规定签订劳动合同或劳动合同中有欺骗性条款（霸王条款），或不按规定缴纳社会保险金，甚至拖欠员工工资等；一些企业还属于劳动密集型产业，设备陈旧，但为了节省开支，又不整改节能减排，持续走高耗能、高污染的产业路子，以牺牲环境为代价来换取企业的效益，而这种代价最后只能转嫁给大众。

二是企业进行虚假宣传，生产制造假冒伪劣商品。现代市场营销手段发达，通过各种渠道宣传促销商品对扩大市场有积极作用。但是，一些宣传与商品实际相差太远，通过一些手段如化妆、计算机处理，甚至编造故事来迷惑消费者，夸大商品功能来欺骗消费者。随着互联网的发展，网购成为人们购物的重要手段之一，但是网购中的商品良莠不齐，有些商品与网上宣传图片相差巨大。时下的造假，已经达到了登峰造极的地步。成立个小作坊，购买一些皮子料，找几个工人，仿造LV皮包的样式，做成的皮包就成了高档品牌。收购一些旧的茅台酒瓶，灌一些普通白酒，就是名酒"茅台"了。造成这类失信的主要原因是：一些企业诚信意识与诚信文化建设缺失，固守"利润至上"的错误经营理念；相关法律制度缺失，使得企业失信成本过低；在一些重点和热点领域，仍然缺乏较为成熟的企业诚信体系。

（二）诚信建设中个人诚信缺失问题

由于目前价值取向多样，人们在人际交往过程中情感、友谊不断弱化，而现实功利因素不断增强，往往存在嫉妒、多疑、自私、伪装等心理因素，导致人与人之间在交往过程中不能做到以诚相待，存在欺骗、承诺不予兑现、说大话、讲空话等现象，导致人与人之间缺乏最基本的信任感，亲人和朋友间"杀熟"现象已见怪不怪。这是由于一是人们的求利思想越来越严重，造成价值观念的错位。为什么同样的客观条件，有的人坑蒙拐骗，为他人所唾弃，有的人诚实守信，真诚为他人做事、为他人所爱戴。究其原因是价值观的差异，价值观决定人的价值取向，决定人实现价值的行为。受一些西方享乐主义、拜金主义的影响，有些人往往会以经济利益为出发点，市场经济不仅能够给人们带来丰富的物质文明，还能让人们从长期禁锢的传统诚信道德观念中解放出来，部分人金钱至上，以经济利益作为评判标准，完全扭曲了诚信道德的评价标准，很大程度上造成了价值取向和价值观念的错位。假如人人都违背契约、不守信用，不仅会失去下一次合作的机会，还会承担失信带来的潜在损失，甚至会面临严厉的法律制裁。

从个人层面看，重视契约、讲求信用是一个人具备诚信品质的主要表现。如蹿红网络的"油条哥"，就是凭借专心制作"良心油条"，坚持不用复炸油而红遍全国，不仅使"油条哥"这一称呼成为诚信经营的代名词，还使自己在食品行业站稳了脚跟，为全国食品安全注入了一剂诚信"正能量"。因此，在现实生产和生活中，只有保持重视契约、讲究信用的诚信品质，才能在从事的领域占有一席之地，才能体现出高尚的人格魅力，获得社会的肯定和认可，体现出自我的社会价值。在一个不讲诚信的社会里，道德规范就会成为"无本之木""无源之水"，要实现全民族的道德境界提升，也就成为一种"不切实际"的妄想。故而，在儒家修身"八条目"中，将"诚意"排在"格物""致知"之后的关键位置，凸显出诚信对个人和社会的重要价值。

社会成员诚信素养的高低、社会诚信风尚的好坏，决定了一个国家的文明程度和一个民族的精神状态。

（三）诚信建设中社会信用体系有待完善

目前，社会信用工作取得了一些成绩，但仍存在一定的不足。一是信用信息归集数、质量有待进一步提高。虽然河北省公布了统一的信用信息资源目录，种类较多，信息较全，但各级各部门还不同程度地存在不按目录报送信息的情况，导致数据质量不高、数据字段不全、时效性不强等问题，对支撑信用应用开展产生一定影响。

二是分级分类监管工作标准不一。据不完全统计，目前有 9 个国家部委出台信用监管制度 18 个，10 个省直部门建设信用监管平台 22 个，为开展信用监管工作提供了制度保障和系统支撑。但由于在信用评价流程、评价标准、评价结果方面尚未统一，缺少统一的标准，存在同一企业在不同行业领域评价结果不同的情况，影响信用协同监管工作规范化进程。

三是"信易贷"工作整体水平有待提升。一方面,当前河北省信用信息归集维度较少,金融机构关注的水电气等信息不全面,不能有效支撑金融机构对有贷款需求的企业进行准确的风险判断,需进一步加大工作力度。另一方面,大部分地市尚未出台中小微企业信用保障基金、风险补偿等配套保障政策,信用信息的归集共享、风险处置、信息安全保护、管理考核激励等机制有待健全,金融机构发放信用贷款的积极性有待进一步提升。

四 河北省推进诚信建设的新思路与新对策

河北省立足新发展阶段,全面贯彻新发展理念,积极构建新发展格局,深刻把握河北发展外部环境和内部条件的重大变化,深入研判河北发展阶段性特征,全力推动高质量发展,从大力培育诚信理念、营造诚信文化氛围等方面,实现建设经济强省、美丽河北总目标,努力实现经济实力更强、创新动力更强、发展活力更强、生态环境更美、城乡面貌更美、人民生活更美的发展。

(一)大力培育诚信理念,营造诚信文化氛围

一是重点抓好青少年的诚信教育。营造良好的社会诚信文化,首先是能否把广大青少年培养成一个诚实守信的人,这关系到中国未来社会的诚信面貌。应重视青少年诚信品质的培养,尤其应纠正只重视学业成绩、忽视道德品质培养的倾向,将广大青少年培养成德、智、体诸方面全面发展的社会主义建设者。社会是进行诚信道德教育的大课堂。诚信道德教育重在它的普及性,而普及诚信道德教育,必须利用社会这个大课堂。其次要重点抓好党员干部的诚信教育,以点带面地扩大全社会的诚信教育,构建良好的政务诚信环境。政府诚信是最大的诚信。我国自古有"民以吏为师"的传统,政府官员尤其是党员干部的言行举止是民众的道德标杆。为政者身正行直,率先垂范,民众才能信服。新时期,在全面从严治党的思想指导下加强政府诚信

建设，以改革创新精神加强和完善自己，始终保持党同人民群众的血肉联系，树立党和政府的诚信形象。这既是"以德治国"方略的有效实践，也是最有说服力和示范性的诚信教育。

二是开展各类活动，弘扬诚信文化。在行业内，广泛开展文明行车、文明乘车、文明行走、文明游园、文明观演、文明就餐、文明购物、文明待客、文明过节、文明谈吐"文明十个一"活动，提高公民在公共场所的文明素养。在单位里，建立文明单位动态管理系统，推进道德讲堂、志愿服务队、遵德守礼提示牌、文明餐桌、网络文明传播队伍文明单位全覆盖。在农村中，开展农村环境美化活动，建设村民中心，开展"十星级文明户"评创，推动农村群众自律组织建设，促进乡风文明。在商场、集贸市场开展创建"诚信经营示范店"活动，在农村推行"道德信贷""信用农户"等经验，引导广大经营者诚实劳动、诚信经营，着力营造"守信光荣，失信可耻""奖励诚信，约束失信"的社会氛围。

（二）以优化商务诚信为重点，加大诚信舆论宣传力度

一是打造诚信经济，实现可持续发展。诚信建设不仅仅是诚信教育，还需要相关制度健全和完善。用制度固本培元，增强诚信意识，形成诚信风尚，与高度文明的"诚信中国"渐行渐近。只有制度有信用，人有信念和信仰，社会充满信任，诚信和谐的社会才能到来。各行业主管部门结合相关管理规章制度，制定不同的诚信创建标准、评定办法和诚信等级动态管理标准，开展"诚信做产品"道德承诺活动，发布企业产品质量"红黑榜"，发布企业环境信用评价"红黑榜"。凡被评为诚信企业的均进入诚信建设管理系统红名单，在诚信等级动态管理中如发现有不良行为的将被公开摘牌，违反相关法律法规的将被列入诚信建设管理系统黑名单。对红名单内的企业，分别制定了不同的优先优惠政策，在项目、资金和政策上给予一定的倾斜；对黑名单上的企业，将责令其限期整改，整改期间不得享受相关诚信优先优惠政策，对属于违法乱纪的行为，移送司法机关处理。对诚信的企业，建立诚信商圈，凡进入诚信商圈的企业，在享受各管理部门的诚信优先优惠政策

的同时，必须为诚信市民（职工）、诚信农民提供相应的诚信优先优惠折扣，从而实现诚信双赢、共同发展的目标。

二是打造诚信模范典型，加大宣传力度。新时代需要模范，诚信模范也要有新时代的模范特点。宣传中要注重实事求是，真实地宣传典型事迹，让人民群众感受到所宣传的诚信事迹与自己的距离并不遥远，在潜移默化的过程中产生对诚信模范典型的仿效之心。推出身边的诚信模范典型，开展宣传活动，弘扬时代之风，树立社会正气。加强舆论宣传，传播诚信优秀事迹，充分发挥诚信事迹的模范带头作用。在精神文明建设领域，模范典型的影响力和号召力只有在被大众认知之后才会显现出来。这就要求通过加强舆论引导，充分利用广播、电视、报刊等信息媒介，宣传诚信模范典型的先进思想、先进事迹和先进经验，并从中总结出具有指导意义的结论和原则，从而推广开来，达到以点带面，使人们在模范的事迹中认识到自己对社会应承担的职责和义务，在全社会形成讲诚信的风气。

（三）加快社会信用体系建设，强化完善信用机制

一是强化信用信息归集共享。建立信用信息资源目录动态更新机制，依据全国公共信用信息基础目录，制定河北省补充目录。加大水电气、纳税、社保、物流、合同履约、信用承诺及其履行情况等特定信用信息归集力度，推动实现数据互联互通或接口调用，为信用应用提供支撑。加强"双公示"信息归集共享，依据国家要求调整校验规则，完善信息报送系统，实现问题数据退回提醒。建立"双公示"信息日监测、周调度、月通报机制，确保信息及时、准确、全量报送。

二是推进信用分级分类监管。优化完善企业信用风险分级分类管理系统功能，及时评估企业公共信用综合评价的科学性、有效性，不断调整优化公共信用综合评价指标体系、评价模型和分级分类标准。同时，根据行业监管部门需求开发建立适合其企业监管特点的专用企业信用风险评价模型。督促有关部门充分利用企业信用风险分级分类管理系统，开展信用分级分类监管，强化结果运用，采取差异化监管措施。

三是加大"信易贷"工作力度。建立健全"信易贷"工作协调推动机制，适时制定出台深入推进"信易贷"工作的相关政策。鼓励各市建设地方"信易贷"平台，探索与金融机构结合特色数据或产业，深度定制一批符合河北特色、用户识别程度高的"信易贷"产品，更加精准地为金融机构和中小微企业提供"信易贷"服务。指导各地探索设立专项风险缓释基金或风险补偿金，解决银行不敢贷、不愿贷、不能贷问题。完善"白名单"筛选推送机制，依托信用综合评价系统，利用全省通用的企业公共信用综合评价模型，对企业进行信用画像，持续筛选推送信用状况良好、具有融资需求的企业名单。组织召开"信易贷"融资对接会，搭建企业与银行的桥梁，大力宣传推广各地经验做法。

河北省推进乡风文明建设的
实践路径研究

杨春娟*

摘 要: 近年来,特别是党的十八大以来,河北省高度重视并持续推进乡风文明建设,以服务群众为核心,以党建引领为抓手,以精神文明创建和志愿服务为载体,深化拓展文明实践新路径,着力打造文明、和谐、美丽、幸福的新时代乡村振兴样板,其典型做法成效显著。但在推进乡风文明建设过程中,依然存在优良家风弱化、淳朴民风失范、高价彩礼尚未得到遏制、农民文化生活单调等问题。新时代推进乡风文明建设,需要坚持党建引领,强化宣传引导,坚持实践养成,健全乡村公共文化服务体系,用活新媒体和新平台,凝聚乡风文明建设的强大合力,助力乡村振兴。

关键词: 河北省 乡风文明建设 乡村振兴

乡村振兴既要塑形,也要铸魂。乡风文明是乡村振兴的灵魂和保障,事关广大农民的获得感、幸福感和安全感。以社会主义核心价值观为引领,持续推进乡风文明建设,不断改善农民精神风貌,提升乡村社会文明程度,成为当前助力乡村振兴和满足农民群众美好愿景的一项紧迫任务。近年来特别是党的十八大以来,河北省高度重视并持续推进乡风文明建设,以服务群众为核心,以党建引领为抓手,以精神文明创建和志愿服务为载体,深化拓展

---

* 杨春娟,河北省社会科学院邓小平理论、"三个代表"重要思想和科学发展观研究所(精神文明建设研究中心)副研究员,研究方向:思想政治教育和乡村治理。

文明实践新路径，着力打造文明、和谐、美丽、幸福的新时代乡村振兴样板。这不仅让新时代的文明之花开遍燕赵大地，也为深入推进乡村振兴战略提供了有益借鉴。

一 河北省推进乡风文明建设的政策演进

乡风文明反映的是"一定时期内社会对于风的普遍要求，是农村社会精神风貌的总体体现"①，包括农民精神风貌积极向上、社会风气良好、农村环境宜居宜业、人际关系和谐、文化活动丰富多彩等诸多方面。其内涵不是一成不变的，而是随着时代发展和国家政策的演进不断深化。河北省作为农业大省和文化大省，近年来始终高度重视并持续推进乡风文明建设，大致可分为三个阶段。

第一阶段：谋划起步阶段（2001~2011年）

早在2001年中央颁布《公民道德建设实施纲要》后，河北省精神文明建设委员会《关于印发〈河北省"全民道德实践活动"实施意见〉的通知》要求，在全省城乡和各行业组织开展"全民道德实践活动"。在农村以创建文明村镇为载体，组织农民广泛参与移风易俗。引导各村依据"三德"规范和有关法律法规经由村民民主讨论制定村规民约，发动各地广泛建立红白理事会、道德评议会、妇女禁赌会等群众自治组织；利用墙报、板报、"村民功德录"等形式，表扬好人好事。②各地纷纷开展了农村道德评议活动和"孝敬模范""文明之家"等评选表彰活动，营造道德建设的浓厚氛围。

2003年3月，河北省在广大农村陆续开展以"经济发展、生活富裕、精神充实、环境良好"为主要内容的文明生态村创建活动，改善农村人居

---

① 周秋琴：《乡村振兴视域下乡风文明建设路径研究》，江苏大学出版社，2019，第10页。
② 参见《关于印发〈河北省"全民道德实践活动"实施意见〉的通知》（冀文明〔2001〕4号），http://hb.wenming.cn/zlzx/swmwwj/swmw2001/201107/t20110712_243916.shtml，2011年7月12日。

环境，推进基层民主政治建设，壮大农村经济，农民精神风貌和村容村貌明显改善。2004年，河北决定将文明生态村创建工作由试点向全省农村全面铺开，出台《关于在全省广泛开展创建文明生态村活动的意见》，并提出到2020年，把全省农村基本建成文明生态村，涌现了一大批文明生态村镇建设先进单位和个人。

2005年，党的十六届五中全会提出要建设"生产发展、生活富裕、乡风文明、村容整洁、管理民主"的社会主义新农村，"乡风文明"首次出现在党的正式文件中，成为新农村建设中精神文明建设层面的目标。对此，河北省出台了《中共河北省委、河北省人民政府关于推进社会主义新农村建设的指导意见》，要求加快培育有文化、懂技术、会经营的新型农民；加强农村文化设施建设，实施文化信息资源共享、农民体育健身、河北省民族民间文化保护等工程，培育发展一批"民间艺术之乡""特色文化之乡"；深入开展农村普法宣传教育，依法打击各种违法犯罪活动，努力建设和谐乡村，创造安居乐业、和谐发展的农村社会环境。①

2011年1月，河北省制定了《贯彻落实中央〈关于进一步加强新形势下农村精神文明建设工作的意见〉的实施意见》，要求结合当时的新民居建设，持续改善农村环境面貌，引导农民进一步形成科学、文明、健康的生活方式；以文明集市创建、"三化"建设、农村文化广场建设、"十星级"文明户创建为抓手，扩大河北省农村精神文明建设工作的品牌效应；继续实施农家书屋、广播电视村村通、乡镇和社区综合文化服务站建设、文化信息资源共享、农村电影放映等惠民工程，加快推进县城电影院建设。②

第二阶段：持续发展阶段（2012~2016年）

2012年，河北省在广大农村组织开展了"善行河北"主题道德实践活动，农民群众热情参与，先进典型层出不穷，常态化机制不断完善，向善乐

---

① 参见《关于推进社会主义新农村建设的指导意见》，http://news.sina.com.cn/c/2006-07-03/08529357382s.shtml，2006年7月3日。
② 李茂：《河北省燕赵特色乡风文明涵育研究》，收入《河北省乡村振兴发展报告（2019）》，河北出版传媒集团、河北人民出版社，2020，第89、90页。

善的氛围日益浓厚，推动了农村道德建设走向更高层次。2014年4月，根据中共中央办公厅印发《关于培育和践行社会主义核心价值观的意见》的有关要求，中共河北省委印发《关于培育和践行社会主义核心价值观的实施意见》和任务责任分工方案，提出在农村全面建立《功德录》，组织开展"十"项道德实践活动、评选"百"名道德模范、组织"千"名志愿服务进"万"家的"十、百、千、万"工程。同时，进一步深入践行社会主义核心价值观，打造社会主义核心价值观涵育基地，广泛开展价值观公益广告宣传，使社会主义核心价值观更加深入人心。

2014年9月，河北省精神文明建设委员会制定《关于进一步推进我省美丽乡村建设的实施方案》，进一步推进美丽乡村建设，提出"以美丽乡村创建为载体，以民风建设和环境整治为着重点，坚持以人为本、重在建设基本方针，大力推进农村精神文明建设，并将软件建设任务概括为'三个建'，即建好家风家训，创五好文明家庭；建农村志愿者组织，扬奉献友爱新风；建乡规民约，促移风易俗"①。

2016年9月召开的河北省农村精神文明建设工作现场交流会提出，从2016年起文明村镇创建工作要重点加强"十个一"建设，即建立完善一个村民中心（村综合文化服务中心）、一个文化广场、一条乡村文明示范街、一批善行功德榜、一套村规民约、一个红白理事会、一个道德讲堂、一支志愿者队伍、一支乡贤骨干力量、每年评选表彰或复检一次"十星级文明户"或"五好家庭"。通过"十个一"建设，健全机制，强化措施，全面推进农村精神文明建设，以提升农民文明素质和农村文明程度。② 作为乡风文明建设成果的检验考核，在2017年度全国精神文明建设表彰大会上，河北省有78个乡镇（村）入围"文明村镇"名单。这是河北省近年来乡风文明发展的缩影，也是乡风文明建设保持良好发展势头的集中体现。

---

① 《关于印发〈关于进一步推进我省美丽乡村建设的实施方案〉的通知》，http://hb.wenming.cn/gzts/201410/t20141020_2241612.shtml，2014年9月30日。
② 《河北省召开农村精神文明建设工作现场经验交流会》，《河北日报》2016年9月29日。

第三阶段：深化拓展阶段（2017~2021年）

2017年10月，党的十九大报告提出全面实施乡村振兴战略，明确了"产业兴旺、生态宜居、乡风文明、治理有效、生活富裕"的总要求，为新时代乡风文明建设赋予了新目标、新要求、新内涵。此后，根据《中共中央、国务院关于实施乡村振兴战略的意见》精神，2018年2月，河北省委省政府发布《中共河北省委河北省人民政府关于实施乡村振兴战略的意见》，提出改善人居环境，建设美丽宜居乡村；加强农村思想道德建设，大力弘扬燕赵文化、西柏坡精神，探索建立农村诚信体系；深入实施文化惠民活动，深化"三下乡"、文化进万家、文化志愿服务、农村电影放映、戏曲进乡村，推进农村远程教育，引导农民依托特色历史文化资源，发展农村文化产业；弘扬农村优秀传统文化，传承发展特色民俗文化、农耕文化、非物质文化遗产、传统手工技艺，保护文物古迹、传统村落、民族村寨、农业遗迹，打造富有地方特色的文化品牌；推进农村移风易俗，实施文明村镇创建行动，建立完善村规民约，培育发展红白理事会、志愿者队伍、农村新乡贤队伍等，组织开展"美丽庭院"、"最美家庭"、"好媳妇"、"好儿女"、"好公婆"、星级文明户等选树活动，实施婚丧嫁娶革新行动，涵育勤俭节约文明风尚，引导村民讲文明、树新风。[①]

2019年8月，河北省委省政府正式印发《河北省乡村振兴战略规划（2018~2022年）》及5个工作方案，明确提出要大力弘扬燕赵优秀传统文化，持续推进思想道德和公共文化建设，培育文明乡风、良好家风、淳朴民风，凝聚强大精神力量；同年，还发布了《关于加强和改进乡村治理的若干意见》（冀办〔2019〕52号），要求大力宣传农村优秀传统文化，实施公民道德建设工程，广泛开展道德模范、最美邻里、身边好人等评选活动；大力开展"星级文明户""五好家庭""文明家庭""美丽庭院"创建活动。

---

① 参见《省委省政府出台关于实施乡村振兴战略的意见》，http://hebei.hebnews.cn/2018-02/27/content_6790269.htm，2018年2月27日。

根据2019年9月《关于进一步推进移风易俗建设文明乡风的指导意见》和2021年中央一号文件有关精神，河北省进一步推进移风易俗，加强农村思想道德建设和新时代农村精神文明建设，推动形成文明乡风、良好家风、淳朴民风，并加快推进新时代文明实践中心工作深入开展，探索乡风文明新路径，有效遏制陈规陋习，树立文明新风，不断提升农村精神文明建设水平。

二 河北省推进乡风文明建设的典型做法及成效

近年来特别是党的十八大以来，河北省结合各地实际对推进乡风文明建设进行了卓有成效的探索和实践，涌现出众多典型做法，取得了显著成效。

（一）威县弘扬孝亲敬老文化，助力乡风文明建设

近年来，邢台威县复制推广孙家寨孝亲敬老模式，探索出"五导、五起来"弘扬孝亲敬老文化助力乡风文明建设的新路径。

1.县委主导，组织基础强起来

把方向。把弘扬孝亲敬老纳入年度考核内容，每年命名表彰20个"孝亲敬老示范村"。定规划。制定《关于推进移风易俗树立新时代文明新风尚的实施意见》，印发《"孝亲敬老"村创建活动实施方案》。做示范。每年评选"威县好人""道德模范"等，健全完善道德"红黑榜"，弘扬良好村风民风。

2.部门指导，工作合力聚起来

抓信用评定。实施"双基"攻坚农村信用工程，全县评选的20个信用村全部是贫困村兼孝亲敬老示范村。示范户可享受8万元无抵押无担保信用贷款。抓部门帮扶。开展"送电影下乡，助力乡风文明""礼赞新中国，讴歌新时代"彩色周末系列文化活动，教育、医疗、文旅等部门把优质资源优先向贫困村倾斜，加快城乡公共服务一体化进程。

3. 社会倡导，爱心温暖传起来

健全"三大体系"，引导社会各界有序参与精神扶贫和文化扶贫活动。构建移风易俗联盟体系。威县成立移风易俗协会，16个乡镇和522个村成立移风易俗理事会，开展抵制高价彩礼、文明丧葬等主题宣传600次以上。构建党员志愿服务体系。开展"群众有困难，党员第一到"活动，全县2.5万名党员深入基层解决群众困难诉求2.32万件。构建爱心捐助体系。50多个爱心服务组织5万多名志愿者开展扶贫济困、孝亲敬老活动，成为一道亮丽的道德风景线。

4. 机制传导，群众素质高起来

探索"三项机制"，调动群众参与热情。一是约束机制。印发《关于敦促赡养人履行赡养义务的通告》，指导522个行政村将每个子女每年给父母1000元赡养费纳入村规民约。二是评选机制。开展文明家庭、"好媳妇"、"好公婆"等评选活动，形成"孝亲敬老齐参与、敲锣打鼓送红花、大张旗鼓树典型、争先恐后做表率"的生动局面。三是激励机制。指导孝亲敬老村全部设立"爱心红包"，村民自愿为老人缴纳"孝亲敬老款"，并配套县乡村"补助款"、社会"爱心款"、个人捐助"慈善款"，实现"孝心红包"增值。

5. 舆论引导，浓厚氛围造起来

内宣重引导。组建孝亲敬老和威县之声县乡村三级微信群，健全完善专项档案，宣传党的政策，收集意见建议，使党声政声送下去、民情民意传上来，并充分借助"小马扎"宣讲对群众进行教育。外宣推经验。借助上级媒体加强宣传，国内上百家媒体纷纷报道威县的经验做法。中国好人、全国道德模范提名奖获得者付宏伟到北京、深圳等全国多地巡讲传播孝亲敬老文化。文艺重熏陶。组织创造河北梆子现代戏《大孝村官》、图书《没有围墙的养老院》、微电影《孙家寨大餐》、歌曲《孝善传奇》等，产生了很大社会反响。

目前，全县262个村达到乡风文明示范村建设标准，建成225个孝亲敬老村，涌现出10名中国好人、1名全国道德模范提名奖、2名河北省道德模范、23名邢台好人。

（二）唐县以"十星级文明户"打造引领文明风尚新引擎

为进一步推进移风易俗、建设文明乡风，唐县不断深化"十星级文明户"①创建工作，创新建立"文明积分超市"新平台，用文明积分"量化"文明，用星级数量"定性"文明，打造引领文明风尚新引擎。

1. 强化顶层设计，让组织推动"活"起来

制定出台《关于在全县开展"十星级文明户"创建评选活动的实施意见》，把"十星级文明户"创建工作纳入党委和政府的重要议事日程，与脱贫攻坚、乡村振兴等重点工作一同研究部署、组织实施、督导检查；对荣获"十星级文明户"的家庭，唐县县委、县政府给予年度专项奖励资金、家庭成员当年在县内指定旅游景点旅游一次、免费在县医院体检一次等奖励。目前，全县已评选出星级文明户26000多户，其中"十星级文明户"2200多户、五星至九星级文明户24000多户，形成人人争星、户户争星的浓厚氛围。

2. 创新活动载体，让文明之风"树"起来

唐县以"十星级文明户"创建为基础，创新"文明积分超市"新平台。"文明积分超市"活动每月举行一次，划分为主动申报、评定审核、复核公示、积分兑换4个环节，通过明晰的兑换流程，确保积分超市运行顺畅。同时，不断完善制度监管，建立"文明积分超市"货物进出制度、日常管理制度、积分公开与公示制度等。仅齐家佐乡已开展积分评定126场次，累计积分1.28万分，兑换奖品金额累计8000多元，受益人数达3000余人。通过积分换实物，让广大群众得到看得见、摸得着的实惠，形成了自觉遵守村规民约、恪守诚信承诺、崇尚文明礼仪的实践行动。

3. 搭建激励平台，让创建成效"实"起来

建立正面激励机制，对在推进文明乡风建设方面做出表率的模范家庭和先进个人进行奖励。安排专项资金200余万元，大张旗鼓地对"十星级文

---

① 即"十星级文明户"中的"十星"就是10项标准，具体内容为：爱国爱党星、遵纪守法星、脱贫致富星、计生健康星、科教文化星、诚实守信星、移风易俗星、团结互助星、孝老爱亲星、环境卫生星。

明户"进行表彰奖励，64名"十星级文明户"大学生已享受每年1000元的奖励，6500名家庭成员享受县医院免费体检、县域内景点免费旅游等奖励措施。优先推荐各级道德模范、唐县好人、"两代表一委员"等30余人。同时，将"文明积分超市"纳入诚信体系建设，列入村"两委"干部、党员、村民代表、保洁员、护林员等公益性岗位以及光伏收益的重要使用依据。唐县用"文明积分超市"实现了文明由量变到质变的转变，探索出一条文明积分改变陋习、勤劳友善改变生活、更新观念崇尚文明、全民携手共建小康的新路子。

（三）丰宁小积分兑出"大文明"

丰宁新时代文明实践中心积极利用"道德银行+爱心超市"，聚焦一条主线、实施一套办法、围绕一个关键、构建一套机制，把新时代文明实践工作与小康生活融合、与乡风文明共建、与基层治理衔接，成为提升公民道德素质的好路子、引领乡风文明的新引擎，让文明之花开遍丰宁大地、收获累累硕果。

1. 一条主线贯到底，让文明实践落到"最后一公里"

丰宁紧紧围绕"凝聚群众　引领群众　以文化人　成风化俗"这一条主线，县委专门制订了《"道德银行+爱心超市"三年行动计划》，全面推进310个村建成"道德银行+爱心超市"，组织全县广大干部群众积极参加新时代文明实践活动，赚取积分兑换物品。

2. 一套办法走到底，让基层群众在文明实践中"唱主角"

群众是实践的主体。从"评、存、兑、晒"四步法入手，把群众主体作用体现在全过程、全环节，推动好事连连、好戏连台。一是评德行。请公道正派、威望较高的老党员、道德模范等成立评议机构，行使理事会职责，群众评、评群众，接受群众监督。二是存积分。把身份证号作为道德储蓄账号，对群众道德行为进行细化，明确道德奖励积分细则和负面清单。三是兑奖品。通过企业捐建、村内自建、社会组织帮建等方式为每个"道德银行"配建"爱心超市"，群众可用积分随时兑换日用品，实现"小积分"兑换

"大文明"。四是晒账单。定期将群众的好人好事、道德储蓄账户积分和超市兑换物品张榜公布，强化正向激励，引导更多人"做好事""存美德"。

3. 一个关键把到底，在全社会树起了良好道德风尚

坚持聚焦培育时代新人，弘扬时代文明新风。一是筑牢坚实阵地。受益于中宣部实施的贫困地区民族自治县村综合文化服务中心工程，全县所有村高标准、高质量建成宣传阵地，广场、活动室、文化体育器材、大喇叭广播等一应俱全，实现了群众文明实践有地方、有场所。二是强化典型引领。把道德银行积分作为评选依据，开展"十百千万"选树活动，涌现出全国诚信之星王福国等重大典型，累计表彰致富带头人429人、脱贫之星874人、孝心养老光荣户1174户、丰宁好人8565人，形成了"好人抢着做、好人最吃香"的浓厚氛围。三是开展多彩活动。深入开展365百姓故事汇等群众性活动，用身边人讲身边事、育身边人，传承中华传统美德，推动民风淳朴、人心向善。

4. 一套机制管到底，在基层建起了有效的德治体系

坚持用制度把文明实践创新做法和成果固定下来，县委相继制定了7个规范文件，健全了"道德银行＋爱心超市"登记、奖励、兑换、公开、日常管理、监督6项保障机制，建立了党委领导、各负其责、统筹推进的工作机制，使得丰宁文明实践蔚然成风。

（四）肥乡"七抓七有"实现移风易俗深度治理系统化

邯郸市肥乡区以新时代文明实践中心、所站建设为契机，紧扣"谁来管、管什么、怎么管"等乡风治理基本问题，从制度建设入手，突出"七抓七有"，实现移风易俗"四个创新"，婚丧嫁娶陋习得到有效遏制，收到良好成效。

1. 建立"七个体系"，实现"七抓七有"

一是抓组织体系，让民风治理有人管。成立区、乡、村三级移风易俗工作领导小组，各村成立村民事务理事会，明确任务、落实责任。党员公开签订"移风易俗、抵制彩礼"承诺书，在移风易俗上作表率。二是抓自治体

系，让红白喜事有标准。各村参照制定《红白事操办标准》，对席面规模、用车数量等做出具体规定，并经村民自治程序纳入村规民约。三是抓宣传体系，让群众心中有方向。建立区、乡、村三级"心连心"微信矩阵群，开展常态宣传。举办"百对新人集体婚礼""百户授牌、千人宣誓、万人签名"等活动，培树"零彩礼"典型1000余例。四是抓服务体系，让婚礼新办有平台。搭建"心连心·鹊桥会"等免费婚介平台，建立义务红娘队380支，每村有3~5名义务红娘，提供免费婚介服务。五是抓政策体系，让破旧立新有章法。对"移风易俗好家庭"成员给予免费体检等优惠政策。六是抓严管体系，让违规操办有代价。组成5个移风易俗巡查组，在每月"好日子"开展大联查，发现违规操办当场处置。七是抓典型引领，让乡风文明有着落。突出群众评、评群众，对先进典型集中表彰，县领导和乡村干部进村入户开展授牌活动，提升获奖典型荣誉感和影响力。举办典型事例报告会，建设乡风文明示范街，推进移风易俗向纵深发展。

2. 实施"四个创新"，破解关键难题

一是治理主体创新。形成"党委领导+党员带头+村民自治"格局，解决"没人愿管、没人敢管"难题。建立"三级领导小组+村民理事会"治理责任机制，区、乡、村三级党组织牵头抓总，村民事务理事会具体落实，有效发挥党组织的领导作用。全区党员干部带头宣誓、公开承诺、践行示范移风易俗。二是治理依据创新。制定全区统一的红白事操办标准，各村参照制定《红白事操办标准》，经村民自治程序纳入村规民约，强化德治约束刚性。三是治理方式创新。通过疏堵结合治理模式，解决"零敲碎打、反复反弹"难题，实行"一个全程、三个同步"，即大张旗鼓宣传教育贯穿全程，氛围层层浓厚；同步进行合理引导，建立免费婚介平台，有效满足青年择偶需求，压缩媒婆渔利空间，避免媒婆哄抬彩礼；同步给予激励制约，让遵守新规者有荣誉、得实惠，让违规逆施者有代价、受制约；同步开展常态巡查，现场处置、公开曝光，真正把虚活做实、软活做硬。四是文明乡风建设方式创新。常态化开展乡风文明典型评选表彰活动，培树群众身边的"移风易俗家庭""孝老爱亲家庭"等先进典型，突出示范引领，激发乡村振兴内生动力。

经过区、乡、村三级新时代文明实践组织的有力推动和全社会广泛参与，肥乡区近年来的红白喜事盲目攀比、大操大办和"天价彩礼"歪风日渐式微，相关支出明显下降，红事平均支出降低76%~84%，白事平均支出降低83%。文明办婚事蔚然成风，集体婚礼、旅行结婚等婚事新办和丧事简办渐成新习俗，丧事简办被普遍认同，有效带动了农村社会风气好转和良好乡风民风家风的养成。

（五）大营镇党建"110"模式拓展志愿服务新路径

石家庄市高邑县大营镇着眼网格化动员，推动镇村志愿者协同联动、服务上门，实现诉求反馈、服务咨询"一码通"，让群众的操心事、烦心事、揪心事有人管，创造了一种党建"e联网"、服务"一码通"、问题全清"零"的"110"志愿服务新模式。

1. 建立服务平台，增强志愿力量

镇实践所依托全站基层服务"110"（党建"e联网"、服务"一码通"、问题全清"零"）工作平台，通过群众扫码"点题"、志愿者对号"报道"、事后评价"反馈"，为农村群众提供各类志愿服务。村实践站制作志愿连心卡张贴到村里每家每户，志愿连心卡上面包含110平台二维码、志愿者姓名、联系方式等信息，确保群众足不出户即可在线反映诉求、查看事项办理进度。目前，全镇6000多户村民全部实现了"扫码可查"，确保了群众反映生产生活问题有人管、有人办。按照镇实践所统一安排，全镇25个村实践站组织了1800多名本地青年担任连心卡志愿者，增强了原有党员志愿服务队的力量。

2. 实施网格管理，提供多元服务

党建"110"志愿服务把人、事、地、物、组织全部纳入网格管理，形成了"人在格中走、事在网中办"的服务管理体系。每个村均划分为若干网格，每个网格内均安排一名星级服务员、一名骨干服务员、一名志愿者，组成志愿服务团队。服务内容包括纠纷调解、事务代办、民风评议、帮扶救助、法律咨询5项,确保志愿者能够第一时间掌握群众需求,及时动员起来提供有效服务。

3. 健全评议机制,提高服务水平

党建"110"志愿服务始终把老百姓满不满意、答不答应、高不高兴作为服务管理的第一标准,志愿服务完成后,实践站第一时间电话回访接受群众评价,弄清群众意愿,继而有的放矢地改进工作。建立群众定期评议机制,每季度组织群众对志愿者、服务队伍进行履责评议,通过述职评议、调阅日志、回访群众等多种形式,全面激发志愿者的积极性和责任感。

党建"110"志愿服务模式运行以来,全镇共为群众提供各类志愿服务近千次,其中95%以上的服务事项能够当场完结,得到群众一致好评,党群关系进一步密切。各村志愿者在开展日常志愿服务基础上,面对面接触村民,及时发现问题,化解矛盾,切实打通了教育、关心、服务群众的"最后一公里",初步探索了"小团队+大家庭"的共治新路径。

(六)王双庙村"爱心小院"让文明实践聚人气、接地气

邢台市清河县王双庙村依托县文明实践基金建起"八个一"[①]标准的"爱心小院",真正把实践站建实建好,吸引群众走进来。

1. 搭建文明实践载体,让献爱心有地方

一厅:针对留守、孤寡老人生活孤独问题,设立爱心餐厅,每周六组织75岁以上老人免费用餐,并在聊天中化解其内心孤独。一屋:开设义务理发屋,每月组织理发志愿者为老人免费理发。一堂:设立"小院讲堂",每月组织理论宣讲志愿者开展讲理论、政策、法律、科技、健康、典型、技能"七讲"志愿服务,传播党的创新理论、惠民政策和致富技能。一室:成立"百姓说事室",帮忙解决百姓揪心事、烦心事及矛盾纠纷等问题。

2. 组建志愿服务队伍,让献爱心有力量

针对"一厅、一屋、一堂、一室"等志愿服务项目,组建志愿服务队

[①] 即一间爱心餐厅、一间义务理发屋、一座小院讲堂、一间"百姓说事室"、一系列志愿服务队、一只文明实践基金、一个志愿服务检委会、一家志愿积分超市。

伍。组织成立"俏厨娘"志愿服务队,为"爱心餐厅"做饭;组织成立理论宣讲志愿队,为百姓宣讲党的创新理论和惠民政策;以支书、主任等村两委组成"矛盾调解志愿服务队",帮助解决急事、难事、红白事,解决不了的及时上报,力争将矛盾化解在萌芽状态。

3.成立文明实践基金,让献爱心有保障

一金:组织村内企业家和爱心人士积极捐助,成立文明实践基金,主要用于各类志愿服务,如爱心餐厅的日常开支、优秀志愿者和志愿团队的表彰,"好婆婆""好媳妇""最美家庭"等活动评选奖励。一超市:设立积分超市,志愿者以志愿服务时长换取积分,用积分兑换相应奖励。一会:设立志愿服务检委会,由村里老党员和村民代表组成,记录村民参与志愿服务活动情况,监督积分兑换和基金管理情况,参与村内各优秀模范表彰活动的评选。

"爱心小院"运行以来,共组织开展孝心餐厅、理论宣讲、爱心义剪、全民宣讲、庭院评比等各类志愿活动100余场次,解决群众诉求150余件,兑换奖励积分2000余分,惠及群众1万余人次。全村注册志愿者达到180余人,占常住人口的20%,活跃度达85%,有力推动了人居环境、矛盾化解、移风易俗等基层工作开展,更多群众由被动参与到主动参与,从"当观众"转变为"唱主角",群众的获得感、幸福感、归属感明显增强。

三 河北省推进乡风文明建设中存在的主要问题

尽管河北省在推进乡风文明建设实践中涌现了众多典型做法,取得了显著成效,但在推进过程中依然面临一些问题和不足,亟须引起高度重视。

(一)优良家风存在不同程度的弱化现象

百善孝为先。践行孝道不仅要满足老人的物质需求,还要有精神慰藉。在现实生活中,农村中少数子女常年在外打工,缺少回家陪伴老人的时间,不能较好地赡养老人;更有甚者,在老人得重病或生命垂危需要照顾时,以各种理由不予理睬。个别子女在日常生活中对父母不尊重、不理解、不懂得感恩，把自己的种种不如意归结为父母的过错，用言语冷暴力对父母进行精神或心理上的伤害。还有不少年轻人热衷于朋友聚会或沉迷于手机网络，很少抽时间陪父母聊天解闷。另外，随着城乡流动的加快、农村年轻人外出务工机会增多和通信网络的迅猛发展，原本较为封闭的人际圈子被打破，再加上外来的不良诱惑，农村的婚外情和离婚现象不断增多，导致家庭责任意识淡化。种种迹象表明，农村中孝亲敬老的传统美德遭遇不同程度的挑战，呈现出弱化态势。

（二）原本淳朴的乡风失范

受燕赵传统文化的长期浸染，河北乡村民风淳朴，人们守望相助、诚信向善。但在市场经济大潮中，受趋利性影响，农民求利心理大大强化，更多关注自身利益问题，而对自身关系不大或无关的村集体事业或公共事务不关心、不参与，导致乡村公益事业发展和现代化建设进程受阻；部分农民沉迷于个人眼前利益的精打细算之中，以利益得失取代伦理标准，急功近利、见利忘义。另外，人情淡薄，互帮互助的传统受到很大冲击。不合理的利益诉求和责任义务观念的淡化，严重影响了农村社会的长期发展和文明乡风的形成。

（三）高价彩礼尚未得到有效遏制

河北各地受村规民约的约束和红白理事会的监督引导，婚丧嫁娶中大操大办的势头得到了一定程度遏制，但高价彩礼依然盛行。调查发现，农村中应婚未婚的大龄男青年娶妻难已成为一个普遍现象，其背后的原因之一就是彩礼价格节节高。如今车子、房子、票子成为农村结婚的标配，而在票子中一些农村单纯给女方的彩礼钱就高达20多万元。据粗略计算，一般农村家庭为儿子筹办结婚的费用除置办新房外，也不会低于30万元。尤其是近几年随着人们生活水平的提高，彩礼价格还有继续上升的趋势。高价彩礼和结婚费用之高，已成为不少家庭的不可承受之重。

（四）经费投入不足和农民文化生活单调的状况尚未根本改变

走访调查发现，大部分村推进乡风文明建设缺乏经费保障，开展志愿服务和文化活动同样也面临经费不足问题。与此同时，随着美丽乡村建设的深入推进，农村公共文化场所和设施不断增加，但尚未改变农民文化生活单调的现状。问卷调查显示，53%的村民将"看电视或看手机"作为日常的娱乐方式，29%的村民选择玩牌或打麻将，仅有6%的村民选择锻炼健身。很多村庄一年之中几乎不组织开展群众性文化活动，对于当地特色文化活动农民参与热情不高；乡村文化供给与农民文化需求不对接，再加上乡村文化人才匮乏和文化遗产的保护传承不力，导致农民文化生活匮乏。

四 新时代推进河北省乡风文明建设的对策建议

新时代的乡风文明建设是一项综合的、全方位的系统工程，工作领域宽、涉及部门多，必须把各种资源积聚起来，形成各尽所能、同向用力的工作局面，切实发挥乡风文明助力乡村振兴的强大力量。因此，需抓实以下工作。

（一）坚持党建引领，健全完善乡风文明建设工作机制

一是各级党委、政府要提高站位，强化政治统领，高度重视乡风文明建设工作。要压实责任，明确方向，把推进乡风文明建设作为一项重要工作纳入党委、政府精神文明建设年度目标，推动乡风文明建设常态化、长效化。统筹规范检查考核，鼓励各村盘活资金、人力和文化资源，有效推进乡风文明建设与产业发展、生态建设、乡村治理、生活富裕一体化发展，形成工作合力，以乡风文明建设助力乡村振兴。二是建立健全党委领导、群众主体、社会参与、定点帮扶工作机制。加强基层党支部，强化党建引领，加强党员干部教育培训和学习常态化，统一思想，凝聚共识，提升组织领导战斗力，

增强建设文明乡村的信心和能力；坚持基层党组织对"一约四会"① 和群团组织的领导，引导村民通过美丽乡村建设、乡规民约修订、新时代文明实践站等，真正参与到乡村建设中，尤其要注重发挥女性在村庄事务中的积极作用；将文明乡村建设与学校教育相结合，形成以学生带动家庭、以家庭带动社会的良好氛围。同时继续发挥驻村工作队的作用，将乡风文明建设作为其重要工作内容，聚合各种力量推动形成乡风文明建设的工作机制。

（二）强化宣传引导，营造乡风文明建设浓厚氛围

一是组建宣讲队伍。按照"全民皆可、优中择优"的原则，在县域范围内广泛征集遴选若干名理论根底扎实、表达能力强、群众基础好、热爱宣讲工作的"草根宣讲达人"，组建理论宣讲志愿服务队，以培育和践行社会主义核心价值观为核心，宣传优秀传统文化、党的政策、文明新风、模范事迹等内容，初步形成"书记讲党课、专家讲理论、能人讲技术、群众讲变化、模范讲事迹"的宣讲工作新局面。二是不断创新宣讲形式。依据不同对象、不同宣讲主体，采取不同的宣讲方式。如"定点式"宣讲：每月定期定点开展专题宣讲；"走访式"宣讲：深入村街、企业、学校、家庭开展上门服务，把政策送到千家万户；"菜单式"宣讲：通过收集群众微心愿"量身定做"宣讲内容，依托新时代文明实践所（站）"送餐"的"菜单式"服务，由宣讲成员就近完成"配餐"。"分享式"宣讲：由道德模范现身说法，以讲故事的方式向群众传播道德风尚。三是评树道德典型，引领文明新风尚。定期组织各乡村开展"孝亲敬老""志愿帮扶""零彩礼"等各类道德模范的评选活动，并对评选出的道德模范大张旗鼓地表彰奖励，感染和带动干部群众学好人、做好事，形成崇德向善的良好社会风尚。

（三）坚持实践养成，培育文明习惯

培育文明风尚、文明习惯，重在实践养成。一是活动养成。要结合实

---

① 即村规民约和红白理事会、道德评议会、村民议事会、禁毒禁赌会的简称。

际，组织开展优秀传统文化、文明风尚、科学知识、法律法规、社会主义核心价值观进农家等系列活动，把好的理念、作风、习惯转化为农民群众自身需求，使之真正内化于心、外化于行，形成自觉。二是制度约束。修订完善村规民约，充实婚事新办、丧事简办、孝亲敬老等移风易俗内容，并出台具体约束性措施，对婚丧陋习、高价彩礼、不赡养老人等不良习气进行治理，通过教育、规劝、奖惩等措施，引导村民遵守相关规定。三是文化养成。以群众文化需求为导向，开展文化进乡村活动，组织公益电影放映、文艺会演、文艺培训等文化活动；同时结合地域特色和文化传统，继承优秀传统文化，保护非遗文化，弘扬当地红色精神，开展丰富多彩、形式多样的文体活动，丰富农民业余文化生活，培养文明健康生活方式，提升百姓幸福感和获得感。

（四）健全乡村公共文化服务体系，深化乡风文明新内涵

一要加大财政投入力度，通过新建、改造、置换等办法，加强基层文化设施建设，支持"三农"题材文艺创作生产，努力实现"文化活动人人参与、文化产品送到身边、文化场馆免费开放、文化成果人人共享"；二要建立公共文化设施供给需求与反馈机制，实施"菜单式"精细化服务，统筹实施文化共享工程、数字图书馆推广工程，加快构建覆盖城乡的公共文化数字服务平台，不断提升公共文化服务效能；三是保护燕赵乡土文化，培育挖掘本土人才和开展非遗文化传承人技能培训，开展文化结对帮扶，引导社会各界投身乡村文化建设，在保护传承基础上，进行创造性转化、创新性发展，不断赋予新的时代内涵，打造地域特色文化品牌和文化产业，丰富表现形式，以坚定的文化自信引领乡风新风尚。

（五）用活新媒体，搭建新平台，助力乡风文明建设

新时代的乡风文明建设需要新手段新方法，一要善于用活新媒体。继续发挥乡村工作 QQ 群、微信群、微信公众号、微视频等形式，大力宣传新风俗、新道德、新风尚，传播乡村正能量；二要积极打造网上反映社情民意的

新平台，并在这一平台上发布社保信息、土地流转、村史馆建设、村规民约修订等有关内容，方便群众了解村务、参与共治，推动乡村产业发展、志愿服务、道德评选、文化娱乐、美丽家园等活动开展得快捷及时、有声有色。三是充分发挥新时代文明实践中心作用。要紧密结合群众需求，整合资源、精准服务，大胆探索创新并打造具有鲜明地域特色的文明实践活动，培育新时代文明新风，为乡村振兴凝聚强大正能量；同时还要及时总结经验，挖掘典型做法及其先进事迹，讲好新时代文明实践故事，用文明新风"凝聚群众、引导群众、以文化人、成风化俗"，以新时代文明实践中心建设的实际成效，稳步提升社会文明程度。

和谐共生视角下河北省
数字乡村治理研究

徐 颖*

摘　要： 和谐共生是中华传统文化的瑰宝，是新时代坚持和发展中国特色社会主义的基本方略。国内外数字乡村治理的理论与实践证实了在和谐共生的视角下研究和建设数字乡村能够释放更大的治理效能。鉴于此，本文梳理了河北省近年来的数字乡村治理实践，总结其做法和经验，剖析了存在的主要问题，提出了和谐共生视角下未来河北省数字乡村治理的对策建议。

关键词： 和谐共生　河北省　数字乡村治理

　　和谐共生是中华传统文化的瑰宝，是中国人民和中华民族探索几千年得出的正确处理人与自然的关系、人与人的关系、人与社会的关系的正确法则。从《习近平谈治国理政》第三卷第十三个专题"促进人与自然和谐共生"下设的四个主题和内容中就有"共谋绿色生活，共建美丽家园"可知，国家从战略和顶层设计层面，对和谐共生的主要内容作出了要求。"共谋绿色生活，共建美丽家园"，是实现数字乡村治理的主要目标。因此，从和谐共生的视角来研究数字乡村治理符合治国理政的要求。同时，国内外的数字乡村治理理论与实践表明，和谐共生视角下的数字乡村治理可以释放巨大的治理效能。当前，河北省正在如火如荼地开展数字乡村建设，数字乡村治理

---

* 徐颖，河北省社会科学院邓小平理论、"三个代表"重要思想和科学发展观研究所（精神文明建设研究中心）助理研究员，研究方向：马克思主义中国化和社会治理。

实践取得了初步的成果，在此基础上对其现状进行梳理分析，查出问题，寻找新的视角解决问题，提出优质的对策具有非常现实的意义。

一 从和谐共生视角探讨数字乡村治理的必要性和重要性

从和谐共生视角探讨数字乡村治理的必要性和重要性，可以从中国特色社会主义基本方略的维度、数字乡村治理理论要求的维度、国内外数字乡村治理效能的维度来理解。

（一）和谐共生是新时代坚持和发展中国特色社会主义的基本方略

在党的十九大报告中，习近平总书记把"坚持人与自然和谐共生"作为新时代坚持和发展中国特色社会主义基本方略之一加以强调。其基本内涵是：建设生态文明是中华民族永续发展的千年大计。坚持人与自然和谐共生，要尊重自然、顺应自然、保护自然、保护自然生态系统，维护人与自然之间形成的生命共同体。坚持节约资源和保护环境的基本国策，坚持节约优先、保护优先、自然恢复为主的方针，把生态文明建设融入经济建设、政治建设、文化建设、社会建设各方面和全过程，形成节约资源和保护环境的空间格局、产业结构、生产方式、生活方式。坚持人与自然和谐共生，推动形成绿色发展方式和生活方式，要着力完成6项重点任务，加快转变经济发展方式，加大环境污染综合治理力度，加快推进生态保护修复，全面促进资源节约集约利用，倡导推广绿色消费，完善生态文明制度体系。这表明，和谐共生作为新时代坚持和发展中国特色社会主义的基本方略应该体现在治国理政的实践当中。

（二）数字乡村治理的理论论证了和谐共生的重要性

从数字乡村治理的理论来看，和谐共生的价值理念孕育其中。夏显力等认为，数字乡村治理融合社会结构、制度发展、组织价值等多元理论，以数字技术创新为乡村振兴的内源驱动力，来实现乡村以生产数据化、治理透明化、生活智能化和消费便捷化为目标的治理共同体的构建。苏玉娟认为，中国的数字乡村治理，就是通过数字化乡村治理的政务组织行为体系，构建数字化、信息化、网络化和智能化的新科技实施和技术规则，以推进乡村数字经济社会建设和实现村民数字化美好生活的新型智能治理活动。本文认为，从战略层面看，数字乡村治理是国家治理能力和治理现代化的重要内容，从数字化时代看，数字乡村治理是数字化治理的一部分，采用新一代信息技术对乡村进行治理，有利于提升乡村治理效能和水平，从而促进乡村振兴，提升农民幸福水平，最终实现乡村地区人与自然和谐发展。

从数字乡村建设的实践要求来看，数字乡村建设所包含的数字乡村治理是整个乡村振兴大系统的一个方面。从数字乡村的外延看，涉及政治、经济、社会、文化、生态等方面，其中，数字乡村治理是数字乡村建设的重要组成部分。从内涵看，数字乡村治理是数字化治理的一部分，在推进数字产业化和产业数字化的同时，要保护乡村生态，实现绿色发展，提升农民幸福感。河北省是农业大省，乡村振兴任重道远；同时由于是京畿福地，政治建设和生态建设同样重要。因此，数字乡村治理需要在和谐共生的理念下推进。

（三）国内外数字乡村治理经验表明数字乡村治理在和谐共生视角下能释放更大的效能

美国、日本、德国、荷兰等发达国家早在2000年左右就推出了一系列的法律法规、战略措施，并持续推进信息化乡村建设实践，如在政策方面，特朗普时期以来出台了一系列措施刺激美国运营商加大光纤、5G等网络基础设施投资力度。日本制定了"21世纪农林水产领域信息化战略""21世纪农村信息化战略"等一系列战略措施，并在数字乡村的建设过程中，不断开发和应用适合乡村地区的信息服务，推动数字教育、数字医疗在乡村发展。荷兰在农产品种养殖、销售、农业管理等方面信息化程度较高，如荷兰Nedap公司利用RFID技术实现智能化养殖，这套智能管理系统能够使整个饲养过程高度自动化控制。从总体上看，美国、日本、德国等主要发达国家凭借先进的数字技术推动本国农业农村信息化建设走在全球前列，比较重视数字基础设施、数字信息服务体系等方面建设，特别是注重农村地区电子政务、教育、医疗、金融等方面的信息服务，使乡村地区拥有良好的网络基础设施、完善的农业信息化服务体系、健康的医疗保障服务体系，这一系列的数字化举措和实践进一步缩小了农村和城市的信息化差距，消除了城乡数字鸿沟，调动了农村和农业发展活力，提高了农民素质，进而形成了巨大的治理效能。

国内地区数字乡村治理的具体举措，一般多见于数字乡村建设实施意见、政策措施或战略纲要中，如江苏省从加大"互联网+党建"推进力度、提升乡村治理数字化水平、繁荣乡村网络文化三个方面提出实施乡村数字治理的提升行动；杭州通过搭建"一基两擎三集四平台"基本框架、深化乡村"互联网+党建+网格"、推进城市大脑数字乡村治理驾驶舱建设等措施加快乡村数字治理全覆盖；等等。在实践方面，一些地区开发的数字化平台在乡村治理与乡村建设中取得显著成效，成为乡村治理与乡村发展的重要支撑。比如，河南长垣市通过打造以综合治理平台和公共服务平台为枢纽的"长垣微脑"，接入国土、农业、住建、城管等多部门信息，搭建了市、乡、村三级乡村治理数字化基础平台。重庆渝北区大力推广"钉钉乡村"数字治理平台，将农村环境整治、清洁维护、绿化管护、道路养护等纳入积分管理，发动村民通过在线"随手拍"曝光环境"脏乱差"、矛盾隐患等问题，进一步激发了村民参与乡村治理的内生动力，等等。国内的治理实践也表明，数字乡村治理在"和谐共生"的理念下推进形成了巨大的治理效能。

二 河北省数字乡村治理的现状

河北省数字乡村治理已经进入贯彻实施阶段，目前试点区已经取得了一定的成绩。根据对各试点区的调研和分析，可以看出试点区的建设已经存在较好的数字基础、治理基础和实践经验。

（一）河北省农业农村数字化指数处于全国第一方阵

根据江西财经大学发布的"江西省数字经济发展指数2020～2021"，在全国各省份数字经济基础设施指数排名中,河北位居第六,说明河北省数字基础设施近年来投入较大,成效显著。数字经济基础设施是数字经济发展的基础,河北省较为完善的数字基础设施为未来河北省数字经济发展以及数字乡村治理奠定了良好的基础。而在全国各省份农业农村数字化指数排名中,河北位居全国第七,同样处于全国第一方阵,排前六位的依次是江苏(9.41)、浙江(9.05)、福建(8.30)、广东(8.28)、山东(8.10)、陕西(7.67)。同时,对比各省市数字经济中农业农村数字化主要指标可以发现,河北省农村宽带接入用户、农村有线广播电视市级用户数占家庭总户数的比重、农村居民平均每百户年末移动电话拥有量等指标均较好。农业农村数字化指数代表了一个地区农业农村数字化水平,农村数字化指数越大代表农业农村数字化水平越高,实现数字乡村治理的可能性就越大。河北省农业农村数字化指数在全国较大,可以预见,这将为河北省未来推进数字乡村治理创造良好条件,也能够促进河北省数字乡村治理水平提升。

(二)数字乡村一系列探索建设为数字乡村治理奠定了良好基础

2020年,河北省制定印发了《河北省数字乡村建设试点示范工作方案》,从乡村信息基础设施建设、数字经济、农业农村科技创新供给、智慧绿色乡村、乡村网络文化、乡村治理能力现代化、信息惠民服务、乡村振兴内生动力、网络扶贫、城乡信息化融合发展10个方面提出了数字乡村建设的主要内容。其中,在数字乡村治理方面,河北省明确提出推进乡村治理能力现代化的"一畅通四推进两提高",即畅通社情民意,提升乡村治理能力;推动"互联网+党建",推动党务、村务、财务网上公开,推进乡村治理信息化建设,推动"互联网+政务服务"向乡村延伸覆盖;提高村级综合服务信息化水平,提高群众办事便捷程度。同时,选定石家庄市栾城区、唐山市玉田县等15个县(市、区)作为河北省数字乡村试点地区。在国家层面,河北省有廊坊市永清县、沧州市肃宁县、邢台市南和区、辛集市四地被确认为国家数字乡村试点地区。从总体来看,河北省数字乡村一系列探索建设以及作为国家数字乡村试点地区的优势为未来河北省数字乡村治理创造了良好条件。

（三）构建了一批乡村社会治理的数字化平台

近年来，为提升乡村社会治理水平，河北省一些地区探索构建了一批数字化平台，邢台巨鹿县创办的"巨好办"管理平台（县级设立中心管理平台、乡镇设立分中心），通过2000多名网格员在基层和农村发现和征集各类问题，以照片和文字的形式，通过手机App上报给"巨好办"管理平台，能由乡镇（区）本级解决的乡镇（区）解决，乡镇（区）无法解决的，再通过"巨好办"县级管理平台，按照权责清单，及时将问题移交到相关部门受理，办结后平台第一时间进行反馈，群众还可通过"巨好办"实时查看办理进度、评价办理结果。巨鹿县通过"巨好办"数字化乡村治理平台荣获全国"数字治理百佳县"，居总榜单第36位、河北省第1位。邢台市南和区作为国家数字乡村试点区，组织搭建了一系列的数字化平台：一是组织研发了手机App"农事宝"。二是与阿里巴巴集团建立了合作关系，共同推进"省数字乡村试点县"建设，积极打造了"一平台、三板块"综合电商服务体系，在全区218个行政村建设了农村电子商务服务站。三是建成了智慧党建可视化系统，将"互联网+党建"嵌入乡村治理，推动党务、村务、财务网上公开，畅通社情民意，推动"互联网+政务服务"向乡村延伸覆盖，下放审批服务和延伸受理环节事项75项，增加公共服务事项34项，提高村级综合服务信息化水平，提高群众办事便捷程度。四是创新"互联网+环卫"精细化管理新模式，建设城乡生活垃圾一体化处理体系，为垃圾清运车安装GPS和视频监控，通过一体化调度平台对车辆运行状态进行实时监控，为垃圾处理场及转运站设置自动计量和监控设备，实现垃圾及时清运、实时调度。此外，张北县、辛集市、南和区、迁安市等地区的数字化平台也颇具特色，乡村社会治理程度在全省相对较高。

三 河北省数字乡村治理存在的主要问题

河北省数字乡村治理虽然取得了比较不错的成绩，但是受各种因素的制约和影响，还存在以下主要问题。

（一）数字经济发展总体水平不高影响了数字乡村治理水平

据江西财经大学发布的 2020 年全国数字经济发展指数，河北省居全国第 11 名（GDP 排名第 12 位），目前河北省数字经济发展水平在全国居于中等偏上水平，与广东、浙江、江苏等东部沿海地区的差距比较明显，与四川、湖北等经济大省也有一些差距。数字产业化、产业数字化、数字化治理等数字经济发展水平直接影响数字乡村治理水平，因此，未来河北省要继续提升数字经济发展水平。

（二）和谐共生的理念尚未深入数字乡村治理中

当前，河北省数字乡村建设仍处在起步探索阶段，而且主要的阵地是在试点地区，即使在试点地区，和谐共生理念下的数字乡村治理效能也未完全发挥出来。一是数字乡村治理中基层群众参与热情不高、认可度不高、满意度不高，这主要源于数字化治理与传统的乡村治理衔接需要的好机制、方法和氛围还未形成。相比非数字化时代，数字治理导致的干群关系、群众关系的融合度并没有显著提升，人与人关系的和谐共生并未形成。二是资源浪费、破坏环境的现象仍时有发生，实现绿色发展、低碳发展任重道远，人与自然的和谐共生并未形成。三是数字乡村建设各要素目前分散，甚至不完整，缺乏"一站式平台""一张网服务"，并不能解决"最后一公里"难题，和谐共生的治理结构尚未形成。

（三）与先进省份相比，河北省基层数字治理水平还不高

2021 年 12 月，中共中央机关刊物《求是》主管主办的小康杂志社发布了"2021 中国数字治理百佳县市"榜单，比较各省份"2021 中国数字治理百佳县市"数量，浙江省有 27 个、江苏省 13 个、广东省 9 个，而河北省仅有 5 个，分别是巨鹿县、张北县、辛集市、南和区和迁安市，同时，排名最高的巨鹿县总评分 89.68 分，也仅位列第 36 名。可以发现，相比先进省份，河北省与之差距比较明显，基层数字治理水平还不高。

（四）乡村治理数字化体系还比较薄弱

河北省数字乡村治理实践中的数字化体系与所需要的数字化体系依然存在很大的差距。一方面，河北省基层数字治理平台还比较匮乏，并没有实现农村互联网体系全覆盖，也没有实现全面的乡村 5G 基站建设、区块链技术的使用建设等。已建数字治理平台仍处于 1.0 时代，并未真正形成智慧水利、智慧电网、智慧交通、智慧物流等全面的数字化发展。现有的平台存在突出的"信息碎片化"问题，人民群众对平台作用的认识度和参与度都不高。另一方面，数据公开标准的缺失以及数字使用权的模糊使数字乡村治理过程中存在数据缺位现象；在数据的采集、存储与使用过程中缺乏必要的监管机制和法律保障，加剧了信息泄露与信息侵害的风险；数据共享也存在各种障碍，在具体实践过程中，各主体之间没有建立统一的标准，导致了"数据壁垒"。

四 和谐共生视角下河北省数字乡村治理的对策建议

根据和谐共生价值取向的要求，借鉴国内外发达地区的经验，分析河北省推进数字乡村治理过程中存在的主要问题，笔者认为河北省数字乡村治理应该从以下几个方面推进。

（一）大力推进"互联网+党建"，畅通社情民意

无论非数字时代还是数字化时代，无论城市还是农村，无论使用哪一种先进技术对基层和乡村进行治理，都应该把党的领导放在首位，把党建工作抓起来。在数字化时代，实现对乡村的数字化治理，更要采用先进的信息技术做好党建工作，大力推进"互联网+党建"。一方面要完善河北省基层党建信息化管理系统，结合推进基层党建标准化、规范化、信息化建设，建成覆盖所有基层党组织和全体党员的基层党建信息化网络，增加和推广互联网

党课，探索试点并推广"党支部＋电商"等互联网党建新模式，推进农村地区组织设置和活动方式创新。另一方面要探索试点并推广"互联网＋党建＋群建"工作模式，大力实施"阳光行动"，推进党务、村务、财务网上公开和数据共享，畅通社情民意。

（二）加强数字乡村治理硬环境建设，奠定乡村治理数字化基础

和谐共生视角下，推进河北省数字乡村治理能力和治理现代化，重点要提升数字乡村治理的硬环境。一是加快乡村信息基础设施建设，包括实施乡村光纤宽带、5G网络建设，发展乡村宽带网络，进一步提高乡村网络设施水平，推进信息进村入户，建设集约高效、绿色智能、安全适用的乡村信息基础设施。二是加强大数据、互联网、人工智能、区块链等新一代数字技术有效供给，加快数字信息技术在乡村治理中的数字化综合应用。三是构建适应现代乡村社会治理的数字化平台，推动乡村治理方式变革。乡村社会治理的数字平台建设，不仅要建设更多的平台，关键还要整合资源，建设更多颇具特色、高效实用的数字化平台。一方面，借鉴江浙地区乡村社会治理数字化平台建设经验，结合河北省基层实情开发数字化平台；另一方面，目前中国电信、阿里巴巴、腾讯各自开发的数字化治理平台在乡村治理与乡村建设中取得了显著成效，已成为一些乡村治理与乡村发展的重要支撑。河北省应加强与这些互联网企业的合作，开发出人民群众参与度高、数字治理效率高和数据安全性高的"三高"数字化平台。

（三）加强数字乡村治理软环境建设，提升乡村治理数字化能力

和谐共生视角下，推进河北省数字乡村治理能力和治理现代化，关键要打造数字乡村治理的优质软环境。一是进一步完善推进数字乡村治理的政策措施，从人力物力财力上给予更大的支持。2020年河北省已出台《数字乡村建设试点示范工作方案》，重点从乡村信息基础设施、乡村网络文化、信息惠民服务、智慧绿色乡村等10个方面提出了河北省数字乡村建设试点的主要内容。目前，《数字乡村建设试点示范工作方案》已实施一年多，下一

步应对河北省数字乡村建设试点的10个方面进行深入调研和梳理总结,并形成和出台某些领域更科学更完善更精准的政策措施,以便更好地指导和推进河北省数字乡村建设和治理。二是利用好国家级数字乡村试点地区的政策措施,在全省形成试点示范效应。第一轮国家数字乡村试点工作于2021年底正式结束,河北省要梳理总结好全省永清县、肃宁县、南和区、辛集市4个国家级数字乡村试点地区在推进数字乡村建设和治理中的经验教训,形成可操作性的要点,在河北省示范推广。同时,要积极申请新一轮国家数字乡村试点地区,争取国家政策支持,在更多的基层和乡村推进数字乡村治理试点示范。三是加强"平安乡村"和"法治乡村"建设。一方面,深入实施农村"雪亮工程",深化平安乡村建设。另一方面,加快推进"互联网+公共法律服务",建设法治乡村。四是繁荣乡村网络文化。发挥"互联网+"优势,利用互联网宣传新时代中国特色社会主义思想,开发河北地方特色文化网络视听节目,探索建立互联网促进乡村文化振兴建设试点示范基地。同时,加强农村网络文化阵地建设,全面推进县级融媒体中心和新时代文明实践中心建设,加强乡村网络文化引导,实施农村优秀传统文化的保护与传承。

参考文献

《习近平谈治国理政(第三卷)》,外文出版社,2020。

江西省数字经济研究课题组:《江西省数字经济发展报告(2020~2021)》,江西人民出版社,2021。

郭顺义、杨子真:《数字乡村》,人民邮电出版社,2021。

沈费伟、袁欢:《大数据时代的数字乡村治理:实践逻辑与优化策略》,《农业经济问题》2020年第10期。

苏玉娟:《大数据背景下的乡村数字治理路径》,《三晋基层治理》2020年第1期。

冯朝睿、徐宏宇:《当前数字乡村建设的实践困境与突破路径》,《云南师范大学学报》(哲学社会科学版)2021年第5期。

方世南:《促进人与自然和谐共生的内涵、价值与路径研究》,《南通大学学报》

（社会科学版）2021年第5期。

马榕璠、杨俊岭：《全面理解习近平人与自然和谐共生理论的科学内涵》，《思想政治教育研究》2021年第5期。

张云飞、曲一格：《建设人与自然和谐共生现代化的系统抉择》，《西南大学学报》（社会科学版）2021年第6期。

沈费伟：《数字乡村的内生发展模式：实践逻辑、运作机理与优化策略》，《电子政务》2021年第10期。

推进河北省志愿者参与
社区治理策略研究

刘丽敏　王依娜*

摘　要： 社区治理是国家治理体系和治理能力现代化建设的重要组成部分，志愿者"奉献、友爱、互助、进步"的服务精神，符合社区治理的内在需求。近年来，河北省各地在志愿者参与社区治理工作中探索出了不少各具特色的创新模式，为推动社区文明建设起到了积极作用；但在总体上，还存在对志愿者参与社区治理的认识不足，志愿者参与渠道不畅、参与效果不明显等突出问题。本文在探讨志愿者参与作用的基础上，结合省域内志愿者参与社区治理所取得的成果和经验，运用社会互动理论对当前参与实践中遇到的主要问题进行原因分析，并提出"党建引领、良性互动、挖掘人才、激励保障"的推进策略。

关键词： 河北　社区治理　志愿者参与　社会互动

社区志愿者来源于社会，服务于社区，是社会主义核心价值观的践行者和示范者。20多年来，河北省社区志愿者队伍随着社区的发展逐渐壮大，服务领域不断拓展，志愿服务的理念深入社区，为提升社区居民幸福感、获得感和安全感发挥着越来越重要的作用。2021年8月，习近平总书记在考察河北省承德市高新区滨河社区时指出，"推动志愿者在社区治理中有更多作为"，

---

* 刘丽敏，河北省社会科学院社会发展研究所副研究馆员，研究方向：社会政策与社会管理；王依娜，北京大学社会学系博士生，研究方向：社会工作与社会管理。

要求政府和社会组织重视和发挥志愿者在社区治理中的积极作用，积极推动志愿服务参与到管理公共事务、丰富社会服务等日常工作中，实现政府治理与社会调节、居民自治良性互动的有机结合，积极构建基层社会治理新格局。

一 志愿者参与社区治理的积极作用

广义上的社区是若干社会群体或社会组织聚集在某一个领域里所形成的一个生活上相互关联的大集体；狭义上的社区是指居民聚集生活的场所。无论哪种定义都认为社区是宏观社会的有机体，社区成员之间不仅有着较密切的社会交往，而且有着共同的意识和利益，是具有互动关系和共同文化维系力的社会生活共同体。一方面，大众认同的核心社会价值观念是推进社区治理的共识性基础；另一方面，广泛、有序的社会参与是国家治理能力现代化的内在要求。显而易见，社区不仅是人们生活的基本场所，更是培育和践行社会主义核心价值观的重要场域。党的十九大指出："把社会主义核心价值观融入社会发展各个方面，转化为人们的情感认同和行为习惯。"因此，政府组织、社区服务组织、社区志愿组织和社区居民联合管理社区公共事务，推动社区持续健康发展，不仅是社区治理过程，也是培育全民认同和习惯社会主义核心价值观的过程。

伴随着我国工业化和新型城镇化的快速发展，社区数量和居民人数增长较快，社区开始从同质性向异质性转变，社区治理也呈现出主体多元化、参与对象公民化、治理形式互动化和治理原则法制化的特征，居民对社区管理和基层治理工作提出了许多新要求新期待。志愿服务作为一种社会意识和公众意愿，具有贴近生活、贴近百姓的独特优势，是沟通社会与居民、居民与居民之间的桥梁和纽带，体现了人与人之间的相互关爱，人与社会、人与自然之间的相互融合，符合现代社区自身建设的内在需求。

（一）推动社区治理主体多元化

随着现代社区的发展，社区主体呈现出多元化特征。社区主体既包括社区居民，也包括社区社会组织以及社区内各类组织的成员，他们利益诉求的复合性也要求与之相适应的公共复合责任。这种复合责任，只依赖于政府组织或单位组织对基层社会的管理已经不能适应现代社区的变化和发展，而需要全体成员的共同参与。志愿者可以通过鼓励、感召和帮助社区成员，调动成员们的参与意识，使社区治理机制更加多元，包容性更强，促使社区利益分配更加公平合理。

（二）促进社区治理参与对象公民化

在现代社区治理当中，社区成员的权利得到保障。居民意志已不再完全依附于单位或街道居委会，社区的发展规划、公共事务和处理共同问题都必须体现全体社区成员的意志。志愿者参与社区治理，发挥居民之间组织和沟通的作用，有助于居民群体之间能够积极有效地交流和合作，实现社区成员平等参与，从而达成共同的社区治理目标。

（三）引导社区治理形式互动化

在现代社区治理模式下，治理组织体系由自上而下的垂直分层结构转变为以社区组织为核心的横向辐射网络结构。社区治理方法也不再是通过上级发号施令、制定执行政策来达到管理目标，而是通过社区成员与政府管理部门协作互动、协作共建等方式来实现。社区志愿者参与社区治理，可以成为联结政府、社区组织和居民之间的纽带，助推居民向各种组织表达问题和诉求，进而在充分交流的基础上与基层政府组织形成彼此共赢关系，使社区中的行政力量、自治力量和社会力量实现有效整合，形成对共同治理目标的共同行动。

（四）加强社区治理原则的法制化

社区治理并非社区自治，而是在国家法律法规框架下的治理模式，社区居民懂法、守法是社区治理的核心基础。志愿者参与社区治理，宣传党的方针政策，以自身的友爱、互助、奉献和进步的精神解决群众困难，改善社会风气，净化社会环境，能够有效地激发和培养社区成员的道德觉悟和责任感，提高广大居民的思想觉悟和法律意识，助力社区成员成为践行社会主义核心价值观的受益者、示范者。

综上，志愿者参与社区治理的任务和作用可以总结和概括为：志愿者以自身志愿服务领域宽、渠道广的特殊优势，在社区内协同政府、社会、居民三者关系，有效弥补政府服务和市场服务的不足与缺位，推进基层公共事务和公益事业，巩固全体人民团结奋斗的共同思想基础，实现群众自我管理、自我服务、自我监督，为政府分忧、为百姓解难，是新时代推进社会主义现代化建设、提升社会文明程度不可忽视的新兴力量。

二 河北省志愿者参与社区治理实践回顾

河北省是中国志愿者行动的发源地之一。1929年，晏阳初带领平教会一批志愿者，在河北定县开展各项平民教育活动及乡村建设实验，受到当地民众的欢迎和社会各方面的肯定。中华人民共和国成立以来，在党和政府的引领下，全省志愿服务队伍不断发展壮大，参与基层治理意识逐步增强，在促进社会主义精神文明建设中发挥了重要作用。

（一）"单位制"兴盛时期

中华人民共和国成立之初，我国实行计划经济体制。与全国一样，河北省也将这种高度集中的规划体系开始从经济领域扩展到社会生活的各个领域，以"单位"为基本调控单位和资源分配单位的组织形式建立，发挥着超载社区的诸多功能。单位与个人之间属于支配与被支配、依赖与被依赖的关系，这种依靠"单位"的计划经济管理体系，对体制内的"单位"成员实行全方位的管理，社区志愿服务还处在国家治理的边缘。这一阶段，志愿服务以倡导"学雷锋做好事"为主，在组织上从属于"单位"管理，内容多为自上而下的政策安排，不具备参与社区治理的功能。

（二）"街居制"过渡时期

20世纪70年代末，随着计划经济逐渐向市场经济过渡，河北省很多"单位"在市场经济的冲击下，逐渐变成自主经营、自负盈亏的市场主体。以城市社区为例，包括社区在内的由单位负责的大量社会职能被分离出来，社区管理逐步由政府职能部门承担。这一阶段，政府成立大量的"街—居"在社区管理中承担了越来越重要的角色，1989年12月全国人大通过的《中华人民共和国居民委员会组织法》规定：居民委员会应当开展便民利民的社区服务活动，第一次将社区服务引入法律条文，并由此推动了社区服务意识的产生和推广。在这一时期，社区服务主要是由政府组织的机构承担，志愿服务得到了一定的发展，将因结构调整而形成的弱势群体纳入志愿服务工作的扶助对象，在总体上，志愿者还处于自发自愿小规模行动时期，社区治理的作用并不明显。

（三）"社区制"逐步完善时期

1991年，民政部提出社区建设，并在全国各城市中广泛开展了社区建设活动，河北省通过组织一系列的研究讨论会、外出考察学习和人员培训等活动，为开展社区建设做了充分的理论准备。1994年，河北省成立了"河北省青年志愿者协会"，为志愿者参加志愿服务提供了组织平台，志愿服务也开始向组织化发展。1998年河北省开始进入社区建设的试点实验阶段，石家庄市长安区被民政部确定为26个首批"全国城市社区建设实验区"之一，对推进全省社区建设起到了示范作用。2000年，中办、国办转发民政部《关于在全国推进城市社区建设的意见》（中办发〔2000〕23号）之后，河北省在借鉴各地经验的基础上，整体推进社区建设。2001年，河北省召开了全省城市社区建设工作会议，下发了《关于全面推进城市社区建设的意见》（冀发〔2001〕15号），确定了社区建设的指导思想、基本原则和主要目标，对全省的社区建设工作做出了全面安排部署，社区建设也正式写入《河北省第十个国民经济和社会发展五年规划》。与此同时，各级志愿服务组织相继成立，群众和社会各界广泛参与的积极性明显提高，志愿服务活动在一些社区蓬勃展开，在河北省委省政府号召"讲文明，树新风"志愿服务的推动下，全省涌现出一批环境优美、秩序良好、服务优质、管理优化的文明社区。2002年9月，保定市被民政部命名为全国社区建设示范市；石家庄市长安区、唐山市路南区、张家口市桥西区被命名为全国社区建设示范区。2009年，石家庄市成立首批"社区志愿服务站"，标志着志愿服务在社区长效机制开始建立。

（四）新发展阶段

党的十八大以来，基层群众自治制度化、规范化、程序化水平进一步提高，各类服务性民间组织提供服务、反映诉求、规范行为的作用得到发挥。2012年，河北省文明办下发《关于推进社区学雷锋志愿服务工作站建设的通知》（冀文明办〔2012〕6号），把社区学雷锋志愿服务工作站建设和活动开展情况纳入《全国城市文明程度指数测评体系》和《全国志愿服务工作测评体系（试行）》，并作为文明社区、文明单位、文明城市评选的重要条件，提出力争利用2~3年时间，实现设区市主城区和县级市的社区学雷锋志愿服务工作站全覆盖，县城建站比例达到社区总数的80%以上。2014年河北省文明办转发中央文明办《社区志愿服务方案》的通知，明确要求把开展志愿服务与创新社区治理结合起来，与学雷锋活动结合起来，大力培育和践行社会主义核心价值观，大力弘扬"奉献、友爱、互助、进步"的志愿精神，推进社区志愿服务活动经常化制度化；同年，省志愿服务联合会在石家庄成立，全省志愿者人数达到500万，各类志愿服务组织达2万多个。2016年，全省网上注册志愿者已达528万多人，志愿服务组织3.5万多个。2017年，省委、省政府在《关于加强和完善城乡社区治理的实施意见》中明确要求，"发挥社区志愿者等社区骨干在调动资源、组织活动、凝聚力量等方面的积极作用，带动更多居民参与社区公共事务"。这标志着河北省将社区志愿者正式纳入了社区治理体系当中。2020年底，河北省城市社区达到4300多个，农村社区达到50000多个，全省注册志愿者已经超过

1000万人，发布志愿服务项目超20万个。截至2021年，河北省已经指导各地建设了2.8万个志愿服务站，重点打造了300个省级社区志愿服务示范站，其中14个先进典型先后入选全国最美志愿服务社区，有力地推动广大志愿服务组织和志愿者常态化开展社区志愿服务活动。这一时期，志愿者在社区治理体系中日益发挥着不可替代的作用，已然成为社区治理的生力军。

三 河北省探索志愿者参与社区治理的新成果和新亮点

在省委、省政府的关心和领导下，在各级文明办的指导下，各地市因地制宜，从常态化、阵地化入手，积极推动志愿服务参与到管理公共事务、丰富社会服务等日常工作中，志愿者参与社区治理的积极性明显提高，以共建推动共治、以共治促进共享，探索了不少各具特色的参与社区治理新模式。

（一）党建引领模式

2014年，河北省委出台《关于全省共产党员广泛参与志愿服务活动的意见》，在全省建立以共产党员志愿者为中坚的志愿服务体系，推动共产党员参与志愿服务长期化、制度化。其中，社区志愿服务"双报到"模式有力地带动了志愿者参与社区治理。石家庄市桥西区华北柴油机厂社区依托社区党员建立管理网格，形成了社区志愿服务三级网格管理模式。在党建网格管理模式推动下，社区组织了21支志愿服务队，志愿者达到887人，他们有组织有计划地开展社区理论宣讲、生态环境保护和一系列文体服务活动，发动了群众，凝聚了人心。他们还组织老党员、在职党员和大学生成立"志愿服务突击队""楼院管家志愿服务队"，从解决居民身边的小事、急事和难事入手，调动广大居民参与社区管理和志愿服务的积极性，把居民的实际需求与社区管理和服务精准有效地对接起来，大大提升了居民的幸福感、获得感和安全感。

（二）"3+3+3"志愿服务模式

河北省一些地方依托社区志愿服务资源，创新服务模式，开展了"3+3+3"志愿服务模式，即三类志愿者队伍（综合管理队伍、惠民服务队伍、专业特长队伍）、三类重点服务对象（老人、未成年人、下岗失业人员）、三种服务方式（将服务对象请到志愿服务站来、志愿者到服务对象家中去、利用新型媒介服务），确保志愿服务进入社区的针对性和有效性。唐山市路北区大里街道东大里社区立足老旧小区老人多、弱势群体多的实际开展的"3+3+3"志愿服务成效显著，居民们不仅对社区志愿服务队的满意度不断提升，而且能够主动地在邻里互助、扶老便民、环境维护、社区治安、扶贫济困等多个方面发挥作用，志愿服务理念和行动已经实实在在地转化为社区治理实践。

（三）"邻里节+志愿服务"模式

"邻里节+志愿服务"是志愿者利用中国传统节日参与社区治理的模式，在河北省广大农村社区较为普遍。河北省邯郸市丛台区四季青街道窦庄从2005年开始举办贯穿全年的社区"邻里节"志愿活动，村委会将春节、清明、端午、中秋等我国传统节日和每年10月的最后一个星期日作为集中活动日，采取"同唱一首歌、同吃一锅饭、同赞文明人"等形式，组织社区志愿者踊跃参与，在表演文艺活动的同时，评选出社区"文明楼栋""五星级文明家庭""十大敬老爱老之星"等先进典型，促进社区居民之间相互了解和沟通。在志愿者们十几年来不间断的努力下，陌生的邻居熟悉起来，疏远的邻居亲近起来，寂寞的楼道热闹起来，社区的各项工作都取得了长足发展，辖区内管理有序、邻里和谐、秩序稳定，为促进社区和谐发展奠定了坚实的基础。

（四）"社工+志愿者"模式

近年来，社会工作者的专业化服务在河北省越来越受到重视，在一些社区，社会工作者依据社区特点，制定社区志愿者服务流程、志愿者管理培训制度、志愿服务记录制度、志愿服务激励嘉许和回馈制度等等，将居民按照特长爱好组织发动起来，成立诸如社区老年人服务队、巾帼志愿者服务队、治安巡逻志愿者队、青年志愿者服务队、帮困助残志愿者服务队等服务组织，形成了以社会工作者带动志愿者参与社区治理的方式，推动了志愿者参与社区治理的常态化。保定市莲池区民政局历经五年的试点实践，建立了河北省第一个由社会工作服务机构全面入驻社区开展服务的试点，初步形成了党委领导、政府主导、社工主体、志愿者参与的多元社区治理格局；莲池区民政局还通过"社区社会组织成长工程"，培育社区社会组织，使社区社会组织和志愿者更好地参与社区治理，从而满足不同居民的多元化需求，让志愿者的力量在社区治理中有了更多作为，莲池区共建共治共享的社区治理呈现新局面。

四 河北省志愿者参与社区治理的主要问题

河北省在志愿者参与社区治理工作中探索了不少各具特色的模式，也积累了一定的实践经验，但与国内先进省市相比还有不小的差距。河北省社会科学院调研小组于近日对石家庄、保定、邯郸、邢台、张家口5市的23个社区进行了调研，与当地民政、办事处、居委会、物业、社工组织进行了座谈，走访了社区部分居民和志愿者，就如何推进志愿者参与社区治理进行了交流与探讨。

从整体上看，河北省社区治理工作还处在地方政府主导、基层社区配合、社会组织依附的阶段，与建设现代社区的要求相比，还存在发动群众不够、针对性不强、效果难以持久、激励政策不完善等问题，在融洽居民关系、沟通居民与其他社会组织方面没有发挥更大的作用，志愿者参与社区治理的总体效果并不明显。

（一）行政色彩浓厚，发动群众不够

在组织活动方面，以政府安排的党员进社区活动为主，以医疗机构社区

服务、社区自组织文艺活动为辅；从人员上看，志愿人员按比例依次为政府各职能部门抽调人员、医疗人员、社区居民、教育等其他行业人员；在居民调查中，超过半数的社区居民对志愿者的认识还停留在单纯"做好事"的传统观念上，而且常常认为志愿服务与自己无关；在社区宣传方面，多以墙报为主，社区居民大多还处于"自学"阶段，社区居民对社区志愿服务总体印象不深。

（二）针对性不强，治理效果不明显

活动内容以大型节假日宣传或迎接创建项目为主，以文体活动、环境卫生、医疗保健为辅。活动方法依次为打扫环境卫生、挂横幅、拍照、值守等，形式乏味，同质化严重；总体上居民认同感不高，认为"走形式、摆样子""不解决实际问题"，活动与社区实际需求脱节，难以促进社区居民间的组织和协作，淡化了志愿服务的治理作用。

（三）社会对接机制不健全，活动效果难以持久

近半数的社区管理者认为，社区缺乏对接志愿服务的渠道，"我们没有资源，全是凭个人关系去对接，很是有限"。而多数医疗机构、学校负责人则认为，进社区肯定有一些宣传本单位的目的，社区居民对此也有一些排斥。居民则认为，一些亲子活动、健康宣传、文化娱乐活动受到欢迎，但往往是浅尝辄止，活动开展一两次便偃旗息鼓，持续性差，没有形成社区文化氛围，带有商业色彩的活动却较多。此外，社会大众运用平台参与志愿服务意识还不够强。

（四）激励政策不够完善，志愿队伍不稳定

在座谈中，多数社区居委会和物业认为运营资金不足是开展志愿服务最大的问题，不少活动因为缺乏资金而不得不放弃。"我们也知道居民需要什么，也希望开展一些有针对性的活动。""居委会本身没钱，什么活动也得打报告等批示，能不能批下来，什么时候批下来谁都不知道，还是按上级安排

最稳妥。"还有些社区管理人员认为，居委会工作纷繁复杂，待遇不高，过去招的公益岗位人员，有被辞退的传言，也没有人力组织志愿服务。在少资金、少组织的情况下，志愿队伍也不稳定，有的志愿者参加一两次便不再参加。

五 志愿者参与社区治理的制约因素

调查虽然来自部分社区，但也表明了河北省志愿者参与社区治理所遇到的困难与挑战，从目前志愿服务参与社区治理存在的问题来看，缺乏社会互动，没有实际与居民的需求精准对接是主要原因。

志愿者参与社区治理是其与社区居民的互动过程，其机理是依靠志愿者自身的示范作用，引导居民形成良好的日常生活习惯和行为习惯，从而形成社区全体居民的共同意识。按照社会互动理论，社会互动即社会相互作用，是指在一定的社会关系背景下，人与人、人与群体、群体与群体等在心理、行为上相互影响、相互作用的动态过程。构成社会互动，应具备三个要素：一是应有两方以上主体；二是主体间应有某种形式的接触；三是各方主体都能意识到"符号"代表的意义。对于一方主体做出的意思表示或行为，其他主体不仅能清楚认知，而且能对此积极回应。

（一）互动主体单一，缺少居民参与

受长期以来"街—区"管理制度的影响，目前在社区开展的志愿服务活动，基本上还是以政府及其管理组织的安排为主，在服务方式上也习惯采取"自上而下"的固定模式，参与主体以政府办事处、居民委员会和物业公司为主，志愿者居从属位置，把上级的任务作为出发点和落脚点，没有注意发动群众、组织群众。这种"中间弱化"现象，造成缺少居民参与，没有形成志愿者与居民之间的有效互动机制，志愿者往往成了义工。

（二）"符号"错位，居民积极性难以激发

随着人口流动加快，社区呈现居民来源多样化、居民生活圈层化的特

点。例如石家庄×社区4400户居民中，有1900多户来自外省市或郊县，1800多户来自市内其他行政区，成员间生活习惯、文化素养都存在一定差别，因此社区人员结构的变化也相应带来需求上的变化。而有些志愿服务缺乏对社区社会结构的调查和研究，并不了解社区具有何种潜能，精准性不强，一味以自我为主，没有提供有温度的产品，不能传递激发居民正能量的"符号"。例如，有的社区组织在职党员在物业的安排下进行环境卫生清理，但许多居民并不认可，他们认为党员进社区不应该仅仅是扫地和清除小广告，应该更多地把党的政策带进来，应当重视了解民情，加强社区矛盾排查。这些僵化的活动就没有注意发挥社区内的积极主动因素，没有利用社区力量和社区动力，于是这些不对路子的活动就变成了走形式。

（三）沟通渠道不畅，居民回应不积极

大部分社区住宅建设更加注重私密空间的保护，熟人社区也快速走入生人社区。由于社区普遍缺少沟通渠道，居民获得资源满足需求的渠道更多是来自社区之外，不少居民没有去过居委会办公室，对社区干部同样也不熟悉。而志愿者也缺乏与居民沟通的渠道和手段，在服务过程中只重形式上的宣传，不重实际上的沟通；只重自己参加劳动，不重自身的带动作用。不少居民觉得志愿者只是为了完成"任务"，与自己几乎没有任何关系，自己的意见也反映不上去，于是社区志愿服务往往是人走茶凉，没有起到应有的带动作用。

（四）对志愿者的激励政策还不够完善

目前，志愿者组织还是习惯于政府推动的模式，还不善于通过企业或民间组织筹集活动经费。由社会互动论衍生出来的社会交换论认为，互动实际是奖赏与惩罚的交换运用，即若使某人继续一行为应对该行为加以奖赏，让他认识到此行为对他是有意义和价值的，从而推动其自愿把这一行为实施下去。相比一些志愿服务较好的省份，河北省的志愿者在公共服务等方面享受的激励政策还远远不够。调查发现，当前社会对志愿者存在诸多误解，有不

少人认为志愿者所有服务都应该是无偿的。从服务的属性来看，社会服务是无偿的，但使用志愿者是有成本的，现有的志愿服务很多情况下都需要志愿者自掏腰包，从而导致志愿者出现"流汗又流泪"的情况，志愿者的权益并没有获得充分尊重。

六 推进河北省志愿者参与社区治理的建议

《河北省国民经济和社会发展第十四个五年规划和2035年远景目标纲要》明确提出，"志愿服务向街道社区下沉"，"引导社会力量参与基层治理，发挥社区、社会组织、社会工作者、社区志愿者'四社联动'作用，实现政府治理同社会调节、居民自治良性互动"。这表明在河北省进入高质量发展阶段后，志愿者需要发挥更加重要的作用。2021年8月，省委书记、省人大常委会主任王东峰在承德市调研检查时强调，要"强化社区工作者和志愿者队伍建设，积极构建科学完备的组织体系、服务体系、管理体系、保障体系，切实提升服务效能"。这为河北省志愿者参与社区治理工作提供了依据与遵循，立足河北省志愿者参与社区治理的实践经验，河北省应着重做好以下几个方面。

（一）强化党建引领，完善志愿服务管理体系

1. 加强志愿服务组织在社区治理体系中的融合

建立健全党组织引领下的社区"六位一体"治理体系，是河北省完善社区治理的核心环节。在"六位一体"的社区治理机制模式中，基层党组织是领导核心，基层政府起到主导作用，基层群众性自治组织为基础，社会力量包括志愿服务组织要发挥好协同作用。在"六位一体"的框架下，要进一步理顺社区党组织、社区居委会和社区志愿服务站之间的相互关系，规范志愿服务站工作制度，建立在社区党组织指挥下，社区居委会和社区志愿服务站之间精确对接、协调联动的工作机制，加强志愿服务工作定期会商和协同联动。

2. 加强志愿服务与社区日常工作的融合

目前，社区日常工作仍然十分繁重，志愿服务要与社区居委会和物业等部门互相补台，减轻社区日常管理压力，因此要努力推动志愿服务向基层向城乡社区下沉，通过属地化管理的统筹与协调，将来自"条"或"块"的各个群团组织的志愿服务、属地机关企事业单位的志愿服务和社区自组织的志愿服务统一调配到社区日常工作上来，依托社区服务站平台，努力为居民提供丰富多彩的服务项目。

3. 加强志愿内容与以人为本思想的融合

志愿服务要逐渐摆脱行政化思路，坚持以居民为中心的精准化思想，要把服务居民、造福居民作为参与社区治理的出发点和落脚点；同时要坚持问题导向，开展社区需求和社区资源的调查，瞄准社区的人居环境、人口素质、综合服务设施、物业服务管理等短板，因地制宜，整合多方资源，提升社区的软硬件环境，使志愿服务有形覆盖、有效覆盖。

（二）发挥志愿者自身优势，构建以居民为主体的良性互动机制

1. 实行项目化运作，构建居民与志愿者之间的互动关系

将社会主义核心价值观的理念内化到项目之中，按照社区的个性化、类型化、差别化特点，将社区居民的需求项目化，以居委会为主导，志愿者和社区居民参与，制定项目任务和目标，适时掌握项目进展，有的放矢地调整和补充工作内容，防止志愿服务活动出现虎头蛇尾的情况，确保服务目标的达成。

2. 促进组织化参与，构建居民与居民之间的互动关系

利用志愿者的示范作用以点带面，推动社区高质量发展。抓住关键场景，培育社区自我组织、自我管理的能力，通过健康体育锻炼项目、社区厨房烘焙项目、社区广场舞项目等兴趣点的营造和垃圾分类项目、下水管道改造项目、拆除违建项目等痛点的化解构建居民之间的互动关系，并通过组织社区睦邻节、邻里节等主题活动，创造健康公众生活，增进社区互动和信任，增强社区归属感和认同感，在服务和活动的过程中实现居民的团队化、

组织化，促进居民自治和自我管理，最大限度地激发社区的活力，使社区从"被动社区"转变为"能动社区"。

3. 加强专业化支持，构建社区内与社区外的互动关系

以"志愿河北"志愿者线上平台为载体，运用大数据、区块链等先进技术手段，建立社区内外的沟通和联系，推动社区志愿服务供需对接、项目发布、人员招募等的及时性有效性。同时，与民政、团委等"正规军"对接，承接政府购买项目，以此来锻炼服务能力，参与社会事务，提升发展信心；与专业机构联合，不断完善服务内容。例如S社区，在幼儿园儿童升小学的期间，与当地电视台《民生关注》栏目合作，采取社区家长儿童互动的方式，网络直播"幼升小注意事项"，在线收看达8.62万人，回放收看达30万次，受到社区内外居民的欢迎。

（三）注重人才的挖掘与培养，在实践中实现自我的人生价值

1. 注重社区志愿人才的挖掘

每个社区都有大量热心公益事业的党员和群众，但是由于缺乏有效的组织方式和平台，他们"淹没"在居民之中，成了"休眠的种子"。社区居委会和志愿者应当加强组织化建设，重点发现这些种子，赋予他们一定的"职位"和"权力"，征求他们的意见，发挥他们的能力，积极推动社区居民自治。

2. 注重专业素养的提升

依托高等院校、专业部门等，加强志愿服务培训力量建设，学习居民自治组织的建立和培育方法，培养志愿者在社区应急志愿服务、大型社会活动志愿服务等的组织协调能力。

3. 注重志愿精神的塑造

志愿者是弘扬社会主义核心价值观的生力军，是引导社区居民团结友善文明风尚的道德实践者。志愿者每一次参与志愿服务的过程就是志愿理念深化的过程。因此，鼓励志愿者要更多地加入社区服务中来，在实践中体会奉献精神的永恒和伟大，并以自身的优势传播社会主义核心价值观，提升广大

居民思想道德水平、社区公共服务水平，在推动社会发展的道路上实现自我的人生价值。

（四）加强志愿者激励与保障，完善志愿者促进措施

加强志愿服务的政策激励。一是补充和完善激励保障的内容，激发志愿者参与社区治理的潜力，包括奖励、补贴、时间储蓄、社区回馈以及为志愿者购买保险等。二是明确一系列促进措施，政府及其有关部门对开展志愿服务给予指导和支持，鼓励单位和社区开放公共资源，支持志愿服务组织，支持学生社团开展志愿服务。三是推动志愿服务纳入个人信用体系建设，探索建立守信联合激励和轻微失信修复机制，进一步提升志愿者的获得感。四是开展志愿服务优秀个人、团队和项目的表彰激励，在全社会营造"人人争做志愿者、人人参与志愿服务"的良好氛围。

河北省推进家庭文明建设的情况考察与路径选择

王晨阳*

摘　要： 推进家庭文明建设，是新时代培育践行社会主义核心价值观的应有之义和必然路径。党的十八大以来，以习近平同志为核心的党中央高度重视家庭家教家风建设，热切回应了新时代人民现实生活与未来宏观建设的新需求。河北省亦积极响应党中央的号召和指导，通过组织体系保障、平台阵地搭建、系列活动开展等工作，不断将社会主义核心价值观与家庭生活有效融合向纵深推进。但当下，河北省也面临着如何在资源配备、协调机制、阵地利用等方面突破固有工作局面，促使家庭文明建设进一步做细做实的现实问题。本文针对当下问题，提出了河北省未来家庭文明建设的宏观思路及改善协调联动机制、提升群众参与度、聚合社会建设合力等具体改进措施。

关键词： 河北　家庭文明建设　社会主义核心价值观

自党的十八大以来，河北省贯彻落实习近平总书记关于注重家庭家教家风建设的重要论述，各级党委政府逐步将家庭文明建设纳入党政工作大局；相关部门创设和完善相应制度措施，探索和改进具体建设途径方法，在实践中沉淀形成了一套较为规范化、程式化的工作方式与流程；各界社会资源亦开始向相关工作倾斜靠拢，各地基层群众越发积极地肯定和参与建设活动；可以说河北省家庭文明建设已取得了较好成绩。进入新时代，为应对亿万家

---

* 王晨阳，河北省社会科学院省情研究所研究实习员，主要研究方向：公共政策与网络空间治理。

庭内部结构和关系的变迁，适应由此而生的新特征、新问题、新需求，河北省家庭文明建设该如何谋求创新着力点，突破固有工作局面，推动以精神文明带动生活生产行为文明迈出更大步伐，凝聚更好推进河北省经济社会发展与实现"第二个百年"奋斗目标动力，是亟须解决的重大问题。

一 推进家庭文明建设是新时代培育践行社会主义核心价值观的必要举措

（一）新时代家庭单位面临的新问题反映出社会层面对社会主义核心价值观的践行需求

进入新时代，我国老龄少子化人口结构性特征日益显现，交通与信息传输体系的迅猛发展在短时间内打破了社会生产在空间与时间上的原有阻隔，人均受教育年限的提升与社会整体劳动需求对高知群体的倾斜形成互促循环。此三重原因的叠加令当下家庭单位的结构、分工与观念显现出新情况。如以"4+2+1"结构为典型代表的家庭结构小型化、核心化；存在家庭成员受工作地点或工作时长的限制，致使家庭结构离散化、多样化，家庭分工固定化；由多个家长对唯一子女的生活关怀与教育重视所促成的家庭多元价值观念集中化。

家庭单位出现的新情况、新问题、新需求与新期盼，与经济社会发展新时代、新矛盾、新思想与新征程相应相生，是宏观时代景象在微观个体家庭中的影响和折射，是时代发展背景下必要的过渡与变迁。但受家庭分工与角色意识错位、成员间必要交流缺乏、子女教育"唯分数论"，以及西方个人主义文化与消费至上思潮的侵蚀等因素影响，家庭原本在伦理道德和社会行为方面的约束力被大大削弱，致使其面对着单位内部观念冲突、感情弱化，成员外部诱惑取舍不当，甚至是取舍背德等现实问题。而原独属于每个家庭单位的个性问题现已汇聚成为社会层面的挑战，具体表现为离婚率上升[①]、社会整体

[①] 据国家统计局现有数字显示，河北省近十年来粗离婚率已从2011年的2.14‰逐年攀升至2019年的3.37‰。

生育意愿降低①、农村独居老人与留守儿童问题长期存在②③、未成年心理健康问题日益显现④等。这些问题不仅会对家庭成员个体的生活保障和精神情感造成伤害，更事关社会整体的风尚习气与长治久安。

物质财富带给人民美好生活需求的满足是片面的，个体所向往的美好生活必然蕴含着对美好家庭的需要与期盼。作为家庭成员的个人，需要社会重视家庭，形成倡导个体平衡参与社会生产和家庭生活的良好风尚；需要社会重视家教，对优秀子女的培育标准进行统一的确立和纠偏；需要社会重视家风，对合乎科学逻辑与道德伦理的情感取向与价值取向进行弘扬、引导和传承，期盼整个社会机体共同努力实现社会主义核心价值观在家庭生活中的具体融入，以此来促使社会中每个家庭成员对自我角色站位与责任履行进行反思与进一步明确，包容与调和彼此间的多元观念，加固家庭情感生活纽带，并将良好的家庭氛围向外部社会传扬发散，最终实现人人幸福、家家温馨的美好期盼。

（二）推进家庭文明建设是对新时代人民现实生活与宏观建设需求的热切回应

党的十八大以来，以习近平同志为核心的党中央高度重视家庭家教家风建设，这一重视在宏观政策文件、立法层面及理论论述书籍中都有所体现，并为家庭精神文明建设规划了直观明确的方向、要求和保障。这既是我党对将社会主义核心价值观有效融入家庭生活这一人民普遍需求的热切回应；又是站在新时代历史环境下，对社会价值取向演化的透彻把握，和对未来建设方向及建设着力点的精准判定。

---

① 在2016年全面二胎政策开放背景下，国家统计局现有数字显示河北省生育率从2011年的13.02‰波动下降至2019年的10.83‰。
② 《中国家庭发展报告（2015年）》数据显示，空巢老人占老年人总数的一半，其中，独居老人占老年人总数的近10%，仅与配偶居住的老人占41.9%。
③ 据河北省民政厅2021年对媒体公布数字，全省留守儿童仍有1.9万名。
④ 《中国国民心理健康发展报告（2019~2020）》数据显示，2020年青少年抑郁检出率为24.6%，其中，轻度抑郁检出率为17.2%，高出2009年0.4个百分点。

更好地推进家庭精神文明建设,是对人民美好精神情感生活期盼的精准性、实效性回应。推进家庭精神文明建设的出发角度与问题归宿,都是服务于当代家庭单位的现实困惑,服务于家庭成员的真情实感。习近平总书记对家庭精神文明建设的论述深入浅出,构建了涵盖家国情怀、家庭任务、家庭关系、家庭美德、家庭追求等涉及家庭生活各方面的内容指导体系与评判参考,指明了将社会主义核心价值观嵌入家庭生活的具体途径和方法;对个人理解运用其中的价值取向和科学理论不设门槛,足以成为解决个体家庭现实问题的统一指导,为实现人民的美好生活向往提供了基础理论支撑,是对新时代人民需求与期盼的有效回应。

更好地推进家庭文明建设,更是新时代建设社会主义现代化强国的必然要求。习近平总书记提出,无论时代如何变化,无论经济社会如何发展,对一个社会来说,家庭的生活依托都不可替代,家庭的社会功能都不可替代,家庭的文明作用都不可替代;他强调,要努力使千千万万个家庭成为国家发展、民族进步、社会和谐的重要基点。"十四五"规划纲要首设"加强家庭建设"专节,是以习近平同志为核心的党中央站在"两个一百年"奋斗目标历史交会点上,自顶层充分肯定了家庭养老育幼、扶弱帮残的最基本社会保障功能,及其在道德伦理与社会行为方面的教化与约束作用。这既是对中华文明延绵不绝历史经验的追溯参考;亦是当下培育践行社会主义核心价值观,实现清风绝弊的必要途径;更是面向未来,为实现建成社会主义现代化强国目标,而对家庭文明幸福意义的拓展、提升与再赋值,是宏观目标在微观单位中的具体拆解。其拆解逻辑一方面在于,家庭的繁育功能与社会整体劳动人口的结构、质量有直接关联;另一方面在于,个人、家庭层面的价值准则终将会凝聚为社会层面的价值取向,而良好的社会价值取向,又能够对支撑经济社会各领域发展运行的程序发挥监督、完善和促进作用,进而成为实现社会主义现代化强国建设目标的动力和保障。故推进家庭文明建设是实现新时代奋斗目标的必然要求。

进入新发展阶段,家庭精神文明建设正逐步在建设方法上,从抽象理论指导过渡到具象制度创设;在建设主体上,通过对劳动与教育等相关领域的立法、政策实行从旁协助，自个别职能部门发散向社会各界。在此背景之下，各级相关部门应当积极响应号召把握建设机遇，加强对习近平总书记关于家庭精神文明建设重要论述学习的准确性，带动社会各界联合参与，协同推进家庭精神文明建设步伐，共建共享优良的家庭与社会文明氛围，令每一个社会细胞都充盈着建设富强民主文明和谐美丽的社会主义现代化强国精神动力。

二 河北省推进家庭文明建设的实践活动与显著成效

进入新时代以来，河北省相关部门围绕习近平总书记关于"注重家庭、注重家教、注重家风"重要论述精神，结合自身工作实践经验与资源禀赋，致力于将河北省家庭文明建设有力有序推进、做好做细做实，目前也取得了较为显著的成绩。

（一）河北省家庭文明建设已具备较完善的组织体系支撑

河北省家庭文明建设在横向部门联合与纵向推进保障两个维度上，均构建起了较为成熟的组织体系。在横向部门联合层面，经过多年的探索与实践，当前妇联、文明办、关工委及教育部门等主要负责单位的协调机制已基本建立，河北省家庭文明建设已初步形成党委、政府、群团多部门密切合作、共同发力的良好局面。在主责单位之间，已借助各项联合活动契机形成了密切配合、各抒所长的工作默契。例如"最美家庭""文明家庭"等评选活动皆由妇联、宣传及教育等部门联合开展；由妇联、教育、关工委等多部门联合推动家庭教育的固定模式也已基本确立。在主责单位之外，部门联合亦呈现出拓展态势。例如，唐山市妇联已与组织纪检部门联动，在干部考察环节中增添了家庭情况一项，以此加强党员干部的家庭廉政文化建设，促进良好家风的形成，进而实现以家风带动党风政风；此外，唐山市妇联还与司法、民政部门结合，广泛开展如《中华人民共和国婚姻法》《中华人民共和国未成年人保护法》等家庭文明建设相关法律法规宣传教育活动，以此提高家庭成员法治素养，预防化解婚姻家庭纠纷，以法治宣传推进家庭文明建设。

在纵向推进保障层面，就妇联系统来说，河北现有11个市妇联、2个省直管市妇联、170个县（市、区）妇联、2380个乡（镇、街道）妇联、2999个社区妇联、48311个农村妇代会，自上而下地覆盖了每一行政层级，将组织影响力切实深植于群众家庭，为推进家庭文明建设提供了强而有力的组织支撑。文明办作为党委宣传系统的重要组成单位，也拥有自省级至乡级的完备组织体系，其主导建设的新时代精神文明建设实践中心更是覆盖了县、乡、村三级，相应构建起"实践中心—实践所—实践站"三级组织体系，汇聚起新时代精神文明实践合力。教育系统更是把准自身的教育与影响力优势，立足校园阵地，以家长学校及家委会活动为依托，大力推进家庭教育工作，其覆盖范围从幼儿园到大学，从村庄到城市，从村级到省级，其中的每一所家长学校均获得了来自组织的指导、监督与保障。

（二）河北省家庭文明建设已搭建起较为广泛的活动平台

多类别、多层次的评比选树活动极大带动了河北省家庭文明的建设热潮。当前，各部门立足各自专业领域，按照固定的时间跨度持续稳定地开展了各类优秀典型家庭的选树活动。如由文明办主要牵头负责的"文明家庭"选树活动，妇联系统组织开展的"最美家庭"、"五好家庭"和"绿色家庭"选树活动；教育部门组织开展的"书香家庭"、"文艺家庭"和"健康家庭"等选树活动；河北省应急、教育和工会还联合开展了"安全文明家庭""安全文明之星"等推荐命名活动。各部门在各类活动的组办过程之中不断规范自身征集和评选程序、扩大选树领域、拓展选树渠道、吸纳宣传资源，树立了一批具有示范引领效果，经得住历史和现实考验的省级和国家级优秀典型家庭。其中，评选体系较为成熟、社会影响力较大、取得成绩较为突出的是"文明家庭"选树活动。

河北省"文明家庭"评选体系在组织保障方面，由省文明办会同省妇联、省直工委成立文明家庭评选工作办公室。在评选流程方面，建立了涵盖村、镇、县（市、区）、市、省、国六级纵向评树体系，即先在村、镇两级进行"十星级文明户"的评选，再一步步评选县、市、省三级"文明家庭",并将这些优秀家庭作为全国文明家庭的推荐储备。在引导宣传方面,充分运用报刊、广播电视台、新闻网站,推出有分量、有深度、有影响的新闻报道、评论言论、专题节目,大力宣传候选家庭的先进事迹,扩大推荐评选活动的社会影响力;发挥手机端移动媒体优势,依托河北广播电视台抖音号和燕赵都市报快手号、微博官方账号等新媒体平台,开展优秀典型家庭事迹的宣传与巡展活动,其观看超500万人次,激发了广大家庭的参与热情,推动了文明家庭创建热潮的兴起。

(三)河北省家庭文明建设已构筑起较为坚实的服务阵地

服务阵地及其配套制度建设是家庭文明建设中的重要一环,它赋予无形的价值取向以实体依托,能有力地提高社会整体对这一事业的重视程度。当前,家庭教育服务指导机构和新时代精神文明实践中心已在河北省遍地开花。

河北省家庭教育指导机构以家长学校为主体,多类型指导服务机构共同参与。2017年,省关工委会同教育厅关工委颁布《关于进一步做好家长学校工作的通知》,充分发挥各级各类家长学校阵地作用,积极推动家庭文明建设。强调要推动家长学校建设普及,就规范家长学校硬件设施、教师队伍、教材使用、工作制度、活动经费、考核评估、档案资料等方面提出了相应要求,并提出要强化教学管理和课题研究,为全面提升社会文明程度发挥积极作用。2020年,省教育厅、省妇联及省关工委又联合出台《关于完善全省覆盖城乡的家庭教育服务体系的通知》,进一步扩大了家庭教育指导服务的平台建设范围,提出可依托各县(市、区)青少年校外活动中心,城乡基层社区依托妇女儿童之家、基层文化活动中心(站)、党员活动室等场所建设家庭教育指导服务站;同时,相应明确了各家庭教育服务体系的责任部门、具体要求和保障措施。

此外,河北省还依托媒体和网络平台将家庭教育指导服务阵地建到了线上,以便打破空间与时间的限制,令群众随时随地享受服务。省级层面,省妇联与河北广播电视台农民频道合作开设了《爸爸妈妈上学堂》栏目,并依托省广播电视台冀时客户端及官方抖音号开展家庭教育网络直播，开办家庭教育云讲堂。市级层面，各地市妇联组织亦与当地教育系统密切配合，依据地市实际需求，联合打造了各自集线上班级管理、家教指导资源、直播工具、家校共育、沟通交流、专家互动等功能于一体的网上家长学堂。也有地市进一步创办了自己的特色网上项目，如石家庄市的"智慧父母大讲堂"、邢台市的全媒体家庭教育热线直播节目《爱子有方》。截至2020年底，河北省共设立家庭教育广播电视栏目80多个，建立微信、短信家庭教育服务平台1526个，构筑起了覆盖广的家庭教育指导公共服务网络阵地。

河北省新时代精神文明实践中心建设由各级文明办主责推动。按照"试点先行、重点打造、梯次推进、全域覆盖"的思路，2018年底河北省选择邯郸市临漳县、秦皇岛市卢龙县、石家庄市藁城区作为省级试点先行探索，推动11个设区市确定了25个县（市、区）为市级试点分层探索，为在全省推行奠定了坚实基础。2019年10月，河北省又有20个县（市、区）被列入全国试点。截至2021年中，全省已经建成106个县级新时代精神文明实践中心，占全省县（市、区）总数的63.4%，建成乡镇新时代精神文明实践所1130个（占比50.1%）、村级新时代精神文明实践站14000多个（占比28.7%）。在此建设过程中，各县主动强化自身主体责任，积极明确各自新时代精神文明实践中心功能职责，规范组织机构、完善运行机制、公开工作流程、创新实践活动等，并聚合阵地资源，着力打造理论宣讲、教育服务、文化服务、科技与科普服务、健身体育服务五大平台，扎实推进新时代文明实践中心（所、站）建设提档升级、走深走实。

（四）河北省家庭文明建设已引起社会各界的普遍关注

引起了社会的普遍关注，将丰富的社会资源引入家庭文明建设之中。一方面，引导了各类媒体资源积极宣传。例如，河北卫视打造的《中华好家风·家风传万家》节目，一经播出即获得了社会的良好反响，吸引了更多的家庭学最美、促和谐。此外，河北省文明网、"学习强国"客户端、河北广播电视台抖音号等新媒体平台，也多视角多维度地传递报道最美家庭故事。另一方面，汇聚了多方资源广泛参与。在政府和相关部门推动下，城市社区、农村两委、家教和心理咨询类社会组织机构、特殊教育机构以及广大的志愿者都纷纷加入全省家庭文明建设之中。譬如辛集市的未成年心理健康辅导中心、福道书院，沧州市的五惠通全纳教育培训学校等，均在青少年心理问题预防、亲子关系培养、特殊儿童指导方面发挥了重要作用。凡此种种均有效补充了政府资源和力量的欠缺。

引起了各级党委政府的关注，为家庭文明建设争取了更有力的支持。各相关部门主动将家庭文明建设纳入党政工作大局，谋划实施了"家家幸福安康工程""家庭教育五年规划"等群众关注度高的亮点工作以响应党委号召，服务中心工作；并通过勤请示、常汇报，成功引起了省、市领导对家庭文明建设的重视。如邢台市委市政府以两办名义印发了《关于加强家庭教育工作的实施意见》，成立以市委常委、宣传部部长为组长，市政府主管副市长为副组长的家庭教育工作领导小组，并将此做法逐步在其下辖县市区进行推广，当前已有10个县（市、区）参照执行。沧州市领导也已开始通过主持召开家庭文明建设座谈会、经验交流会，开展专题调研等形式，整合各部门力量，积极构建家庭文明建设良性推进机制。家庭文明建设正逐步进入各级党委政府主要领导的重点关注视野。

（五）河北省家庭文明建设已在省级以上层面取得了显著成效

河北省始终坚持把弘扬新时代家庭观同推动社会主义核心价值观在家庭落地生根紧密结合，引导广大家庭把爱家和爱国相统一，把美满家庭观融入伟大民族梦。在这一思想指引下，当前已在家庭家教家风三个注重方向上取得了显著成效。

在家庭建设方向。2020年河北省评选省级"文明家庭"101户，获评全国"文明家庭"22户；省级"最美家庭"100户，获评全国"最美家庭"41户；省级"五好家庭"100户，获评全国"五好家庭"40户；省级"抗疫最美家庭"50户，获评全国"抗疫最美家庭"25户；省级"最美绿色家庭"50户，获评京津冀"最美绿色家庭"10户，为全省家庭文明建设树立了较为全面的模范参考。其中事例包括承德市滦平县周台子村党委书记范振喜家庭，1991年范振喜为村办企业考察项目患上血癌，任职33年，与疾病抗争28年，多次病倒在工作岗位上，三次大手术，四次接到病危通知；妻子刘丽华为支持范振喜工作，一力撑起家中大小事务，由于过度劳累身患癌症，经历了两次手术。在如此情形下，范振喜仍能以超乎寻常的毅力带领村民发展集体经济，把一个远近闻名的冀北贫困村，发展成拥有十几亿集体资产、农民人均纯收入3万多元的"塞北山区第一村"，创造了"中国贫困山区建设奇迹"。石家庄市裕华区建南社区靳国芳家庭，1937年出生的靳国芳被社区居民亲切誉为"雷锋奶奶"，自1992年退休后她便全身心投入到社区志愿服务和各种公益活动中。30年来，靳国芳与荣获过"抗美援朝三等功"的丈夫郭普林始终如一地为社区内空巢老人、残疾人、低保户提供志愿服务，以身作则传承向上向善、助人为乐的雷锋精神，身体力行树立孝老爱亲、友善睦邻的淳朴家风。

在家教建设方向。至2020年底，河北省已建立城市家长学校3015所，覆盖率达96%；建立农村家庭教育指导服务站点36648所，覆盖率达80%；全省共命名河北省家教家风教育实践示范基地、省家庭教育指导服务示范基地54个，获评全国家庭教育创新实践基地9个。其中更有邢台市在实现全市3736所普通小学、幼儿园和职业中学家长学校全覆盖后，进一步依据自身现实需求突破创新，成立了全国第一家以为家长学校培训家庭教育指导教师为主要任务的邢台市家庭教育学院；其后该学院又与邢台市老年大学联合，专门为培育隔代教育师而创办了邢台市老年家长学院，一经开办广受欢迎，目前已举办了3期培训，共培训隔代教育师157名，这在全国也是第一家。除家庭教育指导服务体系的建设成功之外，妇联部门筹划的一系列推动家长与孩子同进步、共成长的亲子活动，亦起到了良好的社会实践带动作用。如于2020年六一儿童节前举办的线上"同悦书香共成长——2020年河北省亲子朗读竞赛活动"，就在全省征集到作品9701部；经专家评审选出获奖作品103部，3部"评委特别奖"作品在河北广播电视台官方抖音号上发布，当日点击量均超2万次。

在家风建设方向。妇联等部门组织开展了好家风家训评议、好家风家训书法征集、好家风故事微视频征集展播等系列活动，并依托河北广播电视台抖音号和燕赵都市报快手号、微博等平台，通过"最美家庭故事会""五好家庭事迹巡展""绿色家庭家风展示"等栏目进行家风传承教育，仅2020年一年全省共组织开展家风故事讲述传递活动1000多场次，观看超103万人次。特别值得一提的是，为庆祝中国共产党成立100周年，更好地继承共产党人的高尚品格和优良作风这一永不褪色的"传家宝"，自2021年5月起，河北省文明办、省委省直工委、省退役军人事务厅、省教育厅、省总工会、团省委、省妇联、省关工委联合开展了"红色家风故事征集宣传展示活动"，面向社会公开征集红色家风故事，并依托《河北日报》、河北广播电视台开设"红色家风故事"专栏，目前该活动仍在展播之中。

三 当前河北省家庭文明建设中存在的问题

随着经济社会发展变化，我们也要客观地看到与新时代开启新征程的新要求相比，与全面建设经济强省、美丽河北相比，与满足人民美好生活需求相比，河北省推进家庭文明建设还存在需要解决的突出问题。

（一）河北省家庭文明建设的基层人财保障不充足

当前河北省家庭文明建设在基层的人力和经费配置方面还存在较大缺口，极大制约了相关工作的推进实效。实地调研发现，受基层编制名额限制，当前全省市级妇联从事家庭文明建设的在编人员均不超过5名，下至县乡一级则人数更少，且这些人员往往身兼多职，长期处于多线程工作状态之中，对家庭文明建设此类难以估测实效、对照改进的工作难免力不从心。另外，依靠财政拨款的单一资金投入模式致使部分地区基层家庭文明建设经费欠缺。当前河北省家庭文明建设以财政拨款为主要经费来源，多渠道多层次的资金投入机制尚未建立。各地市经济发展情况不一，对家庭文明建设的重视程度与推进力度不一，故而在经费投入方面也存在一定差异，更存在部分乡村地区没有相关活动经费。

（二）河北省家庭文明建设横向协调机制尚需完善

当前河北省家庭文明建设在多个部门间分散推进，虽具备一定的横向协调机制，但各部门间联合依旧较为松散，存在单打独斗、资源浪费的问题，统筹协调机制有待进一步完善。一方面，河北省家庭文明建设缺乏统一的领导小组和协调制度安排。当前家庭文明建设呈现出较为明显的条块分割状态，妇联、教育、文明办等部门都依据自身工作基础有所侧重，虽然具备一定的协调联动机制，但其横向协调也仅是暂时性针对特定的事件或活动而言，尚未确立协同推进家庭文明建设制度化、常态化工作机制。这致使相关工作开展得较为零散，从总体来看难免在组织建设、活动开展、平台设立等方面存在孤立化、同质化问题，增加了参与各方的主体负担，造成了有限资源的浪费。另一方面，选树职能过于分散，选树资源及选树渠道整合不足。现阶段各部门的选树职能相互交叉，各类"文明家庭""文明单位""最美家庭"等评树活动分散于文明办、妇联等多个部门。重复的选树工作，不仅造成了选树样本和行政资源的浪费，更会对选树的严肃性、称号的荣誉性产生冲击，反而对家庭文明建设起到了负面抑制作用。

（三）河北省家庭文明选树活动示范引领作用有待提升

当前河北省存在部分文明示范典型选树活动行政化色彩明显，群众实际参与率不足，推动家庭文明建设的示范带动作用发挥有限。究其原因，一是部分选树活动的组办理念存在偏差。存在部分地区对评审标准的理解和把握有偏差，对报送稿件写作水平的关注高于对参选家庭周围群众意见的关注，仅凭文案论高低，难以服众；还有部分地区存在重结果轻过程的错误观念，忽视了评树活动本身的宣传促进作用，活动开展亲民性不强，致使基层群众参与热情与参与度不高，选树典型影响力有限。二是对农村或社区的文明典型挖掘不足。农村或社区是文明典型的评树重点，也是评树典型的重要储备区。但现有评树活动多集中在省、市一级，对县、乡、村或基层社区的典型挖掘不足，存在"头重脚轻"的问题，导致文明典型的触角延伸不够，示范带动作用有限。

（四）河北省家庭文明建设服务阵地的效用发挥不充分

虽然现阶段家庭文明建设服务阵地已在河北省遍地开花，但由于平台自身建设尚不成熟，或基础设施有限，或活动内容、方式难以吸引群众参与，加之宣传普及力度不足，因此未能使基层群众对家庭文明建设服务阵地的知晓度达到建设预期，使阵地实际使用率不高。其中部分新时代文明实践中心（所、站）除承接学校及社会组织的任务性参观学习活动外，接待普通市民进行自发参观学习的次数十分有限，难以起到真正的带动示范作用。此外，也存在个别家庭文明建设示范性公益平台的商业化倾向较为明显，还有一些所谓的公益活动中掺杂了较多的商业元素，相关部门应引起重视、加强监管，切实守护好家庭文明建设的公益本质。

（五）河北省家庭文明建设需持续扎根理论谋创新

选树、宣传、表彰等家庭文明建设活动均已延续多年，形成了程式化工作流程。但当前，随着家庭单位现实情况和在此影响下人民群众对家庭文明建设需求的变化，此类缺乏创新性的程式化工作的实际效果，距离上级要求和整个社会期望都有了较大差距。究其根源，一是因为各部门未能在理论上准确透彻地把握新时代家庭文明建设的思想内涵、理论意义和现实要求。有的部门在思想认识上，就只将上级文件明确要求的基础性工作的成绩好坏，作为衡量家庭文明建设效果优劣的唯一标准，而没有将当地居民的实际需求和特殊需求考虑在内。有的部门虽有创新意识，但由于其对相关论述的内容实质理解不够深刻，导致家庭文明建设的推进和创新缺乏相关理论指导，最终或无从下手，或流于形式。二是当前家庭文明建设相关部门工作人员往往身兼多职，其有限的精力只能以高效完成可考核的传统工作任务为主，复杂多元的日常工作已令其分身乏术，无暇进行创新性思考和谋划。

四　推进河北省家庭文明建设的思路建议

在指导思想上，未来河北省应当坚持以习近平新时代中国特色社会主义思想为指导，以实现"两个一百年"奋斗目标为根本导向，以全面建设经济强省、美丽河北为出发点，立足新发展阶段、贯彻新发展理念、构建新发展格局，遵循社会主义核心价值观基本要求，以建设文明家庭、实施科学家教、传承优良家风为重点，团结引领广大家庭成员牢固树立新时代家庭观，把爱家和爱国统一起来，把实现个人梦、家庭梦融入国家梦、民族梦之中，为全面建设社会主义现代化国家，实现中华民族伟大复兴中国梦汇聚磅礴力量。

在建设思路上，要坚持问题导向，针对家庭文明建设的突出问题精准施策、久久为功，细致挖掘广大家庭成员的家庭文明建设需要，积极回应人民群众对美好生活新期待；坚持守正创新，树立新风正气与破除陈规陋习并举，传承中华优秀传统美德，赓续红色家风，弘扬新时代文明风尚，不断推进内容、手段、载体和基层工作创新，永葆家庭家风建设生机与活力；坚持共建共享，发挥群众主体作用，吸纳社会力量参与，强化部门有效协同，扩大覆盖面、增强影响力，凝聚家庭文明建设合力，让家庭文明建设成为广大家庭成员的思想自觉和行动自觉，不断增强获得感幸福感安全感，令亿万家庭共享发展成果。

在总体目标上，争取在未来五年内进一步增强家庭文明建设活动的影响力和感召力，培育爱党爱国、相亲相爱、向上向善的家庭，实施以德为先、科学严格、为国育人的家教，传扬品行端正、道德高尚、理想信念坚定的家风；积极落实中央文明办、全国妇联等部门出台的相关文件，培育使选树典型家庭数量翻一倍，家庭教育指导服务体系进一步完善，立德树人家庭教育理念深入人心，党员领导干部的家风建设表率作用显著增强，在全社会形成弘扬好家风、践行社会主义核心价值观的强大正能量，使家庭文明建设在基层社会治理与人口结构优化中的作用更加显著，使亿万家庭成为国家发展、民族进步、社会和谐的重要基点，为集聚实现中国梦的强大正能量做出新贡献。

（一）切实加强各级党委政府对家庭文明建设的重视程度

家庭文明建设是社会主义核心价值观培育践行的重要根基，是整个社会精神文明建设的精准切入点，需要各级党委政府站在加强社会主义精神文明建设的战略高度，给予家庭文明建设足够重视。一是建议自各级党委、政府层面上建立起由党委、政府领导同志任组长，妇联、文明办、教育、团委等部门参与的家庭文明建设领导小组，以此协调指导区域内的所有相关建设工作，构建制度化、常态化工作的机制。二是建议将家庭文明建设列入各级党委政府的重要议事日程，列入每年常委会、办公会等重要会议的专项议题，将家庭文明建设与当地经济社会发展宏观规划相互吸纳融合，在发展的全局视野中审视该项工作的开展推进情况，做出长远的建设规划，并在建设过程中及时发现和解决其中存在的问题。三是建议妇联、文明办、教育等相关部门加强与高校、科研院所等专业研究机构的合作，积极设立相关研究课题，加强对家庭文明建设的价值、内涵、方向、措施等内容的学理性与实践性研究，加大相关成果宣传力度，并定期向各级决策层报送相关智库成果作为决策参考，以吸引各级领导增强对该项工作的关注和重视程度。

（二）持续改善各部门推动家庭文明建设的协调联动机制

家庭文明建设涉及部门多、推动链条长、持续时间久，这种任务性质就决定了参与工作的各相关部门必须进行统筹谋划，建立合理的协调联动机制，以此汇聚各方资源，凝成建设合力。具体来看，一是要在成立上述家庭文明建设领导小组的前提下，在内部厘清和公开各自现有工作基础、建设资源及主要任务，明确年度联合工作任务和分工互助机制；定期开展会务，交流上一阶段实践工作进展及群众新生需求，谋划工作创新方式，以此构建起高效、常态化的各相关部门内部协调机制。二是需系统性梳理整合分散于不同部门的"文明家庭"创建和选树活动，整合部门资源要素，由领导小组对文明家庭评选活动进行统筹设置，以此避免重复性选树造成的资源浪费和对评选活动严肃性造成的负面冲击。三是建议加大各部门线上线下资源平台的共建共享力度，加强对不同部门聘请的专家，建立的数据库、网络平台、实践中心、示范基地等各类资源要素的流动和使用，提升各类型资源推动家庭文明建设的实践效用。

（三）着力提升各类家庭文明建设选树活动的群众参与度

各类文明示范典型选树活动开展的根源和意义都在于服务广大基层群众，其样本资源来源于群众，评选过程依赖于群众，最终成果作用于群众。这就要求各相关部门，一是要端正组办活动的理念，牢固树立选树过程即文明传播过程的认识，坚决纠正个别地方存在的重结果轻过程的错误观念。要密切联系基层社区单位对区域内全体居民进行宣传带动，详细筹划群众参与支撑机制，创造条件，拓展群众参与渠道，吸引广大群众真正参与到评选活动的整个流程中来，谨防选树活动成为个别部门或有限单位范围内的独角戏。二是要进一步规范各级各类选树典型的推选程序，严防选树活动成为单纯稿件写作水平和煽情程度的评比趋向，坚持以群众全程参与为出发点，以程序标准化为保障，让推选过程本身就拥有带动周围群众向"文明家庭"看齐的天然影响力，形成更大的带动示范效果。三是要持续将各类选树活动的样本资源渠道下沉至城乡基层社区，下沉至群众身边。重点突出普通公众身边的凡人善举和家庭美好，为基层群众提供看得见、摸得着、学得会的文明典范，杜绝典型示范成为孤芳自赏，切实发挥选树活动的示范带动作用。

（四）着重提高各类家庭文明建设服务阵地的使用效能

提高各类家庭文明建设服务阵地的建设质量与活动组办创新能力，令其能充分发挥引领家教家风建设的作用，是当前推进家庭文明建设的重中之重。一是教育部门要持续推进依托于中小学的家长学校建设工作，督导各中小学校真正将家长学校的提质升级摆上重要议事日程，一方面要确保家长学校"十有五落实"的设置配备和管理运行标准；另一方面要加大对兼职家庭教育指导服务的教师经费的支持力度，保障更多的专业教师参加家庭教育指导师培训，增强家长学校的服务指导能力。二是妇联系统要进一步将主责建设的城乡社区家庭教育服务指导中心与基层新时代精神文明建设实践中心、社区活动中心、党员活动室等场所建设相结合，并要确保有人员、有活动来支撑其正常运转，谨防城乡社区家庭教育服务指导中心成为"挂牌空屋"。三是要注重区分依托学校的家长学校与依托城乡社区的家庭教育服务指导中心的授课内容设置，前者应侧重引导家长配合学校进行子女的教育，实现良性的家校共育；后者则需更加突出家庭、家风、家教等以"家"为核心的教育内容，其授课对象也应突破中小学生家长的限制，将未婚青年和老年群体也涵盖在内，故而亦须尽快从省级层面组织相关专家，编写社区家长学校适用教材。四是要提升各类家庭文明建设服务阵地的活动质量。对家庭教育指导机构来说，一方面要创新指导服务形式，除传统的线下大规模集中授课培训外，还可采用专题沙龙、现场模拟、典型剖析等多种形式，以适应家长群体的多元化、个性化需求；另一方面要创新亲子活动内容，深入挖掘亲子活动与家长诉求的衔接点，除开展"书香阅读""展馆参观"等共性活动外，还可以结合中华传统文化、经济社会宏观发展战略、时下社会热点话题等内容，开展工艺品制作、专项体育比赛、分组辩论等，可供家长与子女共同实践动手或进行思辨交流的亲子活动。对新时代精神文明实践中心来说，是要站稳"服务者"立场开展活动，从便于群众参与的视角出发，创新性地丰富家庭文明建设的活动载体，如广泛开展"好家风征文""文明家庭事迹宣讲""传统节日展家风""家风家教上墙"等群众可及性强的活动。

（五）广泛汇聚社会各界资源聚合河北省家庭文明建设合力

一是要加大对家庭文明建设相关内容的宣传力度，通过《河北日报》、河北电视台、长城新媒体等媒体平台，乡村宣传栏、商铺临街 LED 显示屏、电子公交站牌等城乡公益宣传渠道来进行常态化、地毯式宣传，营造浓厚的社会文化氛围，潜移默化地提升全体社会成员对家庭文明建设的关注与认同，引发广大群众对自身家庭的理性反思和改进动力。二是要切实增强相关部门工作人员的建设力量。建议自上而下增加对家庭文明建设的人员编制和活动资金投入，尤其是对县、乡两级妇联、文明办、教育等部门的人财保障，确保基层家庭文明创建活动得以有序开展。三是要吸引社会资本参与到家庭文明建设活动之中。可以依托城乡社区设立关于家庭文明建设的政府采购项目，吸引社会组织和志愿者加入一线的家庭文明建设；或联合民政部门在明确监管机制的基础之上，邀请教育类、文化类等各相关行业协会共同参与，通过授牌、资助等形式积极培育开展家庭文明建设的公益性社会机构；同时还要大力引导社会机构通过捐赠、联合组织活动、聘请专家、开发课程等多种形式支持和参与到全社会的家庭文明建设活动之中。

案例创新篇
Case Studies Reports

道德之光在这里持久闪耀
——河北省青县开展道德模范评选活动的调研报告

包来军　敬桂甫*

摘　要： 河北省青县自2001年以来连续20年始终如一地推进全民道德建设，涌现了众多道德模范，打造了"道德青县·爱心之城"的精神品牌，成为社会主义核心价值观在燕赵大地践行的一个典范。本文通过调研青县道德建设进程，分析其构建道德建设组织体系和道德实践活动全民参与机制、道德建设宣传教育机制和道德模范表彰关爱约束机制的成功做法，提出进一步深入推进工作的对策建议，对推进社会主义核心价值观践行具有重要的借鉴和启示意义。

关键词： 青县　社会主义核心价值观　道德模范

---

* 包来军，河北省社会科学院语言文学研究所副研究员，研究方向：社会主义核心价值观传播、"一带一路"纪录片；敬桂甫，中共青县县委宣传部二级主任科员，研究方向：社会主义核心价值观传播。

在中国特色社会主义改革开放全面深化的新时代，党的十八大提出了积极培育和践行社会主义核心价值观的战略任务，党的十九大进一步提出了"要深入实施公民道德建设工程"。如何完成这一任务和道德建设工程？这需要在先进理论指引下，不断创新并切实践行。20年来，河北省青县始终坚持把思想道德建设作为构建社会主义核心价值体系的一项重要工作来抓，数十年如一日地进行探索和实践。"道德青县·爱心之城"誉满全国，成为社会主义核心价值观在河北践行的典型范例。"青县现象"是培育和践行社会主义核心价值观的具体体现，其践行经验对推动社会主义核心价值观的深入无疑具有重要的示范和启示价值。

一 青县社会主义核心价值观的探索与践行

青县属沧州市管辖，北依天津，素有"盘古故里"之称，辖8镇2乡1个国营农场、345个行政村、14个居委会，总面积968平方公里，总人口41万。截至2021年，青县获县级以上表彰的道德典型达4200多人，受国家和省市表彰300多人（次），31人荣登中国好人榜（居全国县级上榜人数之首），1人获全国道德模范提名奖，1个家庭获全国文明家庭称号，8人获河北省道德模范及提名奖，青县思想道德建设先进经验报告会在人民大会堂成功举行，"道德青县·爱心之城"的精神品牌已经成为全国典范。

回望20年来青县公民道德建设的历程，可分为三个阶段，其探索与践行的做法为"构建一个体系、抓好三项机制"。

（一）青县社会主义核心价值探索与践行的三个阶段

第一阶段：谋划起步阶段（2001~2003年）

2001年，青县县委、县政府提出了"坚持以公民道德建设为核心，加强精神文明建设"的方针，突出社会公德、职业道德、家庭美德和个人品德建设；提出"孝敬、友善、诚实、勤俭"的青县人道德标准；出台了《关于进一步加强公民道德建设的实施意见》等文件；成立县道德促进会1个、各级道德评议会440个等群众组织。青县电视台开播《德化人生》栏目，每周宣传一个道德典型。2001~2003年，青县开展了"三德""三做"（加强社会公德建设，在社会做个好公民；加强职业道德建设，在单位做个好职工；加强家庭美德建设，在家做个好成员）活动，农村道德评议活动；开展"孝敬模范""教子模范""文明之家"评选表彰活动。各项活动的广泛开展，为青县公民道德建设打下了深厚的政策、文化、宣传、舆论和群众基础。

第二阶段：持续发展阶段（2004~2010年）

2004年，青县进一步在各行业各领域推进打造"诚信青县"品牌。制定了《机关道德行为规范》，开展公务员诚信教育；组织了企业商家"诚信市场""十大诚信企业"等创建评选活动；制定了《关于进一步加强未成年人思想道德建设的实施方案》，开展中小学"道德教育第一课"等常态养成教育活动。2007年，青县开展"志愿者在行动"活动，实现志愿服务常态化；2008年后，先后涌现出以网络为纽带的20多个志愿服务组织。大型公益活动也百花齐放，义务植树、扶贫帮困、无偿献血等系列活动达170余次，参与人数达6.2万人。青县广泛开展"身边好人""感动青县"道德模范人物评选表彰活动；"感动青县"道德模范评选颁奖盛典，连续13届表彰了239人（组织），使"感动青县"成为深入人心的道德品牌。2008年，有10人荣登中国文明网中国好人榜，数量居全国第一，"道德青县"美誉初成。

第三阶段：深化完善阶段（2011~2021年）

2011年，青县开展了"道德青县""感动青县""诚信青县""志愿青县""文明青县""爱心青县"六项活动。新华社报道后，刘云山等中央领导作出重要批示，中宣部将青县道德建设列为重大典型。《人民日报》、《光明日报》、中央电视台等国家级媒体也多次持续报道。"积小善、成大爱——青县思想道德建设经验报告会"在河北省巡讲。2012年，青县思想道德建设先进经验报告会在人民大会堂召开。青县县委提出《关于进一步加强思想道德建设的意见》，健全完善"一个体系、三项机制"（道德建设组织体系、道德建设宣传教育机制、道德实践活动全民参与机制和道德模范评选表彰关爱机制），实施"道德森林"工程，开展月评好人、季评好人等活动，建成青县公民道德建设展馆，在盘古广场等大型广场公园建成社会主义核心价值观涵育基地。

2013年，青县开展农民志愿者队伍建设；开展《市民文明公约》进万家和"文明上网"等文明行为引导活动。2014年，开展系列先进典型选树活动和"爱青县、树正气、促发展"群众文化活动。2015年，开展了"官德、商德、公德"教育征文、演讲比赛和"四个万家"（进万家门、知万家情、解万家忧、办万家事）活动。

2017年开始陆续建成诚信公园、孝道公园、廉政公园、好人公园、法治公园、党建公园等"核心价值观主题公园"。2019年，青县落实《新时代公民道德建设实施纲要》要求，充分发挥先进典型引领作用，坚持"五突出、五推动"，谱写了公民道德建设新篇章。积极推进新时代文明实践中心（站、所）试点建设工作，着力打造融理论武装、道德教化、志愿服务等于一体的综合平台和精神家园。建成新时代文明实践中心1个、文明实践所11个、文明实践站33个。2020年投资500余万元升级改造了青县公民道德建设展馆。

2011～2021年，青县道德建设进入了全面、深入和完善的快车道。特别在党的十八大后，青县着力打造新时代公民道德建设新高地，"道德青县·爱心之城"品牌日益深入人心，省内外各地各界纷纷前来学习交流，在全社会、全国都产生了巨大的社会影响和示范效应。

（二）青县社会主义核心价值观践行的主要做法

当前，青县的主要做法是"构建一个体系、抓好三项机制"。

1."一个体系"，即建立道德建设组织体系

一是在县乡两级建立由"一把手"负责的道德促进会，对道德文化建设进行总体谋划和安排部署。二是在村街、社区、机关、企业等基层单位，组织离退休老党员、老干部、乡贤等成立道德评议会、红白理事会、新乡贤议事会等群众组织，开展宣传教育和主题实践活动，构建了以"三会"组织和志愿者队伍为主体，党委统一领导、部门具体负责、群众组织实施、百

姓广泛参与的工作格局。"一个体系"解决了谁来管、谁来做的问题。

2. 建立道德实践活动全民参与机制

此项机制重点抓了五个层面。一是在农村和社区,积极推进新时代文明实践所站建设,研究制定了青县农村新时代文明实践站"双10"建设标准,让道德建设的各项内容扎根基层,深入人心。在基础条件好的乡村兴建"孝老食堂",目前已有近50个村建成并投入使用。在每年1月15号和7月15号的民主议政日中加入道德建设内容,各村依据村庄特点,通过海选、道德评议会评选等形式,评选各类道德典型。

二是在机关单位,先后开展了领导干部下基层"结亲帮困促和谐"、"党员爸爸(妈妈)"帮扶贫困生、"我为群众办实事"等活动,良好的党风政风淳化了民德民风。

三是在企业商家,每年组织开展创建"诚信企业"、评选"道德员工"活动,营造了公平竞争、诚信经营的市场环境。

四是在学校,通过"道德教育第一课""文明校园""师德标兵""新时代好少年"系列活动,增强了广大师生积极向上的道德观念。

五是在社会,开展"志愿者在行动"活动,2007年以来,每年制定年度活动方案,目前在河北志愿服务网实名注册近7万人,构建了机关单位、党员、农民、社会志愿者四大志愿者体系,广泛开展理论宣讲、农技服务、扶危济困、疫情防控、文明交通等志愿服务。

3. 建立道德建设宣传教育机制

依托"一台、一馆、一墙、一栏、一媒体、一基地"做好宣传。

一台:青县电视台自2001年起开播《德化人生》栏目,每周讲述一个"青县人自己的道德故事",目前已进入融媒体发展的新阶段。

一馆:在全国率先建了"公民道德建设展馆",全景式、立体化展示德育成果,其被评为河北省爱国主义教育基地、河北省社会主义核心价值观涵育基地。

一墙:在县城南海公园设立了"道德楷模荣誉墙",将"感动青县"道德模范的名字镌刻墙上,通过刻碑立传使其代代相传。

一栏：在乡镇、社区设立精神文明建设宣传栏，展示本地涌现出的道德模范、文明家庭先进事迹。

一媒体：利用青县融媒体微信公众号"智慧青县"、"道德青县"、《青县周报》等讲述"百姓故事"，报道典型事迹。

一基地：通过建设社会主义核心价值观涵育基地、勤政公园、模范公园、孝道公园、诚信公园，宣传思想道德建设成果。广泛开展了"文明公约进万家""讲文明树新风公益广告宣传""文明行为宣传引导"等专项教育活动，用群众易于接受的形式引导其积极参与。

4.建立道德模范表彰关爱约束机制

一是政府表彰。将每年12月30日设为青县"道德模范日"，县乡村层层评选出年度"感动青县"道德模范，隆重举行颁奖盛典，目前已连续举办了13届，成为全县人民的道德建设盛宴。

二是物质奖励。县财政每年拿出专项资金用于奖励道德模范，对"感动青县"道德模范每人奖励1万元，"感动青县"道德模范提名奖每人奖励5000元。

三是政策支持。县委、县政府和各级各部门出台了"关于对贫困道德模范关爱帮扶办法"，实现了好人帮扶工作的制度化、规范化、常态化，为道德模范提供各方面的帮扶与支持。如县司法局规定凡道德模范遇到法律问题，无偿为其提供法律援助；县医院每年免费为道德模范进行体检一次。

四是自我约束。让道德模范加强自我监督，通过"道德模范自律协会"使其更好地严于律己，长远地影响他人。

二 青县社会主义核心价值观践行的成效

青县社会主义核心价值观的成效主要体现在社会风气、品牌形象和经济社会发展三个方面。

（一）社会风气风清气正、和谐文明

通过多年持之以恒地加强思想道德建设，青县形成了道德模范层出不穷、道德氛围日益浓厚、文明素质全面提升的良好局面。

在青县，道德建设深入人心、深入基层、深入生活。"人人崇尚好人、人人争做好人"已经蔚然成风，善行义举如春风化雨，民众做好人自然如常。"青县好人多"是青县社会风气好，风清气正、和谐文明的最朴实赞誉。

如当今社会，老人摔倒后"扶不扶"和"扶不起"的道德和社会事件时有发生。而在青县老人们能得到救助，好人们敢于帮扶。2018年7月26日，青县人民政府网发布了《外地老人不慎摔伤 青县"好人"施出援手》新闻，报道了县邮政公司职工国新救助75岁天津老人梁文清的故事。2021年6月3日，青县融媒体中心报道了《救扶摔伤老人彰显"道德青县"正能量》，表扬了沧州市住房公积金管理中心青县工作人员吴万明救助老人的故事。弘扬正能量的新闻宣传，有力地推动了乐于助人社会氛围的形成。从老人摔倒有人扶这一事例就可见青县民风淳朴、互帮互助、友善和谐的社会氛围。

（二）"道德青县"成为青县形象品牌

全民文明素质明显提高。孝老敬老蔚然成风，青县被民政部授予"全国农村五保供养先进单位"，县中心敬老园被授予全国民政系统行风建设示范单位；青县连续多年被授予"全国科技进步先进县""全省双拥模范县"等荣誉称号。

好家庭、好家风是社会和谐的基础和细胞。2016年12月12日，在第一届全国文明家庭表彰大会上青县康复敬老院周汝珍家庭获此殊荣，受到习近平总书记接见，并与总书记合影。周汝珍家庭作为青县家庭的代表，推动了全县家庭成员恩爱和睦、尊老爱幼、爱岗敬业等氛围的发展。

青县先后被评为"全国新型农村合作医疗先进县""中国宜居宜业典范

县",被省政府授予"教育工作先进县"、"河北省三年大变样进步县"、省级文明县城、园林县城、卫生城、"河北省推进社会主义新农村建设先进县"等。

（三）推动青县社会经济发展

在道德建设中，青县广大公职人员为民服务意识不断增强，工作作风明显转变，党群干群关系进一步融洽，党委政府的公信力和执行力不断提升，促进了各项工作的顺利开展。随着社会互助友爱奉献意识的增强，自私、歧视、仇恨的负面心理逐渐消失，社会矛盾纠纷明显减少，治安状况明显改善，公共秩序更加和谐稳定。

青县道德品牌建设使得社会主义核心价值观培育最终产生了推动经济社会发展的经济社会效益。青县财政收入逐年上升，2020年达17.9亿元，经济实力持续增强。青县获得了"中国电子机箱制造基地"和"河北省食品产业强县"称号。如2012年，滨海汽车零配件产业园项目在先后考察了30多个地区后最终选择青县，就是看中了青县的道德建设和人文环境。目前，青县经济开发区入驻企业已达到200多家。青县打造了小洋人、妙恋、周黑鸭、思盼等中国驰名商标和食品行业省著名商标。社会风气好了，投资环境就好了，经济自然就发展起来了。一大批投资超亿元的大项目、好项目慕名而来，实现了道德建设与经济社会发展相互促进、相得益彰、良性循环。

三 青县道德建设的经验启示

（一）坚守社会主义核心价值观践行的工作阵地——持之以恒

思想道德建设要取得成效，必须持之以恒、常抓不懈，不能一曝十寒三分钟热度；而应在漫长学习和践行中，潜移默化地改造人的价值观，并春风化雨般地融入每个人的行动之中，使得核心价值观的践行成为公民自然自发自觉的主动行为。

青县之所以取得实效，就是因为 20 年来数任县委书记都能重视并持之以恒地抓好道德建设，形成了一级抓一级、层层抓落实的工作机制和各行业全面参与的社会氛围。如青县融媒体中心《德化人生》栏目 20 年来坚持每周讲好"青县人自己的道德故事"。"德耀清州·圆梦中国"感动青县道德模范颁奖盛典每年一届已达 13 届。在宣传上也突出好人好事"周周见"，推动好声音成宣传强音。如通过《德化人生》、"道德青县"微信公众号等，讲好百姓故事，坚持常态化宣传先进典型事迹。广泛宣传先进典型事迹和道德模范，树立鲜明的时代价值取向，彰显社会道德高度，让群众看到听到，才有心动行动。

（二）树立社会主义核心价值观践行的模范榜样——以人为本

青县道德模范是以人民为本的典范。突出好人模范"个个帮"，推动好人有好报。建立健全关爱关怀机制，形成德者有得、好人好报的价值导向和社会氛围，对群众争当好人起到了巨大的推动作用。

青县连续 20 年开展了各类道德模范评选，大张旗鼓地奖励和帮扶他们：共奖励 230 余人奖金 200 万元；创办了"爱心超市"，道德模范和困难群众可凭爱心卡免费领取生活物品；开展节日慰问活动，县财政每年拿出资金对所有道德模范进行慰问。青县真正构建起了"别人有难好人帮、好人有难大家帮"的长效激励关爱机制。通过礼贤敬德，在全社会形成"爱人者人恒爱之，敬人者人恒敬之"的良性循环，让各类好人模范成为人们心中的"偶像"、社会热议的"网红"。

（三）激发社会主义核心价值观践行的百姓活动热情——人人参与

百姓参与是青县社会主义核心价值观建设生命力的源泉和土壤。青县通过以道德模范为龙头榜样、以各类各项活动为主体、以志愿者活动为日常践行相结合的有效方式，既调动了百姓的积极性，又促进了互助友爱的人际关系，形成了"青县好人多"的社会氛围。各界各阶层各单位各年龄段的全民参与,使得道德建设真正成为群众自发的日常行为。

突出"人人学",推动盆景变风景。坚持提升道德认知与推动道德实践相结合,鼓励人们在日常生活中养成好品行。青县大力发展壮大志愿者队伍,广泛开展"志愿者在行动"活动,让覆盖各个层面、各个角落的志愿者构筑起了广袤的"道德森林"。

(四)创新社会主义核心价值观践行的措施方式——不断创新

青县紧紧围绕社会主义核心价值观培育这一工作重心,不断创新政策和具体实施方案,扩展了新的工作思路、方式方法和措施,道德建设实效日益明显。青县围绕道德建设阵地,不断根据社会发展需要和形势,及时创新调整指导性的政策和措施。如先后实行了2001年的"三德""三做",2011年6项重点道德实践活动,2015年的"1345"模式,2019年的"五突出、五推动",2021年的"构建一个体系、抓好三项机制"。

宣传传播方式的创新是青县社会主义核心价值观践行的一大亮点,以《德化人生》电视栏目为标志,通过影像故事和网络传播,不断推动价值观深入百姓人心和社会生活。《德化人生》以"视角平民化、内容本土化、事件故事化、故事人物化、人物情节化、情节细节化"的理念,先后进行了4次重大改版创新,使得青县道德建设在新媒体时代不断深入人心。

(五)打造社会主义核心价值观践行的品牌体系——道德青县

道德建设的品牌价值和效应,在于其能极大地树立地方良好形象,营造德育的社会氛围,进而促进社会经济文化全面发展。青县以"道德青县·爱心之城"为龙头,建立了道德建设的"品牌矩阵",包括"德化人生""青县模范颁奖盛典"等一系列子品牌。青县各行业各阶层以品牌建设为高标准,全面开展社会主义核心价值观践行的高质量工作,如《德化人生》先后获得"全国市县电视台优秀电视节目评选一等奖""河北思想政治工作案例创新一等奖""河北优品牌"5A级最高称号等荣誉,其成为全国首例纯公益性道德类电视栏目商标注册品牌和河北省广电系统唯一获奖的品牌商标。融媒体传播品牌的创立，有力地推动了道德建设的网络传播、大众传播和新媒体传播。

"人物有模范、工作有品牌"，在对工作精益求精的高标准追求中，青县道德建设成为全国县级社会主义核心价值观践行的一个典范。通过深入扎实地加强公民道德建设，全民道德素质不断提升，好人好事如繁花似锦，学好人、做好人在盘古大地蔚然成风，"青县好人多"成为代表青县的一张最亮丽的名片。

四 青县社会主义核心价值观践行的问题

青县在道德建设上成绩斐然，但社会主义核心价值观践行在大众传播和品牌建设的深化和整合上仍有一些不足，主要体现在以下三个方面。

（一）新媒体网络视频传播力度不够

大众传播和社会教育需要更好地适应时代媒体媒介的发展与大众欣赏水平与习惯，才能取得更好的实效。2000年后，影像传播日益占据大众传播的主导地位，短视频更是成为网民上网浏览的主要内容和青年人获取信息的重要来源。目前在门户网站、主要公众号和视频网站中，有关道德建设的视频、人物故事视频还很少，用户不容易找到相关资源；已有视频资源没有得到充分开发利用和传播，在首次播出或上网后，一段时间后就很难再在网上被搜索到。没有建立相应的影像数据库，让网民可以更容易搜索和随时浏览，充分发挥其作为视频传播的长尾效应。

（二）对来自民间的自媒体传播支持力度不够

在大众传播中，主流媒体发挥着主导作用，同时也离不开来自民间自媒体的补充和支持。民间自媒体通过抖音、快手、微博、微信等方式可以更加自由、灵活和生动地及时甚至实时地发现、记录与传播身边的好人好事、善行义举，而且更接地气。道德建设需要来自民间的声音和原创视频故事的补充、完善和丰富，这可以推动社会主义核心价值观更生动、广泛地传播。当前社会和大众传播中，还缺少有一定影响力的自媒体品牌，网民和自媒体自发主动记录善行、传播善行的视频作品还比较少，来自民间的声音还比较小。

（三）品牌建设的深化、整合力度不够

青县道德建设好人好事不断涌现，措施方法持续创新，成绩荣誉众多。美中不足的是没有进行传播文化产品的整合和深度开发，打造一个宏观、整体、全方位的年度文化产品品牌。各类道德建设成绩没有定期进行系统的梳理、总结和集成，形成更全面的实体文化和传播品牌；过于碎片化的内容和传播方式，在一定程度上影响了大众宣传和传播效果。如《德化人生》栏目没有进行文化产品的"实体性"（图书、光盘、文创产品）开发。各级各类道德建设成绩分散在网络、新闻、图书中。

五 进一步加强青县社会主义核心价值观践行的对策建议

针对当前存在的问题，青县下一步将计划开展以下工作。

（一）鼓励短视频故事的传播，建立短视频影像库

如今的时代是互联网影像时代，传统媒体传播趋势式微，年轻人通过网络获得信息比重大，中老年人也开始越来越多地收看手机短视频，这已成为大众传播的主要方式之一。推进短视频的拍摄、制作和传播，既是传播媒介的创新，也是传播内容形象表达的时代需要。

建议对已有的影像资料（如表彰大会、新闻视频、栏目视频等）进行二次剪辑和利用，重新编辑成1~5分钟时长适合网络碎片化传播的短视频。在微信公众号和主要网站上建立内容板块和链接，建立网上影像数据库，并

不断滚动推介，进而实现人物道德故事生动形象、长期持久、广泛深入的传播。

（二）鼓励群众自发传播和讲好身边的道德故事

21世纪以来，在自媒体原创发布和个人转载传播比重上升的趋势下，来自民间的草根故事可以迅速传播。自媒体表达更加丰富、多元、个性、灵活、接地气。相关部门要善于鼓励和引导百姓自创内容优秀、传播正能量的短视频，在寓教于乐和日常生活化的小故事中巧妙地传播社会主义核心价值观，渗透德育。

建议设立"青县道德短视频奖"，鼓励群众发现、讲述和传播好身边的道德小故事，鼓励群众原创性正能量视频作品的发掘和创作。如在邮政职工扶起摔倒的天津老人的事例中，如果当时有人能以手机记录下来，既是对双方权益的保护，后期通过剪辑制作成微纪录片，更能增强乐于助人善举的传播力和说服力。也可以通过文艺传播形式，再现和表现各类好人好事。鼓励媒体、单位和个人制作道德短视频，将身边正在发生的好人好事及时上网传播。

（三）创建"道德青县年鉴"工程

习近平总书记反复强调要"以史为鉴，开创未来"。年鉴就是一种很好地书写当代史、总结建设经验、谋划未来发展的宣传方式。年鉴以年度（或数年）为时间周期编写，能够及时地反映当地最新建设成就和经验、典型案例和人物，紧扣时代脉搏，具有资料性、文献性、权威性等重要价值。

建议相关部门协同合作，以1~3年为周期，出版发行《青县道德建设年鉴》，采用图书、影像、网站、微信公众号等全媒体融合传播。年鉴内容包括党和政府相关政策文件、专家学者研究论文、文章故事、微纪录片、微电影、自拍短视频、照片图片、文艺作品等。通过年鉴，充分调动各级各部门各领域和社会各界、个人参与、发现和宣传道德建设的热情。以年鉴这一文化产品方式，为青县道德建设著书写史，及时介绍最新的道德建设现实，树立典型方法和人物，宣传优秀新闻、短视频和文艺作品。通过年鉴全面、立体、深入地记录青县道德建设人物故事、工作进程、活动情景、百姓民生等成绩和经验。

一朝春风化雨　十五载春华秋实

——关于沧州"好人之城"建设的调研报告

王　菲　王德龙*

摘　要： 培育和践行社会主义核心价值观，是推进中国特色社会主义伟大事业、实现中华民族伟大复兴的重要战略任务。自 2007 年以来，沧州大力开展"沧州好人"典型宣传评选活动，全面推进"好人之城"建设工程，学好人、做好人、帮好人在沧州大地蔚然成风，"好人之城"逐渐成为沧州一道独特的风景线，也成为沧州的精神财富和响亮名片。在河北省培育和践行社会主义核心价值观的进程中，"沧州好人"现象不仅在全社会起到了区域样本的示范作用，还在全省全国引发了积极和热烈的反响。我们通过实际的调研，着重梳理"沧州好人"的发展历程、主要做法、成效经验，并对实际工作中存在的问题进行了深入剖析，提出进一步在全省推进社会主义核心价值观培育和践行的思路对策，从而更好地推进经济强省和美丽河北建设，以更加昂扬的姿态奋进新征程。

关键词： 沧州　社会主义核心价值观　"好人之城"

沧州是一座文化底蕴深厚的城市，既是全国著名的"武术之乡""杂技之乡"，又是中国的"工笔画之城"，如今的沧州，被广泛赞誉为"好人之

---

* 王菲，河北省社会科学院邓小平理论、"三个代表"重要思想和科学发展观研究所（精神文明建设研究中心）副研究员，研究方向：当代中国马克思主义；王德龙，沧州市委宣传部副部长，研究方向：精神文明建设。

城"。自 2007 年以来,沧州大力开展"沧州好人"典型宣传评选活动,全市涌现出 6 万多名基层好人,其中 190 人荣登"中国好人榜",上榜人数始终领跑全国地级市。如今,学好人、做好人、帮好人在沧州大地蔚然成风,"好人之城"逐渐成为沧州一道独特的风景线,也是沧州的精神财富和响亮名片。在河北省培育和践行社会主义核心价值观的进程中,"沧州好人"现象在全社会起到了区域样本的示范作用。截至 2021 年,"沧州好人"典型宣传评选活动已经连续举办了 15 年,形成了月月推、人人赞、天天宣传好人的良好机制,生动讲述了身边好人故事、展示平民英雄风采,在全社会营造了学习好人、争当好人的浓厚氛围。

一 沧州"好人之城"建设的发展历程及实践探索

沧州位于河北省东南部,东临渤海,北依京津,南接山东,因东临渤海而得名,意为沧海之州。沧州总面积 14 万平方公里,总人口 768 万,是环渤海经济圈和京津冀都市圈的重要组成部分。在河北省培育和践行社会主义核心价值观的进程中,"沧州好人"现象犹如一缕春风,学好人、做好人的热潮席卷祖国大江南北。正如原中宣部副部长、中央文明办专职副主任王世明同志所说,沧州是开展"中国好人"建设的第一站,"中国好人"从沧州走来。2007 年沧州启动了"沧州好人"典型宣传评选活动,在之后的实践中又不断丰富内涵、创新载体、完善机制,深化拓展为"实施道德工程,建设'好人之城'"。15 年来,全市宣传表彰各类好人典型 1400 多名,其中 26 个得到中央及省委领导批示的重大典型走向全国,"好人之城"已成为城市进步与文明的精神引领。回顾 15 年来沧州"好人之城"建设的发展历程,大致可分为三个阶段。

第一阶段:探索起步阶段(2007~2011 年)

2007 年,河北经济发展步入快车道,沧州成为省委、省政府重点打造的河北沿海地区率先发展增长极。建设沿海强市,不仅要集聚项目、壮大产业,还要凝聚强大社会正能量,做到经济、政治、文化、社会等全面协调发展。基于此，沧州以公民道德建设为突破口，于2007年启动了"沧州好人"典型宣传评选活动，其作为沧州推进社会主义核心价值观培育和践行的奠基工程，在全市树立起一批平凡而伟大、可敬又可学的道德标杆，营造了见贤思齐、人心向善的道德风尚。沧州市委、市政府领导多次就典型宣传作出批示，具体指导，带头参与；市人大、市政协领导多次提建议、出思路，为活动扎实深入开展提供了强大动力和保证。在此基础上，沧州市又进一步细化活动细则，组织实施了月评"沧州好人"活动。2008年5月，中央宣传部、中央文明办、共青团中央、教育部四部门联合在沧州召开全国道德模范与"沧州好人"座谈会；同年10月，"中国好人榜"首次颁奖仪式在沧州举行；2011年9月，"沧州好人"典型宣传评选活动被中宣部确定为公民道德建设经验十大案例之一。这些不同领域、不同行业、不同年龄的好人代表不断用行动践行社会主义核心价值观，整座城市人心向善、见贤思齐的良好社会风气日益浓厚。

第二阶段：深入发展阶段（2012~2016年）

2012年，党的十七届六中全会提出建设社会主义文化强国的战略目标，并提出社会主义核心价值体系是兴国之魂的重要论断。为深入贯彻落实十七届六中全会精神，进一步推动本地区的社会主义核心价值体系建设，沧州市文明委依托"沧州好人"典型宣传评选活动多年积淀的深厚资源，围绕市委、市政府"爱沧州、做贡献、干成事、出亮点"的工作目标，决定在全市组织实施道德工程，建设"好人之城"，继续将社会主义核心价值观的培育和践行活动推向深入。

实施道德工程，建设"好人之城"活动开展之初，沧州市文明委在进行广泛宣传、发动和论证的基础上，召开全体会议，认真研究审议实施方案，专题部署活动内容。继沧州市文明委全面部署"好人之城"建设工作之后，沧州市委进一步提出要"倾全市之力，建设'好人之城'"，并在八届四次全会上将建设"好人之城"写进全会《关于全面深化改革扩大开放加快打造河北沿海地区率先发展增长极的决定》。同年8月，青县思想道德建设先进经验报告会在人民大会堂隆重举行，沧州"好人之城"的美誉开始享誉全国。

为进一步表明沧州市委的决心和信心,在2013年和2014年连续两年的市委年度考核工作中,建设"好人之城"被纳入核心考核内容,与班子考核、党风廉政考核一起纳入"三考合一"体系。全社会凝聚共识、步调一致、行动坚决,吹响了建设"好人之城"的号子,传递出学好人做好人的正能量。2015年初,新一届的沧州市委班子又提出要在全市深入推进"五城建设","五城"之一就有"好人之城","好人之城"建设上升为市委的核心工作,成为沧州打造科学发展、绿色崛起升级版的重要支撑之一。2015年10月,为加快"好人之城"建设,创建文明城市,提升沧州发展的软环境,进一步推动社会主义核心价值观落细落小落实,沧州市委、市政府制定了《"文化之城"建设三年行动计划》(2015~2017年)和《"好人之城"建设三年行动计划》(2015~2017年)。按照《"文化之城"建设三年行动计划》和《"好人之城"建设三年行动计划》,实施城市文化特色塑造、公共文化服务体系建设、文化遗产保护开发、文化产业提速、文艺精品创作生产、文化体制机制改革创新、文化人才队伍建设和人文素质提升八项工程,为进一步引导广大群众培育和践行社会主义核心价值观提供行动纲领,为打造沧州科学发展、绿色崛起的"升级版"提供强大的道德支撑。

第三阶段:日臻完善阶段(2017年至今)

党的十九大以来,沧州市文明办按照中央和省精神文明建设工作部署,以创建全国文明城市为重点,开展"好人之城"建设的深化拓展行动,推动培育践行社会主义核心价值观取得新成效,为建设创新驱动经济强市提供了坚强的精神力量和道德滋养。

2017年1月5日,举办"沧州好人"十年盛典暨第十届"沧州好人"典型代表颁奖礼。"沧州好人"典型宣传评选活动被中宣部作为公民道德建设十大典型案例在全国推广,入选党的十八大以来宣传思想文化工作创新案例。"全国道德模范与身边好人现场交流活动"、光明日报社主办的"沧州公民道德建设座谈会"等一系列活动在沧州举行。新华社、《人民日报》、《光明日报》、中央电视台等中央媒体多次聚焦沧州"好人现象",《焦点访谈》栏目三次集中报道沧州"好人之城"建设。先后来自全国各省（区、市）的2300多批（次）、4.8万余人（次）到沧州考察道德建设。"好人之城"已经成为沧州的精神财富和亮丽名片。2018年5月29日，中国文明网举行"我推荐我评议身边好人"10周年庆典活动，沧州作为特邀嘉宾，现场介绍了10年"沧州好人"评选的工作经验。同年10月31日，河北省文明办在泊头举办了"河北好人"（沧州泊头）月度发布活动，河北文明网、长城网、河北新闻网、沧州文明网等媒体在线直播，进一步扩大了"沧州好人"的影响力。2019年，沧州市文明办积极向河北省推荐第七届全国及河北省道德模范候选人，李德、滕传奎获第七届河北省道德模范荣誉称号，王红心获评第七届全国道德模范。《精神文明报》《河北工人报》等各级各类媒体多次刊发道德模范王红心、方桂馥、李斌、吴玉良等人的先进事迹。2020年，随着新冠肺炎疫情的突袭而至，沧州市文明办按照中央和省文明办安排部署和市委工作要求，在文明城市创建、疫情防控、爱国卫生运动等重点工作中充分发挥了精神文明创建作用，积极开展精神文明教育，广泛动员社会力量，为实现文明城市创建目标和打赢新冠肺炎疫情防控阻击战提供精神力量。

据统计，自2007年至今，沧州市已经连续15年开展"沧州好人"典型宣传评选活动，特别是党的十八大以来，深入贯彻落实习近平总书记系列重要讲话精神和治国理政新理念新思想新战略，全面推进"好人之城"建设工程，"好人"之花结出累累硕果。15年来，先后评选出各级各类道德模范300多名，表彰市级以上好人典型1400多名，累计有190人荣登"中国好人榜"。"学好人、做好人"成为干部群众自觉奉行的价值观念和行为标杆，沧州大地从善如流，好人好事层出不穷。

二 近年来沧州"好人之城"的主要做法与成功经验

党的十八大以来，按照中央和河北省精神文明建设工作部署，沧州市文明办把"好人之城"建设作为培育和践行社会主义核心价值观的有效载体，不断夯实"沧州好人"典型宣传评选活动的实践平台，全面推进"好人之城"建设工程,通过实施道德工程、培树典型、广泛动员、扩大宣传、创新活动、完善机制等做法,紧紧围绕推动社会主义核心价值观落细、落小、落实,取得了丰硕成果,积累了丰富经验,赢得了全省、全国人民的一致赞许和各级领导的充分肯定。"好人之城"处处生机勃勃,"好人"之花结出累累硕果。

(一)实施道德工程,注重价值引领

一个国家、一个民族,要同心同德迈向前进,必须有共同的理想信念做支撑。建设"好人之城"活动开展之初,就把加强道德引领、激发全面广泛参与作为突出任务,全力加以推进。一是抓顶层设计。活动初期,沧州市文明委在进行广泛宣传、发动和论证的基础上,召开全体会议,认真研究审议实施方案,专题部署活动内容。沧州市委把"沧州好人"典型宣传评选活动作为公民道德建设的有力抓手,每年都把这项活动纳入年度重点工作。沧州文明委每年召开两次专题会议对活动进行具体部署和调度,扩大活动影响力。经过各级领导班子多年的努力,活动的开展不因领导交替而断线,"沧州好人"典型宣传评选活动成为名副其实的"一把手"工程。二是启动实施道德工程。以"沧州好人"评选活动推动"好人之城"建设,把"沧州好人"打造为道德建设的一个响亮的品牌。重点组织开展两项活动:"沧州好人"评选活动、"爱沧州、作贡献、干成事、出亮点"活动,围绕这两项活动,还在各行各业开展了一系列活动,实现道德实践全覆盖。三是注重价值引领。每个好人就像一支火把,照亮温暖身边的群体;每个好人更是一面旗帜,引领人们汇聚起爱的力量。沧州市建设"好人之城"活动的初衷就是向全社会传送好人精神,汇聚社会正能量。回顾十几年来沧州市"好人之城"建设之路,有太多不计回报的善行、舍生忘死的义举、无怨无悔的坚守。50多年默默无闻做好事的运河区北环桥社区党总支副书记谢清洁、20多年悉心照顾180多位老人的青县康复敬老院院长周汝珍、16岁用稚嫩双肩扛起整个家庭的东光女孩郭新月等,他们的典型事迹传遍了沧州各个角落,越来越多的人在他们的感召下加入善行社会的队伍中来。普通人举手投

足间，看似随意的善心善举，却感动、感染了许多人，温暖着你我他，一颗颗爱心的"种子"，在沧州这片古老土地上开出了最美的"花朵"。

（二）深化道德实践，开展主题实践活动

近几年来，沧州市围绕构建社会主义核心价值体系，以"沧州好人"评选宣传活动为载体，发动群众开展推荐、评选、学做、帮扶好人活动，各类道德模范和好人好事层出不穷，社会风气不断净化。

一是开展"沧州好人"典型代表评选活动。2007年4月，沧州市在全国率先启动道德典型宣传评选活动——评选首届"沧州好人"典型代表。为将此项活动经常化，从2012年开始，将每年一次的评选活动扩展为每月一评。"沧州好人"典型宣传评选活动开展15年来，"沧州好人"层出不穷。"学好人、做好人"成为干部群众自觉奉行的价值观念和行为标杆，沧州大地从善如流，好人好事层出不穷。

二是全方位培树典型。活动评选过程中，坚持"从群众中来，到群众中去"，不断扩大好人典型的评选范围和评选层面，让"好人"典型不断涌现。不仅把好人典型评选延伸到基层，广泛发动广大农村、社区、单位等全面开展村组好人、楼院好人、小区好人、社区好人等身边好人评选活动，而且把好人典型评选拓展到各行各业，积极在党政机关强化干部政德建设，逐层开展"群众喜爱的好官"宣传评选活动；在电力、通信、餐饮、服务等23个行业系统中开展"爱岗敬业最美沧州人"评选，激励创业奉献，弘扬时代新风。随着培树工作的不断推进，沧州市文明办把"沧州好人"引向全省乃至全国。多年来，周汝珍、海兴五老帮教团、中捷产业园区、吕振华、蒋淑华等作为全省、全国重大典型被推出，"雷锋姐姐"谢清洁、见义勇为好战士冯战峰、诚实守信企业家谢铁桥等多人荣获全国道德模范提名奖。2016年，"沧州好人"典型代表周汝珍和张洪瑞家庭被评为全国文明家庭。

三是其他各类主题实践活动的开展。十几年来，沧州市不断将评选活动与弘扬社会主义核心价值观相结合，与"中国梦·赶考行"宣传教育活动相结合,与"善行河北"主题道德实践活动相结合,向基层延伸、向行业拓展,开展了丰富多彩的主题实践活动。包括"沧州好人"推荐评选、党政机关政德建设、诚信单位宣传评选、窗口单位文明礼仪提升、公民道德大讲堂、公共文明志愿服务和做一个有道德的人在内的七项主题实践活动相继在全市展开。各级各类道德实践活动的广泛开展为"好人之城"建设搭建了广阔的平台。同时,在全市组织开展了"好人之城 文明沧州"系列主题实践活动,通过号召和组织市民开展"文明遛百病 健康大步走"、文明餐桌、文明交通行动等活动,着力提升广大市民的文明道德素养。在广大青少年中开展了"做一个有道德的人""感恩社会 争做美德少年"等活动,引导他们争做"阳光七彩少年"。"学楷模、讲奉献、我行动"学习践行活动、"爱岗敬业最美沧州人"评选活动、"公共文明志愿服务"活动、公民道德大讲堂、农村和社区"道德评议"活动、争做"美德少年"活动等实现了机关、企业、社区、农村、学校道德提升全覆盖,让社会主义核心价值观教育生活化、接地气、有实效。

(三)广泛宣传动员,营造浓厚氛围

在"好人之城"的建设中,沧州市紧紧围绕社会主义核心价值观的培育和弘扬,通过广播电视、新媒体网络宣传平台、各类文化交流活动对好人典型在各地区、各领域、各种场所进行了宣传,形成了多渠道、多角度、全方位的宣传格局。

一是坚持传统媒体长期宣传。近年来,围绕建设"好人之城"在省级以上媒体刊发稿件400余篇,《光明日报》《人民日报》《新华每日电讯》等中央媒体多次刊发沧州"好人之城"建设相关稿件,中央电视台、河北电视台、长城网等省内各大新闻媒体也多次对沧州"好人之城"建设及先进典型进行集中采访和宣传报道。"当代雷锋郭明义走进'好人之城'"、"全国道德模范与身边好人现场交流活动"、光明日报社主办的"沧州公民道德建设座谈会"等一系列活动在沧州举行。2014年开设《践行核心价值观、

汇聚发展正能量——最美青县人》等专栏，将社会主义核心价值观在全社会进行广泛宣传。

二是加大新媒体拓展传播力度。为配合活动全面开展，采取全方位、深角度、多层次的宣传方式，在原有两报两台开设专题专栏进行长期、不间断宣传的同时，充分利用好人微博、手机报、道德短信、"好人之城文明沧州"微信公众平台等新兴网络媒介和城区主街道灯杆、LED电子屏、公交车、出租车电子屏等涉众面广的宣传媒介，组织举办"优环境出亮点，建设'好人之城'"大型图片展览，从各个角度、不同方位传播"好人"精神和道德故事，使"好人之城"建设在广大群众中入目、入耳、入脑、入心。上线推广"文明沧州"App，下载数超过2万次，文章总阅读量超过15万人次。充分发挥沧州文明网、"好人之城文明沧州"微信平台和网络文明传播志愿者的作用，开设了"沧州好人365""倡文明新风 建美好家庭"等专题专栏，广泛组织开展身边好人网上文明和微文明传播活动。第十一届"沧州好人"典型宣传评选活动点击量达到13万余人次。

三是强化社会公益宣传教育。对全市公益广告进行拉网式排查，设计推出一批突出沧州风貌、运河风情的创城公益广告。对永济路、永安大道、开元大道公益广告设置进行摸底统计，增设一批满足测评要求、符合时代特点、提升城市品位的公益广告。编印《沧州市民文明手册》1万份、"创文明城市 建美好家园"宣传单页3万份向市民发放，群众知晓率得到有效提升。在沧州文明网、"好人之城文明沧州"微信公众号、微博、"文明沧州"App等新媒体开设专栏宣传文明城市创建，结合短信、公交车电视屏、户外LED电子屏、出租车顶灯，精准推送各类主题公益广告，形成全媒体覆盖的良好态势。另外，树立"沧州好人"公益形象。在沧州名人植物园设立了"沧州好人墙"，将7届150个"沧州好人"典型代表的名字全部篆刻于大石之上；遴选57名"沧州好人"重要典型代表，走上"沧州好人典型风采"大型公益广告匾牌，让"好人"形象走进千家万户，成为全社会追崇的明星偶像。借助公益宣传这一有效载体，让每一位市民从中受教育、受熏陶、受感染，并实现自我完善，自我提升。

（四）探索评选模式，推进纵深发展

近三年来，沧州市文明办围绕大力培育践行社会主义核心价值观，继续深入推进"好人之城"建设，以提升城乡文明程度为重点，广泛开展群众性精神文明创建活动，深入推进公民思想道德建设，大力弘扬中华传统文化，各项工作取得了显著成效。

一是深化基层好人评选。继续层层开展村庄好人、乡镇好人、县区好人和月度"沧州好人"等评选活动，评出月度"沧州好人"120余名，37人入选月度河北好人，5人荣登"中国好人榜"。强化和规范市直部门、行业系统开展基层好人评选，探索由市直单位、高校和企业承办月度"沧州好人"发布仪式新模式，进一步扩大道德模范的知名度和引领示范作用。黄骅、沧县、运河区等县（市、区）和城建、电业系统分别承办月度好人发布活动11场次，受众达84.87余万人次。

二是着力宣传推荐重大先进典型。随着县、乡、村和单位、社区持续不断地层层开展村庄好人、乡镇好人、县区好人等评选活动。职院退休教师方桂馥几十年捐资助教、大国工匠李德的事迹被中国文明网刊发专稿进行了宣传报道。沧州市文明办还积极向省推荐第七届全国及河北省道德模范候选人，李德、滕传奎获第七届河北省道德模范荣誉称号，王红心获评第七届全国道德模范。《精神文明报》《河北工人报》等各级各类媒体多次刊发道德模范王红心、方桂馥、李斌、吴玉良等人的先进事迹。

三是持续加大"沧州好人"后援帮扶力度。为解除好人的后顾之忧，唤醒社会对好人的崇敬和尊重，真正实现"好人有好报、善行有善果"。自2008年起，沧州倡导成立了"沧州好人"后援会，让好人扬眉吐气。目前，后援会已吸纳了180多家单位、团体和6000多名志愿者，累计为"沧州好人"办实事550余件，捐赠款物总价值570余万元。后援会以帮资金、帮发展、帮教育、帮健康等"十帮"为内容，常年开展帮扶、关爱、慰问"沧州好人"和道德模范活动，连年开展"道德春联送市民、好人精神进万家"

等活动，真正成为"沧州好人"的坚强后盾，为"好人之城"建设不断向纵深发展提供了坚强的后援支撑。

（五）完善工作机制，巩固制度保障

为推动"沧州好人"典型宣传评选持久开展，沧州市文明办不断在"常、长"二字上下功夫，坚持建立长效机制，完善常态机制，将评选活动有序向深度广度推进，为"沧州好人"之城建设提供了根本保障。

一是完善领导工作机制。从"沧州好人"典型宣传评选到"好人之城"建设的持续深入，实质上是工作理念的提升、内涵的丰富和活动的拓展。沧州市文明办坚持把社会主义核心价值观的培育和践行作为精神文明建设的首要任务，采取措施，深入推动。沧州市进一步完善了"党委统一领导、党政群齐抓共管、文明委组织协调、相关单位各负其责、全社会积极参与"的领导体制和工作机制，通过强化顶层设计，压实单位责任，一级抓一级，层层抓落实。将"好人之城"各项建设任务分解到各具体部门，明确责任主体，细化责任分工，做到事事有人管、件件有落实。围绕重点工作，以"好人之城"建设推动核心价值观落细落小落实。

二是推动评选规范化、制度化。按照"课题式设计、项目式管理、工程式推进、品牌化运作"的方式，对好人的发现、推荐、储备、宣传、评选、学习等环节规范运作。发现环节抓海选，推荐环节抓月评，运行环节抓规范，表彰环节抓提升，形成"日有线索、周有推荐、月有评选、年有表彰"的典型宣传评选体系，推动了好人评选的规范化、制度化，不断健全活动运行机制。沧州对各有关单位落实"好人之城"建设工作任务情况，进行检查、督导，并将结果进行通报。定期组织人大代表、政协委员、道德模范进行"好人之城"建设工作专项视察，向他们通报工作开展情况，开展评议活动，有效促进了"好人之城"建设的有序健康开展。

三是健全激励约束机制。沧州市进一步规范和整合了精神文明各种评选表彰活动，修订各类评选表彰办法，严格标准，规范程序，注重效果，实行

长效激励机制，对各种荣誉称号实行能上能下的动态管理。制定了具体的"好人之城"建设工作奖励办法，切实落实"道德模范"应享受的各项待遇。

三 实施道德工程、建设"好人之城"的成功经验

培育和践行社会主义核心价值观，是推进中国特色社会主义伟大事业、实现中华民族伟大复兴的重要战略任务。河北省沧州市多年来持续打造"好人之城"，让社会主义核心价值观落地生根，"沧州好人"不断涌现，极大地激励了广大人民群众积极投身于建设社会主义现代化国家的伟大实践中，凝聚成助推经济社会发展的强大正能量。

（一）"好人精神"凝聚道德正能量

从评选"沧州好人"到建设"好人之城"，片片爱心如涓涓细流在沧州大地上被激发、传递和滋润，成为沧州整座城市的道德正能量。15年来，全市先后涌现出各类基层好人6万多名，其中190人荣登"中国好人榜"，上榜人数始终领跑全国地级市，26个得到中央及省委领导批示的重大典型走向全国。"做一辈子好人"的谢清洁、黄骅2·28冰河救人英雄群体、39年赡养17位非亲非故孤老的画家尹升、"大孝闺女"周汝珍等"沧州好人"典型事迹，集中体现和生动诠释了沧州的大爱文化，越来越多平凡的沧州人，开始接过"沧州好人"的接力棒，持续传递好人精神的正能量，"好人现象"也成为培育和践行社会主义核心价值观的价值指引和有力保障。

（二）"好人精神"引领社会新风尚

依托"沧州好人"典型宣传评选活动积淀的资源，沧州全市上下形成了人心向善、见贤思齐、善行如潮、善歌高奏的生动局面。特别是党的十八大以来，"好人之城"建设以社会主义核心价值观为引领，以弘扬共筑美好

生活梦想的时代新风为根本任务，以各级各类先进典型为示范，推动各地区各部门形成了你争我赶、共创共建、见贤思齐、从善如流的局面，全社会崇德向善，道德水准不断提升。与此同时，各县市也积极加入"爱心"传递行动中。黄骅市开展爱心帮扶救助活动，着力打造"文明城市爱心黄骅"；任丘市开展"爱心驿站"创建活动，为服务一线职工提供休息的港湾；等等。在"好人之城"建设的引领下，"好人事迹"层出不穷，大爱善举接连不断，它们就像炽热的火焰照亮了城市的夜空，温暖着城市的每一个角落。

（三）"好人精神"擦亮城市名片

沧州把"沧州好人"作为人文品牌经营，坚持在宣传教育、传承弘扬、示范引领等各环节上落细落小落实。以青县思想道德建设先进经验报告会在北京人民大会堂隆重举行为契机，品牌效应开始显现，随后河北省内各兄弟地市及天津、山东等多省市到沧州及青县参观学习公民道德建设工作经验，沧州"好人之城"的美誉在全国初步彰显，沧州"好人之城"的城市名片开始成功推向全国。同年，沧州市委市政府积极承办中央宣传部、中央文明办联合开展的"激情广场——爱国歌曲大家唱"活动，活动中着力突出"沧州好人"元素，有效地借助央视将"好人之城"沧州推向了全国。在连续15年对好人典型代表大张旗鼓表彰的同时，开展公民道德大讲堂和道德模范巡讲活动，用身边人、身边事，说身边情、身边理，制作"沧州好人"主题专题片和歌曲，在全市广泛传唱。这一系列行之有效的措施，让社会主义核心价值观的传播小中见大、生动具体、深入人心，"沧州好人"品牌也由此形成，"好人之城"已经成为沧州一张亮丽的城市名片。

（四）"好人精神"深化市民素质新提升

"沧州好人"建设工程，以各类宣传、教育实践活动为载体，着力提升市民群众的思想道德素质、科学文化素质、民主法治素质、文明礼仪素质、身心健康素质，有序提高公民意识、公德意识和社会责任意识，强化文明行为习惯养成，实现市民整体文明素养和全社会文明程度不断提高。特别是在全国文明城市创建中，沧州市利用报纸、广电、网络等新闻舆论平台，全方位、多角度宣传创建工作，不断提升市民对创建文明城市的知晓率、参与率和支持率，形成了全民动员、全民参与、共创共建的热潮。不断加强社会主义核心价值观涵育基地建设，推行光荣榜、功德榜、功德录和好人档案，强化了好人精神认同，不断实现市民素质新提升。

（五）"好人精神"助推经济社会新发展

良好的社会风气、优化的社会环境，是助推经济又好又快发展不可或缺的外部环境。"好人之城"建设精神不仅融入了每个沧州人的血液，也成为建设"创新驱动经济强市"的强有力支撑，爱岗敬业、真抓实干蔚然成风，为建设创新驱动经济强市提供了坚强的精神力量和道德滋养。据统计，在"21世纪数据新闻实验室"公布的2020上半年GDP百强城市统计名单中，河北有6市上榜，其中沧州排第60位，较2019年上升5位。能从全国近300个地级市中脱颖而出，进入榜单的城市，经济实力已然不俗。不仅如此，道德建设形成的软实力有力地推动了社会各项事业的协调发展，沿海强市建设取得了长足进步。近年来，全市没有发生安全生产事故、群体性事件、民转刑恶性案件、腐败案件等重大事件，始终保持社会和谐稳定的大局，亮丽、繁华、宜居、和谐的新沧州建设步入快速发展阶段。

四 新征程持续深入开展沧州"好人之城"建设的思路举措

（一）存在的问题

2021年是中国共产党成立100周年。百年来中国共产党带领中国人民取得了举世瞩目的伟大成就，实现了第一个百年奋斗目标，在中华大地上全面建成了小康社会。站在两个一百年的历史交会点上，面对中华民族伟大复兴的战略全局和世界百年未有之大变局，我国已开启全面建设社会主义现代化国家新征程。新起点、新征程、新使命，我们要继续把培育和践行社会主义核心价值观作为凝魂聚气强基固本的基础性工程，进一步推动社会主义核心价值观落细落小落实，让展现时代风貌的好人纷纷涌现，善行义举蔚然成风，也使沧州"好人之城"建设在新时代展现新气象、新风貌、新成果，为建设经济强省、美丽河北凝聚强大的精神动力。"好人之城"建设已取得了显著成效，但我们也要清晰地认识到，仍有一些问题需要进一步改进和加强，"好人之城"的建设还有待向纵深发展。如群体主动意识的提升不够到位，广泛有余，突出不够；典型引领作用的发挥持续度不够，感动有余，行动不足；传统文化的挖掘不够，灵活有余，深度不足；等等。具体表现在以下几个方面。

1. 群体主动意识提升不足

沧州"好人之城"建设之初，就把激发全面广泛参与作为突出任务，全力加以推进。让身边的好人当主角，突出群众本位，在较短时间内取得了突出成效。但随着活动的进一步深入，发觉群体主体意识发动广泛有余，强度不足。在依靠群众、激发群众、教育群众，充分调动广大群众的积极性和参与度等方面，还要进一步强化主体意识，依靠群众激发群众，依靠群众教育群众。通过引导广大基层群众在收获感动的同时，不断深化对社会主义核心价值观的认识，不断增强坚定不移走中国特色社会主义道路的信心和决心，不断把个人的价值追求融入全社会的价值实现之中。

2. 典型效用的发挥持续度不够

榜样的力量总是无穷的。在沧州"好人之城"建设过程中，把培育先进典型作为活动组织建设的突破口，全市涌现出一大批不同层面不同行业的典型群体，这些群体的示范引领和辐射带动作用日益凸显，教育人、引导人、感化人的效应发挥得也越来越明显。但在实际调研中发现典型"贬值"的现象，"保典型""拔典型"的情况也有苗头。对一些获得过特殊荣誉的先进典型，给予特殊待遇和保护，使其成为长期受保对象；或是为了培育扶持新的典型，"矮子里拔将军"，对一些不够评选资格的对象"拔苗"帮扶；文字、图画、宣讲等常规宣传手段，也会弱化先进典型的热度和持续度的发挥,尤其是在当前微信微博微电影等新兴媒体广泛应用的时代,进一步创新宣传表达方式,是持续发挥典型效用不可或缺的手段之一。

3.对中华优秀传统文化的挖掘还有待提升

习近平总书记在全国宣传思想工作会议上强调:"要把优秀传统文化的精神标识提炼出来、展示出来,把优秀传统文化中具有当代价值、世界意义的文化精髓提炼出来、展示出来。"沧州"好人之城"建设通过挖掘不同时代的不同主题的好人群体实践活动,不仅反映了沧州人民的精神面貌,也见证了河北的人文精神变迁,不断反映着时代主题,彰显时代特色,强化价值认同。但在实际工作中,可以把继承优秀传统文化又弘扬时代精神、立足地方特色又面向全国的"沧州好人"传播出去的做法还显不足,还有很大的开拓空间,对中华传统文化的挖掘还不够深入,灵活有余,深度不足。要在深化对传统文化的科学认知基础上,赋予优秀传统文化新的时代内涵和具有地方特色的现代表达形式,以此激发传统文化的创造活力,助推社会主义核心价值观落细落实。这也是下一步工作的难点和重点所在。

(二)对策建议

鉴于上述问题的存在,建议在今后的活动中着力强化以下四个方面工作。

1.要进一步强化主体意识,坚持群众主体地位

人民群众是改变社会的主导力量。沧州"好人之城"建设活动开展以来,之所以在较短的时间内取得了突出成效,就在于其突出群众主体地位,坚持从群众中来、到群众中去的创建思路。从城到人,从人到城,群众中蕴藏的巨大热情可以成为燎原之火。下一步,还要进一步依靠群众激励群众,从群众中不断发掘典型实例。引导广大基层群众在收获感动的同时,净化思想观念,提高道德水准,深化对社会主义核心价值观的认识,增强坚定不移走中国特色社会主义道路的信心和决心,不断把个人价值追求融入全社会的价值实现中。继续深入推进"好人之城"建设,要在坚持好原来的活动、做法、机制的基础上,进一步抓提升、抓拓展、抓延伸。要牢牢把握培育和

践行社会主义核心价值观这个根本任务,坚持以人为本、创建为民的工作理念,突出思想内涵,强化道德要求,注重实际效果,在满足人民群众需求、密切党群干群关系等方面发挥重要作用。

2. **要进一步突出时代主题,着眼培育城市精神**

一座城市,因好人而充满温暖;一群人,因"好人之城"建设而充满力量。沧州好人层出不穷,社会崇德之风浓厚,一个重要的原因就是与千百年来所沉淀下来的这个城市厚重的人文精神分不开,这是一笔宝贵的精神财富。下一步,要结合"好人之城"建设,突出时代主题,把中华优秀传统文化与沧州人的时代精神相融合,总结提炼弘扬沧州精神,着眼培育城市精神。让爱心善举汇聚的城市精神成为一种鞭策、一种追求、一种激励,进一步强化沧州人的道德自觉和道德自信。这种新时代人文精神的高扬与展现,将极大地提升沧州的凝聚力、影响力和竞争力。

3. **要进一步创新表达方式,提升活动效能**

沧州"好人之城"建设活动,典型树立是载体,广泛宣传是手段。但需要注意的是,这里的宣传不仅仅是语言表述,还包括形式多样的表现形式,如微信、微博等新兴媒体的广泛应用。特别是在信息化、网络化的今天,只有不断创新表达形式,满足人民对声音、图片、歌曲、舞蹈等方式的展示需求,才能切实增强活动的吸引力和感染力。同时,激活优秀传统文化,深入挖掘和阐发中华优秀传统文化讲仁爱、重民本、守诚信、崇正义、尚和合、求大同的时代价值,推动优秀传统文化反映时代主题、走进百姓生活,使其成为涵养社会主义核心价值观的重要源泉。要充分利用春节、元宵、清明、端午、七夕、中秋、重阳等传统节日契机,在各级各类官方微信公众平台等媒体开设专栏,发动全市各级各部门广泛开展相关活动,大力弘扬中华优秀传统文化,营造大善大爱的社会风尚。

4. **要进一步放大典型效应,做好统筹推进**

一个好人就是一面旗帜,汇聚起引领群众爱的力量。在"沧州好人"典型宣传评选活动中,每一个好人就像一面镜子,折射出高尚的价值追求和强大的梦想力量。新起点正扬帆,在向第二个百年奋斗目标迈进的新征程上，深入推进经济强省和美丽河北的建设机遇与挑战并存，必须进一步放大典型效应，扩大"沧州好人"的影响力和感召力，营造激情创业、实干奉献的浓厚氛围。组织开展典型宣讲的校园行、企业行、机关行、社区行，分领域、分层次、分对象进行宣讲宣传，把一个个善心善念、积极向上的好人故事传播到燕赵大地的每一个角落。要着眼统筹推进，把更多的精力放到把握方向、顶层设计、制度建设等方面，善于通过管理机制、激励机制创新，改变由党委政府牵头活动的模式，由社会力量牵头开展善行义举活动，带动社会方方面面的人士，共同推进"好人之城"建设，努力把沧州建设成为响彻全国的"好人之城"，推动沧州"好人之城"建设向纵深发展。

让阳光照进心灵

——河北"知心姐姐"的故事

覃志红[*]

摘　要： 禁毒志愿者队伍是禁毒教育宣传、帮扶工作以及加强社会主义核心价值观引领的重要力量和有益补充。在这方面，河北"知心姐姐"戒毒帮扶志愿团队做了许多积极、艰难却十分有益的实践探索，创造了戒毒志愿帮扶的河北模式，成为河北禁毒事业中一股不容忽视的民间力量。

关键词： 河北"知心姐姐"　戒毒帮扶　志愿者

毒品作为极具破坏性、危害性的人类文明毒瘤之一，伴随着人类历史文明的发展而不断演变，不仅严重危害人们的身心健康，而且破坏家庭幸福，危害社会和谐，败坏社会风气，严重影响着经济发展和社会进步，威胁人类生存与发展，吞噬人类一切文明与希望。同时对每一个中国人来说，毒品更是曾经的民族之殇，1840年的鸦片战争，拉开了中国逐步沦为半殖民地半封建社会的序幕。20世纪80年代以来，在国际毒潮的侵袭下，由于我国毗邻"金三角"毒源地，境外毒品不断向中国境内渗透。近年来全球毒品泛滥态势也加剧了我国的毒情形势，禁毒工作面临新的风险与挑战。禁毒工作事关国家安危、民族兴衰、人民福祉。禁毒工作是一项长期性的、复杂性的工作，夺取禁毒人民战争的胜利，离不开广大人民群众的支持，也需要社会

---

[*] 覃志红，河北省社会科学院邓小平理论、"三个代表"重要思想和科学发展观研究所（精神文明建设研究中心）研究员，研究方向：马克思主义哲学。

各界积极参与。《中华人民共和国禁毒法》规定，禁毒工作实行政府统一领导，有关部门各负其责，社会广泛参与的工作机制。国家鼓励志愿人员参与禁毒宣传教育和戒毒社会服务工作。国家鼓励公民、组织开展公益性的禁毒宣传活动。①戒毒志愿者队伍是禁毒教育宣传、戒毒帮扶工作以及加强社会主义核心价值观引领的重要力量和有益补充。在这方面河北"知心姐姐"戒毒帮扶志愿团队做了许多积极、艰难却十分有益的实践探索，创造了戒毒志愿帮扶的河北模式，成为河北禁毒事业中一股不容忽视的民间力量。

一 为爱集结，聚能蓄势汇聚"她"力量

2019年6月25日，第32个国际禁毒日前夕，河北省"知心姐姐"戒毒帮扶志愿者团队成立。团队由河北省妇联联合社会各部门力量组建而成，开始了对强制戒毒女性"一对一"的帮扶项目探索。短短两年多时间，团队成员从15人增至61人，帮扶对象从15人增加到50人。"知心姐姐"依法循规开展帮扶，同时不断加强专业培训，积极探索各种各样行之有效的帮扶方式与手段，尤其重视价值引领，重塑支持系统，助力戒毒女性回归社会，50名帮扶对象中已有38名学员解戒出所，重启崭新人生，取得了良好的帮扶效果，创造了富有河北特色的女性参与戒毒志愿帮扶模式。

河北"知心姐姐"戒毒帮扶志愿团队主要由来自社会各行各业充满爱心、热心和社会责任感的职业女性构成，女性特有的耐心、细心、亲和力和同理心，使得她们参与戒毒志愿帮扶具有独特的优势。她们当中有检察官、法官、律师、记者、医务工作者、科研人员、教师、社工等，涉及法律、哲学、心理学、医学、教育学、社会工作等多个专业，在帮扶中可以形成较好的资源共享与优势互补。"知心姐姐"们不仅在各自的工作岗位上尽职尽责，而且在协调好个人生活与工作的基础上，运用业余时间开展戒毒志愿帮扶。

团队帮扶是"知心姐姐"帮扶的基本模式：一对一结对，团队协力，

---

① 《中华人民共和国禁毒法》，中国法制出版社，2008。

立体帮扶。一名"知心姐姐"为责任人，负责帮扶一名戒毒人员。5~6人组成互助组，由一名经验较丰富的"姐姐"任组长，负责组内帮扶事宜及组员的帮扶督导，遇到情况复杂的帮扶对象还会组成"个案专班"，集合相关专业力量商讨应对策略。团队也形成了重大事件集体讨论协商的工作机制。主要由帮扶责任人因地制宜、因人而异地为帮扶对象制定有针对性的帮扶方案，确立个人精准帮扶目标，并在小组内定期实施帮扶效果评估。遇到帮扶人出现的新情况、棘手问题，通常会拿到团队工作群进行讨论，寻找最佳方案。有着不同专业背景的"知心姐姐"们聚在一起，精诚协作、群策群力，分别从各自专长建言、支招与助力，把遇到的每一个困难都化为一个契机，把每一个事件都变成一个奇迹，帮助别人，更快乐自己。

团队经常策划和组织开展不同专题的线上线下培训和集体交流活动。通过培训提升团队成员的专业素养和帮扶能力，通过交流帮扶经验，推动深度沟通，引发头脑风暴，引领着团队持续高效做事。团队身后还有河北省妇联、河北省禁毒总队、河北省戒毒局、河北省女子强制隔离戒毒所等部门作为强大的支持后盾，及时给出政策法规方面的解释，协助并推进社会联动。"知心姐姐"们极强的执行力与团队帮扶的快速反应机制形成了一种良性互动，更凸显出团队帮扶超强的合力效应。

团队的事迹被学习强国、《中国妇女报》、《中国禁毒报（网）》、《河北日报》、河北新闻网等多家媒体报道。此外，团队两年多来的努力得到社会各界的肯定、关注与支持。团队入选 2020 年度"河北十大公益人物（团体）"和"河北最美公益人物（团体）"，并获得 2020 年度河北省志愿服务创新项目奖，团队一名成员被评为全国维护妇女儿童权益先进个人、一名被评为河北省学雷锋志愿服务优秀志愿者。"知心姐姐"们聚是一团火，散是满天星，燕赵女性的凡人善举在禁毒领域闪烁着点点星光，也吸引和感召更多的巾帼力量加入其中。

二 扬法治之光，共创无毒社会

两年多来，团队秉承"尊重、关爱、助力回归"的理念，以"强化法治思维、培育法治意识、拓宽普法渠道"为思路，坚持遵守相关法律法规，遵循戒毒工作规律，学法用法，依法帮扶，在共创无毒社会中勇担社会责任，用心用情帮扶，探索出了社会力量参与帮扶女性戒毒康复的河北模式，开创了社会力量参与禁毒工作新格局，在深入推进社会治理法治化中贡献了巾帼智慧和力量。

（一）依法遵规，为帮扶披上保护铠甲

团队成立之初，明确了依法、专业化帮扶的路径，严格在《中华人民共和国禁毒法》、《志愿者条例》、《河北省戒毒条例》以及社区康复制度下开展活动；编辑了《戒毒工作文件汇编》，制定了团队章程、工作制度，明确了法律底线、制度底线，确保帮扶效果以及"知心姐姐"和帮扶对象的人身安全。团队每季度请河北省公安厅禁毒总队、河北省戒毒局、河北省女子强制隔离戒毒所、河北省心理干预协会以及有经验的禁毒干警讲授禁毒形势、法律政策、专业知识、帮扶技巧，强化成员的法律意识和自我保护意识，并在团队内制发明白纸，清晰社康人员的权利与义务，为科学开展帮扶奠定基础。

（二）多方联动，推动社会治理法治化

"知心姐姐"团队在帮扶过程中，主动与禁毒委成员单位联络，链接社会资源，聚集社会力量。团队得到了河北省禁毒委办公室、河北省司法厅戒毒局的直接关心、悉心指导和高度肯定。河北省女子强制隔离戒毒所专门为"知心姐姐"团队设置了工作室，供团队开展工作。在6·26国际禁毒日、重大节日、戒毒人员家属探访日、戒毒人员解戒出所日等关键节点，"知心姐姐"戒毒帮扶志愿者团队都主动到河北省女子强制隔离戒毒所开展帮扶活动。通过团体心理活动、倾心交谈等形式的互动交流，消除彼此的戒备心理，增进了解，建立信任关系；通过参加戒毒人员解戒出所仪式，"知心姐姐"团队与民警、家属共同见证戒毒人员重启人生的重要时刻。在合作帮扶过程中，"知心姐姐"戒毒帮扶志愿者团队成员的勤勉

与敬业、无私与担当、坚韧与执着也对河北省女子强制隔离戒毒所的戒毒民警产生了激励鼓舞的积极影响，在干警队伍建设中焕发出强大的精神动力和力量支撑。

帮扶戒毒人员思想转化、融入社会是一个系统工程，需要党委领导，各部门、上下级通力合作完成。"知心姐姐"团队作为河北省首个戒毒志愿团队，目的不仅仅是对某个戒毒人员的帮扶，还有通过个案帮扶，发现制度政策管理堵点，及时向相关执法部门反馈，疏通堵点，加固薄弱环节，推动相关政策法规落地。2021年3月，河北省女子强制隔离戒毒所（以下简称"女所"）开门教育整顿，团队代表作为执法监督员就出所衔接、后续照管、所内技能培训等7个方面给女所提出建议。随后，女所完善了有关制度，开展技能培训2期，18个学员获得上岗证书。此外，还就社康届满后社康人员隐私保护向河北省禁毒委提出建议，引起相关部门重视。

（三）法情交融，助力戒毒女性回归

戒毒女性之所以走上错误道路，法治观念缺失是重要原因，补上这一课是当务之急。在帮扶的过程中，团队重点围绕法治教育、责任感教育、社会融入教育开展跟踪帮扶。"知心姐姐"为帮扶对象讲解法律与自由的关系，强调社康报道和检测相关要求和规定。"知心姐姐"在戒毒帮扶工作中不仅有感情有温度，还有章法有思路。借助社康人员回归社会过程中遇到的现实问题，及时进行普法宣传，在积极帮助她们解决工作、生活中遇到的难题，助力她们增强生存的本领和信心的同时，发挥柔性监督的作用，增强她们的法律意识，引导鼓励她们培养依法依规办事思维，做守法公民。

"知心姐姐"熟知自己帮扶对象检测时间，对不重视或因为忙没时间或者疏忽大意不按时检测的及时给予提醒。两年多下来，许多帮扶对象已经养成按时检测的习惯，有的检测完第一时间告诉自己的"知心姐姐"，有的检测完还在派出所门口拍照发给"知心姐姐"，透露出内心的踏实和"我守法、我没有复吸"的自豪。这个过程，使她们渐渐感受到法律不仅是约束，也是对其自由的保护；不仅是静止的法条，也是温暖的春风。

（四）拓宽渠道，提升社会禁毒意识

团队积极开展法治宣传，提高全民禁毒意识。以"知心姐姐"真实帮扶案例为素材，由知心姐姐编写、演出的小品《背吉他的知心姐姐》全面展现了毒品对个人、家庭、社会的危害，描述了戒毒女性在回归社会过程中的曲折艰辛，体现出"知心姐姐"倾情成功帮扶的智慧与坚持。小品参加了2021年京津冀妇女法治文艺展演，并获得一等奖。团队在2020年、2021年国际禁毒日期间两次走进河北交通台，以"远离毒品 绿色生命""拒绝毒品 关爱随行"为题，开展禁毒法治宣传；还走进河北新闻网直播间介绍社会关爱对戒毒人员回归社会的积极作用，呼吁全社会抵制毒品，受众200多万人，形成关心、理解、支持戒毒工作的良好社会氛围；团队成员还走进高校进行"木兰普法"，教育大学生"珍爱生命，远离毒品"。团队多渠道努力，将关口前移，宣传预防，助力社会、家庭、场所三位一体教育戒治防线的构筑和牢固。

三　燃生命之光，用心引领陪伴

生命的存在和生命权的享有，是每个人最高的人身利益。生命对于我们只有一次，具有最高价值。我国《中华人民共和国民法典》将生命权列为自然人的首要的最基本的权利加以保护。人们对待生命（包括自己和他人生命）的态度反映出不同的生命观，而生命观则反映出社会的文明程度和人类对自身的认识程度，也决定了人们选择什么样的生活方式，并在一定程度上决定了人们的人生走向。"知心姐姐"把戒毒姐妹看作人生偏航的小舟，用爱心守护陪伴引领她们回归正途。在帮扶中，"知心姐姐"看到了众多被人遗弃、遇人不淑、误入歧途、困顿无助的戒毒女性，感受到多重人生带来的撕裂般的疼痛，也引发出深刻的生命思考。

由于戒毒女性身份特殊，她们对他人是否尊重自己极为敏感，自我心理防卫意识极强。建立信任关系是帮扶的第一步，但在两个没有共同价值观和利益关系的人之间建立信任关系听起来简直是天方夜谭。而平等、真诚是人们交往的金钥匙。在与戒毒姐妹建立关系时，真诚友善尤其重要。"知心姐姐"把每位戒毒姐妹看作平等的生命个体，保持平等尊重、接纳包容的心态，真诚关爱戒毒女性，用爱心筑起信任与沟通之桥，同时在交往中也不失底线，在日常沟通中向她们潜移默化地传递诸如平等、感恩、责任、有限自由（守法遵规）以及和谐人际等观念。通过日常真诚的关爱，让她们真正感受到党和政府及社会各界的温暖和关爱，让她们重拾信心，融入社会，回归家庭，做一个对社会有用的人。

从在戒毒所内谈心、规划未来，教古筝、学推拿，到疫情期间书信往来、录制小视频，再到出所后随时关注其家庭、生活、情绪变化，定期回访，帮助其解决生活中遇到的困难，随处可见"知心姐姐"们热心帮扶的身影。有的"知心姐姐"在帮扶对象出所前 10 个月里通信 15 封，用心用情打开帮扶对象紧锁的心门。通过正向引导、正面评价，"知心姐姐"们为戒毒女性保持与社会的正面接触打开了一扇门，帮助她重新找到了人生的意义，从而更好地回归社会。

小 W 几个月时就被亲生母亲送养，被现在家里的奶奶收养，小时候有爷爷、奶奶的呵护，她度过了愉快的童年。随着老人的相继离世，小 W 十几岁时回到养父母身边，双方不交融，和父母矛盾激烈，她开始旷课逃学，甚至离家出走，后来误入吸毒歧途。在强戒所的两年里，家人也没有来看过她，她对家人也不抱任何期望。解戒出所时，不像其他的戒毒女性与家人重逢相拥喜极而泣，小 W 始终一个人愁眉紧锁，显得异常孤独。与小 W 结对的"知心姐姐"了解了情况，为她买了全套崭新的衣服，团队好几个"知心姐姐"一起来接她出所，并驱车送她回家，而且一路轮番做其思想工作，帮她打开心结，重燃生活信心。同时与其家人进行沟通，帮助家庭重新接纳小 W，为她创造重生的机会。当见到家人的那一刻，小 W 流下了眼泪。团队为她在当地安排了一名"知心姐姐"负责"地接"工作，方便随时为她提供帮助。她后来找到了工作，出所两年，按时检测，始终与"知心姐姐"保持良好的沟通联系。

"知心姐姐"团队注重对戒毒女性从待人接物、修复亲情、安顿生活等一点一滴开始进行培养，促使她们"稳其心、立其志、促其业、建其家"，润物无声，育人无痕。参与帮扶的戒毒人员都纷纷表示，"知心姐姐"给她们带来了别样的温暖，对她们提升戒毒信心、回归社会具有很大的帮助。多数已经出所的戒毒人员，在民警电话回访时都表达了自己对"知心姐姐"的感激之情，"知心姐姐"不远千里去家中探望，定期的微信联系，给予她们亲人般的支持，为其找工作，解决廉租房、大病医疗救助，提供心理和卫生防疫指导等，让她们重拾信心，勇敢面对生活，为她们顺利重新融入社会、实现自身价值起到了重要作用。随着接触日益增多，戒毒人员的认知和行为都发生了明显改变，过着普通人的日子。她们或者打工挣钱，或者在家劳作；有的恋爱、结婚，还生了健康的宝宝；有的改善了与家人的关系；有的复了婚，修复了原有的家庭关系；有的开始注意孩子的教育，孝敬父母公婆，懂得了感恩。与此同时，戒毒所内的戒毒人员也受到鼓舞，增强了她们的戒断信心，减少了后顾之忧，促进她们积极接受戒治。尚未出所的强戒人员中，都以有"知心姐姐"帮扶为荣，"知心姐姐"这个团队已经取得了强戒人员的高度认可。"知心姐姐"们用爱心、真心、暖心引领陪伴着每一位解戒人员，使其走好戒毒道路上的"最后一公里"，使她们顺利回归社会，重新找回生命的意义。

四 展和谐之光，修复支持系统

虽说"知心姐姐"一对一帮扶主要针对一个帮扶对象，但人的本质"在其现实性上，它是一切社会关系的总和"[1]，每个人都是社会关系网络上的一个点，因而，"知心姐姐"们的帮扶往往很难局限在帮扶对象单个人身上，有时帮扶可能会延伸到她的家庭以及其他重要社会关系，实现一揽子帮扶。所以与其说"知心姐姐"们帮扶的是一个对象，不如说是一个对象系

---

[1] 《马克思恩格斯选集》第1卷，人民出版社，1995，第56页。

统。这些女性戒毒人员既是曾经的违法者，也是受害者，同时她们也是病人。多数帮扶对象都存在原生家庭父母离异、被父母遗弃、在其青春期疏于管教或管教不当等问题，由于她们从小缺少来自家庭的真爱，因而她们自己也没有学会如何去爱，其人际关系往往比较紧张或疏离。她们在人生的特殊时期结交了不良的朋辈群体，经诱骗或受迷惑，把吸毒当作一种时髦的生活方式或当作逃避现实困扰的"舒适窝"，深陷其中无法自拔。要顺利回归社会，不再复吸，很重要的一点就是要远离原来的"圈子"，净化朋友圈，修复良性社会关系。

如果把帮扶对象看作其社会关系网上生病的一环，而要修复她，就需要找到其家庭或重要社会关系中健康的、可以起代偿作用的机体，重建其支持系统，修复其自身的造血功能。通过与帮扶对象建立起比较稳定的信任关系，"知心姐姐"们向对方传递诚信、友善的理念，帮助其化解原生家庭之间的误解，鼓励其承担个人在家庭乃至社会中的责任，勇敢面对生活中遇到的各种问题，在解决问题中不断改善人际关系，阻断毒品危害、贫穷、愚昧和生活困境的破坏性作用及其代际传递。

在帮扶对象小 A 出所前的一次家人探望中，戒毒所安排"知心姐姐"与家人见面。在交谈中"知心姐姐"了解到小 A 母亲有重男轻女的思想以及她们母女沟通方式上存在问题。随后，"知心姐姐"多次与其母亲进行沟通，给在所里的小 A 写信，化解母女间的误解，帮助她们改善交流方式，并利用其同样作为母亲的身份，唤醒并不断强化她作为子女的孝心和作为母亲的责任感。后来，母亲成了小 A 出所后顺利回归社会的重要支持力量，小 A 也用出所后打工第一个月挣的钱给母亲买了营养品，现在母女关系很融洽。小 A 不断努力改善与亲人的关系，重视孩子的教育，生活工作都趋于稳定。

同时，"知心姐姐"在帮扶过程中致力于努力消除社会对女性解戒人员的歧视与偏见，积极链接各种有效的社会资源，协助帮扶对象解决生活中遇到的实际困难。事实上，社会上多数人在了解情况后都会采取接纳包容的态度，并伸出援助的双手，给予女性解戒人员支持与协助。如小 H 在解戒出所后发现其被强戒前信用卡的借款因长期未还面临可能被起诉的困境，已经决心开始新生活的她一时不知所措，她向"知心姐姐"寻求帮助。从事律师职业的"知心姐姐"陪她向银行反映情况，相关工作人员在了解情况后，在制度允许的情况下给予了小 H 最大优惠政策，为她争取了还款期限，鼓励她积极还款。"知心姐姐"还借机对她进行法治教育，叮嘱她从此事中吸取教训，理性消费，合理规划人生，告诉她今后要慎重借贷，珍惜个人信用。如今小 H 已还清贷款，自觉做守法公民。

一名帮扶对象小 Y，出所后在"知心姐姐"引导下开始珍惜现有生活，婚后踏踏实实过日子，夫妻和睦，孝敬公婆，流产半年后再度怀孕，因其以前曾做过剖宫产手术，并患有一些基础性疾病，生产的风险和难度都比较大。"知心姐姐"提前帮她联系有经验的妇产医生进行产前咨询，负责接生的医生展现了医者仁心的人性光辉，在了解情况后，一方面表现出对弱势人群的理解、关爱，另一方面充分保护帮扶对象的个人隐私，并以高超的医疗技术为其安全接生。两周后，小 Y 夫妻二人一起为接生医生赠送了"德医双馨，母婴平安"的锦旗以表达感谢。

团队中像这样的故事还有很多，"知心姐姐"团队的帮扶打破了戒毒人员的"圈子"文化，帮扶的重要意义就是为"破圈"提供了非常好的途径，出所人员有什么问题也不再迷茫，不再去找毒友，而是询问"知心姐姐"，"知心姐姐"们给她们正向的引导，这个引导就像灯塔，照亮了她们前进的路，助力她们告别旧的朋友圈，重塑家庭和社会支持系统。随着帮扶的逐渐深入，帮扶对象身边支持和鼓励的人多了，怀疑和排斥的人少了，监督的人多了，受到的诱惑少了，帮扶对象戒毒的信念和信心越来越强，追求幸福美好生活的意愿也更加强烈。

五　循文明之光，守护美好家园

"知心姐姐"的帮扶活动，无论对帮扶对象还是对"知心姐姐"自身都是一个文明提升的过程。文明作为一种价值判断标准和价值取向，在国家层面意指国家发展的状态，即国家创造的物质财富与精神财富的总和，在社会层面体现为社会秩序的确立，在人的层面则指人的教养和开化状态。文明提升推动社会进步，同时也增强人民群众的获得感。在文明提升中人的素质提升是关键，要始终坚持"以人为本"。

（一）以优势视角重塑价值观

虽然戒毒人员涉毒原因多种多样，但多数存在信仰缺失与价值观偏差的问题，因而价值观重塑既是戒断的关键，也是重新开启涉毒者心灵大门的钥匙，通过矫正其精神坐标，引导其追求真善美，从而使他们远离过去的不良行为。同时，重塑帮扶对象的价值观也是"知心姐姐"帮扶的一项重要使命。"知心姐姐"团队章程里提到"两个帮扶"——精神和社会资源帮扶，其中摆在首位的就是精神帮扶。有人说过，教育的本质意味着，一棵树摇动另一棵树，一朵云推动另一朵云，一个灵魂唤醒另一个灵魂。而"知心姐姐"们作为帮扶对象的陪伴者、支持者、使能者、倡导者、关系协调者等身份，很大程度发挥的就是精神帮扶这方面的积极作用。

在这方面，"知心姐姐"们秉持优势视角来对待每一位帮扶对象。相信每个人、群体、组织和社区都有其内在的能力，包括天赋、知识、社会支持和资源，只要存在适当的条件，就可以建设性地发挥自身功能，也即关注人性积极层面，相信并激发人类潜能。这就是相信每个个体都有成为更好自己的潜质。这种优势视角不仅仅是针对帮扶对象的，它具有对人对己的双向维度，"知心姐姐"们在助人的活动中也不断提升自我。从帮扶对象的角度来看，"知心姐姐"们努力发现她们身上的闪光点，包括曾经的创伤经历也被当作某种机遇和挑战，善于利用现有环境中的资源，充分发挥"知心姐姐"们与帮扶对象合作关系的合力效能。对"知心姐姐"们自身来说，每个人职业不同，性格各异，帮扶对象也各具特点，因而实际的帮扶过程中志愿帮扶没有定法，需要"知心姐姐"们充分发挥主观能动性，结合个人特点和帮扶对象的具体情况开展帮扶，帮扶工作的首要前提是做好自己，过自律、均衡、奉爱的人生。"知心姐姐"们怀着一颗平等无私谦卑有爱的真诚之心坚持不懈、积极探索有效帮扶办法的过程也促进了自我的成长。"知心姐姐"们用心呵护戒毒女性构建健康理性的认知，修复家庭支持系统，引导她们过上正常人的健康生活，然后还要学会慢慢放手，锻炼她们独行于社会的能力。或许，彼此有不舍或者不适，但终究还是要让她们活出自己的模样，"知心姐姐"们只是她们生命跑道中的一段的领跑员、助跑者。

（二）大力弘扬中华传统美德

中华民族的传统美德是我们宝贵的精神财富。如精忠爱国、助人为乐、尊老爱幼、孝敬父母、勤俭持家、家庭和睦、扶贫济困等等。"知心姐姐"们在自身努力践行这些传统美德的同时，也以自己的表率潜移默化地影响着帮扶对象。"知心姐姐"们以"小为"筑大业，"积小善为大善，善莫大焉"，以"小我"融于大我，投身社会和国家大业。帮扶对象身边有这样一种正能量的存在，本身就是一种积极的影响力。

帮扶对象小 M 出所时没有亲人和家庭，衣食住行样样都没有着落，基本生活都成问题。当地公安局帮她安排了临时住处，"知心姐姐"团队组织为她捐赠，"知心姐姐"们一呼百应，从衣服到洗漱用品和药品，从食物、碗筷到被褥，"知心姐姐"们瞬间给她凑出了一个"家"，装了满满的两个拉杆箱。小 M 的结对"知心姐姐"不断劝她勤劳向善，感恩惜福，她带着"知心姐姐"们满满的爱开始了艰难的重生之路。在经历了多个打工店铺相继关门和疫情停摆等挫折后，她终于找到一份相对稳定的工作，发工资后她回家看了本已断了联系的父亲，还给老人买了台大电视。她本来以为这辈子再也不会跟亲人往来，也不再相信亲情、友情和爱情，但是因为"知心姐姐"，她又觉得有人关心是件好事，开始感恩惜福回报亲人，修复亲情，也开始追求属于自己的爱情，并重新步入婚姻殿堂。

（三）志愿精神引领文明风尚

作为志愿服务团队，"知心姐姐"们秉持"奉献、友爱、互助、进步"的志愿者精神投身伟大的时代和全面建设社会主义现代化国家的伟大事业。

志愿者精神是指一种互助、不求回报的精神，它提倡"互相帮助、助人自助、无私奉献、不求回报"。一方面，志愿者精神与中国传统文化一脉相承，与社会主义核心价值观相契合。社会主义核心价值观既体现了社会主义本质要求，继承了中华优秀传统文化，也吸收了世界文明有益成果，体现了时代精神，是当代各种文化精华的融合与升华。志愿服务是社会主义核心价值观的重要内容，体现了当代中国精神与价值追求。通过志愿服务深入百姓生活细微之处，把社会主义核心价值观融入社会发展各个方面，转化为人们的情感认同和行为习惯。另一方面，志愿服务以人为本的奉献精神更与中国共产党"做人民公仆"、"做人民勤务员"、全心全意为人民服务的宗旨一脉相承。志愿服务通过多种形式延伸管理链条，让人民群众切身感受到党和政府的温暖，传递党的温暖。再者，志愿服务是人类奉献精神的集中体现，是契合现代社会发展的一种活动方式，代表着社会文明水平，利人惠己成为现代人的文明素养，是夯实社会进步的基石。具有社会责任意识与奉献精神是现代社会公民成熟度的体现，志愿服务活跃度是衡量现代社会文明进步的重要标尺。随着物质生活水平的提高，人们精神层面的需求日益强烈，帮助他人、快乐自己、"行善立德"的志愿服务文化日趋形成，公益也成为部分人追求社会时尚的潮流。通过爱心传播与感染，激发出更多向善的力量，结成守望相助的社会生活共同体，最终播下社会文明的种子。

"知心姐姐"团队无私的大爱融化了帮扶对象心中的坚冰。此外，团队也以多种形式播撒爱的种子、促进爱的能量传递。团队在疫情中还将爱心传递到武汉，支援一线医务工作者。2020年2月9日，农历正月十六，正值疫情形势严峻时期，"知心姐姐"团队获悉当晚河北第三批援鄂医疗队员即将启程，可以捐献一些物资于晚8点前送到机场，与援鄂医疗队一起飞往武汉。于是，团队立即开始行动，分工合作，从接到信息到在团队微信群发布消息，到"知心姐姐"们捐款、联系暖贴，购买红糖、卫生巾，写慰问信，打印30多张祝福语，再到将27箱物资送到机场，不到8个小时完成了全部工作。其间在组织采购物资的过程中，石家庄萱草生物科技有限公司得知团队的爱心举动后，主动捐赠了价值7000元的爱心发热鞋垫和暖贴。随后，团队一直与河北省驰援武汉的医疗队保持联系,又为他们捐赠了电动晾衣架等物资。疫情期间,团队多名成员主动在社区担任志愿者,团队的心理专家还义务为一线医务工作者开展心理咨询。

"知心姐姐"戒毒志愿帮扶短短两年多时间成效显著,由帮扶戒毒女性入手,促进社会和谐,阻断毒品带来的社会危害在代际传递,对有效降低复吸率发挥了积极的作用。《2019年中国毒品形势报告》显示,我国吸毒人数持续下降,毒品滥用形势继续好转。戒断3年未发现复吸人员253.3万名,同比上升22.2%,首次超过现有吸毒人数。[①] 每一位女性都关系着一个家庭,甚至几代人的成长与幸福。尽管"知心姐姐"团队两年多的志愿帮扶效果喜人,但是,"知心姐姐"团队能做的一对一帮扶毕竟是有限的,目前受益的帮扶对象50人,仅占河北省女性吸毒群体的二百分之一。未来如何拓展帮扶范围、提升帮扶效果,更好地履行"知心姐姐"团队的社会责任将是团队今后发展的主要方向。期待更多的社会力量加入戒毒社会帮扶工作中来,早日实现"天下无毒",人人平安、健康、幸福,共同守护美好家园。

[①] 目前河北全省吸毒人员5.69万,女性吸毒人员1.09万,戒断三年未复吸占比65.92%。(《2019年中国毒品形势报告》)

价值引领下的美丽蝶变

——基于张家口市蔚县宜兴社区的实践调查

段小平*

摘　要： 新型农村社区是社会主义新农村建设的重要形式。近年来，为解决"一方水土养不活一方人"的问题，河北省各地通过易地扶贫搬迁建设了不少新型农村社区，贫困地区群众生活生产条件显著改善，成为解决生存环境恶劣地区贫困问题的治本之策。但新型农村社区建成后也面临融合难、服务难、管理难、治理难等诸多问题。课题组在分析新型农村社区特点、面临治理困境的基础上，以蔚县宜兴新型农村社区为调查对象，介绍了宜兴社区以践行社会主义核心价值观推动社区治理现代化的主要做法，分析了社区治理现代化的主要经验，从发挥党委政府主导作用、加大财政支持力度、提升居民参与积极性、推动移风易俗、健全帮扶机制等方面提出了新型农村社区弘扬社会主义核心价值观的具体建议。

关键词： 蔚县　新型农村社区　社会主义核心价值观

基层治理是国家治理的基石。推进农村社区治理是实现国家治理体系和治理能力现代化的基础工程。中共中央、国务院《关于加强基层治理体系和治理能力现代化的意见》明确提出，要培育践行社会主义核心价值观，推进习近平新时代中国特色社会主义思想进社区、进农村、进家庭。新型农

---

* 段小平，河北省社会科学院财贸经济研究所副所长，副研究员，研究方向：农村经济与社会、区域经济。

村社区作为新型城镇化的重要载体和农村社区的重要类型，推动和践行社会主义核心价值观具有十分重要的现实意义。

一 充分认识新型农村社区践行社会主义核心价值观的重要性

新型农村社区是城镇化、工业化发展中，在政府主导下由两个或两个以上自然村，通过搬迁整合、统一规划、集中建设的新的住宅、公共基础设施和服务配套设施组成的农民生产生活共同体，以及形成的新居住模式、新生活方式、新管理模式、新产业格局。作为农村社区向城市社区转型的重要类型，新型农村社区是突破城乡二元结构，让农民更好地享受我国经济社会发展的物质成果、精神文明成果的重要途径。在新型农村社区居住的居民通常既没有远离土地，又能享受到与城市居民相差不大的基础设施和公共服务。新型农村社区建设的土地成本相对城市社区低，因而成为各地易地扶贫搬迁解决自然条件恶劣产生的"一方水土养不活一方人"和新农村建设的重要方式。

（一）新型农村社区极大改善了农民生活居住条件，但也面临农民集体归属感重构、人际关系磨合融合、社区凝聚力重新塑造、社区文化重新构建的重要挑战

新型农村社区是在传统农村社区的基础上发展而来的，但与传统农村社区相比有着很大的不同。传统农村社区大多缺少统一规划，房屋多数低矮老旧，村庄道路缺少规划、缺少硬化，排污排水设施几近为零，村内污水横流。不少村庄绿化不够，个别村庄柴草乱堆、村内垃圾遍地，有的村庄空心村问题突出，村内残垣断壁，一片破败。与城市社区相比，传统的村庄无论村容村貌，还是村民的生活居住条件都有较大差距。新型农村社区统一规划、统一建设，房屋整齐，基础设施配套完善，公共服务更加多样，社区拥有专门的管理服务人员，农民生活居住质量明显提高。

具体而言，新型农村社区比传统自然村落的人口集聚能力强，人口规模

大，普通农村社区一般只有几百人，新型农村社区规模从几百人到上千人，个别新型农村社区能超过万人。传统农村社区供水、供电等各类基础设施相对较弱、建设标准较低，仅能满足农民基本生活需求，多数不具备供暖、供气能力；新型农村社区供水、供电、排水、供气、通信等各类基础设施建设相对完备。传统的农村社区一般只有卫生等少量公共服务，新型农村社区的社区服务功能则覆盖教育、医疗、文化、娱乐、体育、金融、养老、公共治安等众多领域，提供的公共服务范围更广，社区停车场、公共活动广场、公共绿地、公共厕所、照明路灯等设施齐备，绿化、美化、亮化程度高，农民享受到的公共服务质量更高。

同时，传统农村社区是世代居住的从事农业生产活动的农民的聚集形态，居民人口结构相对简单，世世代代的血亲姻亲关系形成复杂的网络，成为农村社会关系中的核心和联系纽带，是典型的熟人社会。家庭在传统农村社区中发挥着重要作用，居民人口流动性较差。新型农村社区将原来分散居住的农民，通过易地搬迁等方式将两个以上的村庄人口集中起来，原来单一的农村家族聚集居住变为多个外来居民的混合居住，居民结构变得复杂化，利益主体多元化，社区成员之间关系变得复杂。传统的"血缘、地缘、亲缘"构成的熟人关系、人际网络，因环境和生产生活方式变化后，农村居民原有的家族认同感、归属感随之而逐渐减弱，新型农村社区居民彼此陌生，缺乏信任的情感纽带与合作的平台。同时，市场泛化带来的功利性，对新型农村社区人际交往带来较深的负面影响。以血缘为纽带的成员关系被以利益为纽带的成员关系替代，并不断强化，新型农村社区普遍面临着居民归属感重构、人际交往磨合融合诸多挑战，搬了"新家"却没有家的感觉，找不到家的温暖，成为多数新型农村社区居民面临的问题，他们迫切需要社会主义核心价值观予以正确引导。

（二）新型农村社区生活居住面临的"新"挑战与农民思想观念的"旧"、行为习惯的"旧"之间矛盾突出，迫切需要用社会主义核心价值观重构新型农村社区现代治理体系，重塑社区居民思想观念

虽然新型农村社区建设改变了农民的生活居住条件，但农民的思想观念

并不会随之立刻改变,受思想认知、文化水平、传统观念等多种因素影响,多数农民依然习惯性保留着原来自然村落生活时的观念意识、行为习惯和生活方式。初到新型农村社区的居民公民意识相对较差,有的将社区街道、花园等公共资源当作自家的后院、晾晒场甚至自留地,有的对社区公共事务不关心,缺乏大局观念。

同时,在社区发展的初始阶段,社区治理功能尚不完善,不少社区既缺乏社区服务的物质资源,又缺乏社区服务的专业人员、服务理念,传统村干部的管理素质和能力与新型农村社区的管理和服务要求还存在一定差距。总体治理能力偏弱,社区居民之间交往融入不深,社区凝聚力不够,社区文化没有形成。各种主体关系不顺畅、权责不明确的问题不同程度地存在,社区内村干部与社区干部、社区居民之间的多元利益主体关系有待理顺,迫切需要社会主义核心价值观引导新型农村社区治理体系重建、治理方式重构。

二 张家口蔚县宜兴新型农村社区培育践行社会主义核心价值观的实践探索

(一)基本情况

蔚县宜兴社区位于河北省张家口市蔚县南杨庄乡,是蔚县政府为解决"一方水土养不活一方人"的困境,借助国家易地扶贫搬迁政策,在蔚县南杨庄乡建设的一个新型农村社区。蔚县宜兴社区总占地面积186亩,共建设移民搬迁安置房1338间,社区总人口860户1524人,全部为当时建档立卡的贫困人口。

蔚县宜兴社区的居民具有三大特征:一是人口来源涉及村庄多。涉及蔚县东柏树乡、草沟堡乡、北水泉镇、陈家洼乡、黄梅乡等8个乡镇112个村庄。二是人口素质整体不高。社区居民中拥有初中以上学历的人员数量少,多数为小学文化程度,甚至是部分文盲、半文盲,具有专业技能的人员数量少。三是老年人口占比高。宜兴社区60岁以上的老年人有819名,占比达到53.7%；残疾人有106人，占比达到7.92%。

2018年以来，蔚县宜兴社区因地制宜地将社会主义核心价值观培育和践行融入新型农村社区管理中，探索出易地扶贫搬迁农村社区管理的新模式，保障了社区居民搬得出、稳得住、能致富的发展目标，有力地促进了社区各项工作的开展。

（二）主要做法

针对新型农村社区搬迁入住的农民来源村庄多、人口文化水平普遍不高、农民思想观念生活习惯不相适应、社区管理难等问题，蔚县宜兴社区主要采取了以下措施。

1. 党建引领构建完善网格治理体系，破解社区管理难题

针对社区规模大、管理难度高的问题，蔚县南杨庄乡党委聘请2名退休的学校老校长加入宜兴社区管理机构，成立宜兴社区党支部，谋划制定社区管理方案，探索出党建引领下"区长+排长"的网格式社区管理模式。由老校长担任社区党支部书记和社区区长，下设2个副区长、6个常务副区长、63个排长，社区的常务副区长、排长都是由群众代表民主选举，重点选择热心公益、积极性高的居民。社区成立了物业管理处、红白理事会、志愿服务队、文化宣传队、劳务输出队，建立了妇联、共青团、工会等群团组织，形成支部引领、群团发力、居民共建的治理格局，为宜兴社区网格化治理打下基础。

2. 讲习结合推进移风易俗，破解居民融合难题

宜兴社区的居民来自蔚县8个乡镇的112个村庄，既有地处蔚县大南山深山区的"一家村"，也有北山地质灾害搬迁村、丘陵地区的"沟底村""半山村"，还有河川地区的平原村，不同地域、不同乡俗、文化水平普遍不高的人们相互融合成为宜兴社区发展的重大难题。针对这一现状，宜兴社区谋划开设了农民夜校、道德大讲坛、健康大讲坛、技能培训班，退休老校长亲自担任老师，就农民适应社区生活知识、邻里相处、社区管理、公民公德等进行讲解。同时，针对文盲、半文盲较多的问题，专门开办两期扫盲识

字班,并邀请扶贫、农业农村、教育、卫健、党校、共青团、妇联等部门专业人员,讲解国家扶贫政策、社会主义核心价值观、老年人健康知识、卫生知识、妇女权益保护、职业技能知识,从洗脸、洗手、洗澡、打扫庭院等小事入手,引导居民养成卫生健康生活习惯、文明礼貌言谈举止、进取向上健康心态,帮助搬迁群众破除陋习,提高居民的文化素质,帮助村民完成身份转变、生活方式转变,推动实现相互融合、和谐发展。其中,与蔚县人民医院、县疾控中心、蔚县中医院等医疗单位合作,举办"宜兴社区健康大讲堂"6期,培训达300多人次。社区组织了戏曲表演队、舞蹈文艺队、妇女劳动组、技能组、社区公益岗等,开展文体表演,组织公益劳动,丰富居民精神文化生活,增进居民沟通了解,增强居民对社区的归属感。

3. 就业帮扶确保群众搬得出、能致富,增加居民获得感

从分散居住到大规模集中安置新型农村社区,搬迁群众离开熟悉的村庄,最担心的问题是"我怎么挣钱?"让居民安心生活,关键是让他们稳定就业,找到挣钱的门路。针对宜兴社区居民就业技能缺乏、就业岗位不足等问题,蔚县县委县政府、南杨庄乡党委高度重视,通过培训技能、开设扶贫车间、开发就业岗位、组织转移就业等多种方式,帮助宜兴社区居民提升就业技能,实现转移就业。南杨庄乡政府联系县农业农村局、科技局等单位,在社区建立了新型职业农民培训教学点,开设家政服务培训班、缝纫技术培训班、农业种植技术培训班等实用技能培训班,帮助居民掌握劳动技能。联系社区周边的机械厂、食品公司、杏扁加工厂、环卫局、中学等单位,协调提供就业岗位,帮助解决就业50多人。蔚县投资70多万元,建成500多平方米的扶贫加工厂,并招商引进申博制衣厂,发展成衣加工项目,为社区居民创造就业岗位30多个。在社区附近的谷子基地、烟叶种植基地、芦笋种植基地、西兰花种植基地,实现特色产业就业50多人。在社区内部设置了社区保洁、苗木绿化、社区安保等岗位10多个。同时,社区将信息灵通人员组织起来,利用社区广播、微信群等方式,发布各类招聘信息,帮助社区居民实现就业。目前,社区已累计培训学员200多名,社区有劳动能力的居民基本实现了稳定就业,居民自我发展能力、自身造血功能基本形成,为新型农村社区居民生活方式的根本转变打下了重要基础。

4. 服务便民践行社会主义核心价值观,提升居民幸福感

蔚县宜兴社区成立了社区物业管理处,按照"民有呼声、我有回应,民有困难、我来帮助,民有矛盾、我来调处"的原则,制定细化社区服务准则,配备社区卫生保洁、安保巡逻、园林绿化人员,成立应急抢险突击队,确保群众办事有窗口、议事有组织、纠纷有人管、困难有人帮。宜兴社区建设了居民文化健身广场、社区党群活动中心、图书阅览室、社区公共浴室、社区超市、社区卫生室、居家养老助残服务中心、日间照料中心、公共食堂、便民维修点、便民理发店、金融服务网点等服务设施,社区居民在社区就可以便捷地获得文化娱乐、医疗、代缴电费、代缴手机费、代取社保卡现金等各项服务。宜兴社区还安装了社区电子监控设备,为老年人配备了智能呼叫设备,老年人、残疾人等可以在居家养老中心获得日间照料、健康理疗、康复训练、家政服务、心理咨询等各类服务。同时,社区附近新建了教学楼,为社区适龄儿童就学提供便利。聘任经验丰富的老中医担任社区医生,方便居民就近看病。

5. 多措并举培育践行社会主义核心价值观,建设文明新社区

蔚县宜兴社区制定了《宜兴社区居民文明公约》《宜兴社区居民行为守则》等系列规章,综合运用德治、自治相结合的办法,倡导"勤为本、俭持家、孝当先、严教子、宽待人、和为贵",培树社区居民新风尚,引领社区文明新气象。在社区内建设了文化宣传长廊,宣传党的政策、健康知识、孝老爱亲和勤劳致富的故事。由社区老党员、居民代表成立社区道德评议理事会,开展孝亲敬老好儿女、助人为乐好个人、热爱社区好居民、勤劳致富好家庭、孝敬公婆好儿媳等评选活动,树立群众身边移风易俗、孝顺老人、家庭和睦、关心社区、勤劳致富等典型,用群众身边人、身边事教育引导群众移风易俗,推动形成居民和睦相处、守望相助的良好氛围。设立爱心道德超市,对先进模范奖励道德积分20分,用积分可购买爱心道德超市的各类生活用品。目前已经评选出105户先进家庭、先进个人,占社区居民总数的

13%，崇德向善、积极向上、孝亲敬老、勤劳致富已成为宜兴社区居民的主流价值观念。

6. 孝亲敬老弘扬中华优秀传统文化，涵育新居民新家风

家风家教是中华传统美德的重要承载，是涵育社会主义核心价值观的宝贵资源，对规范人们言行、淳化社会风气有着重要作用。针对社区老人多的现状，宜兴社区成立了孝心养老理事会，宣传社会主义核心价值观，引导子女弘扬传统文化，自觉赡养老人、孝敬老人。社区利用春节、中秋节、重阳节等节日，组织返乡子女召开家庭恳谈会，劝导他们尽孝。社区孝心养老理事会定期开展孝老爱亲道德评议，引导教育子女经常看望老人，对孝顺老人的先进典型予以表彰，对推脱责任、不主动履行赡养义务的，通过理事会引导、身边人典型带动、群众摆事说理等多种方式，促进子女自觉履行赡养义务。同时，社区引导设立了孝善基金，社区按照10%的比例给予孝心补贴。社区还建立了孝心浴室，规定贫困户和老年人免费洗澡，子女需要带领父母洗澡，才能换取洗澡资格。社区出台了"关联就业"孝心关爱模式，绑定照料和赡养义务，对帮助老人的照料人或子女帮助就业增收，形成孝道文化连锁效应。宜兴社区成立了"爱心妈妈""爱心女儿"组织，组织志愿者为社区孤寡老人缝补衣服、被褥，让孤寡老人得到关心、照顾。目前，宜兴社区缴纳孝心养老基金的子女达到24名，孝心养老、孝善养老的氛围逐渐浓厚。

三 张家口蔚县宜兴新型农村社区培育践行社会主义核心价值观的经验启示

（一）党的领导是构建新型农村社区治理的重要基础，也是弘扬和践行社会主义核心价值观的核心力量

新型农村社区是农民逐渐走向城市、传统熟人社会向市民社会转变的重要形式，也是农民生活方式、行为方式与城市生活接轨的重要过程。在这一转变过程中，各种类型主体的利益矛盾增加，公共利益问题错综复杂，社会

治理与社会潜在风险加剧。在宜兴社区建设过程中，蔚县南杨庄乡党委、政府在社区治理顶层设计、网格化治理体系构建、人才引进等方面发挥了核心和关键作用。南杨庄乡党委统筹谋划、层层落实，形成党建引领下区长、物业、排长相结合，自治、德治、法治有机统一的社区网格化治理体系。同时，蔚县县委、县政府和南杨庄乡党委、政府在社区公共基础设施建设、公共资源支持、社会资源导入等方面发挥了核心作用，有力保障了贫困村居民搬得出、住得好、留得住、能致富，为弘扬和践行社会主义核心价值观打下了重要基础。

（二）培训教育是推动农民与现代生活方式接轨的重要方式，也是推动新型农村社区治理现代化的关键所在

受自然条件、产业发展等因素影响，河北省农村地区的经济社会发展水平相对较低，农村公共基础设施、公共服务能力相对较弱，多数农民的文化教育程度较低，农民的生活方式、思维方式与城市存在一定差距。在从熟人社会向陌生人社会转变的过程中，社区居民对公益事业不关心、缺乏大局观念等成为较为普遍的现象。蔚县宜兴社区通过开办农民夜校、道德大讲堂、健康大讲堂、技能培训班等，启民智、修民德、端民行，从洗手洗澡讲卫生等小事入手，帮助农民提高文化素养、公民意识，加快形成现代生活理念、健康生活方式，通过开展集体卫生大扫除等方式，促进社区居民相互熟悉、共同融入集体生活，为乡村振兴中各类新型农村社区和美丽乡村建设提供了重要经验。乡村振兴战略实施中，建设特色小镇、新型农业社区、美丽乡村，同样需要消除农民身上固有的消极和落后因素，帮助农民融入现代经济社会发展，让农民共享时代发展红利。

（三）弘扬传统美德是践行社会主义核心价值观的重要内容，也是构建和谐新型农村社区文化的重要抓手

社区文化是新型社区建设的重要组成部分，也是凝聚、整合、规范社区居民观念意识、行为规范，推动形成社区凝聚力、公共道德观、和谐包容

性、进取上进心的强大动力。中华优秀传统文化是涵养社会主义核心价值观的重要源泉。蔚县宜兴社区将弘扬中华优秀传统文化与新型社区建设相融合，通过制定社区居民文明公约、行为守则，开设道德大讲堂，倡导孝敬老人、宽厚待人、和谐相处、勤俭持家、勤劳致富，开展好儿女、好个人、好居民、好家庭、好儿媳、好婆婆等评选，奖励道德积分，形成典型示范带动效应，有效破解了社会非主流思想造成的自私自利、道德观念淡化、公德意识缺乏等不良影响，形成践行社会主义核心价值观的榜样力量，为优秀社区文化的形成打下了重要基础。

同时，良好的家风在人们的成长过程中起着关键作用，是人们终生的财富。青少年在良好家风的熏陶下，会经过耳濡目染接受影响，按照良好家风的内容来塑造自己的行为，形成良好的人生习惯，成就美好的人生。在这一过程中，需要特别弘扬中华民族传统美德，宣传农民质朴无华、勤劳肯干、诚实守信、坚毅顽强、无私奉献的优秀品格，构建体现民族文化底蕴，融合工业文明、城市文明形态的社会主义新型农村社区。

（四）强化服务供给是推动新型农村社区建设的题中之义，也是践行社会主义核心价值观的重要体现

新型农村社区建设目的是让农民享受到与城市人一样的公共服务，过上与城市人一样的生活，建设新型农村社区营造的是一种全新的社会生活形态，其对农民生活生产方式的改变不亚于一场社会革命。新型农村社区的建设中，多数地方重视社区住房、道路、供水、供电等"硬"设施建设，对社区居民在就业、医疗、教育、养老、文化、金融、购物、培训等服务方面的供给考虑不足，"软"配套建设相对不足，无形中增加了农民生活方式转变、生产方式转型的难度，很容易造成新型农村社区建设出力不讨好。蔚县宜兴社区建设中，充分考虑社区人口结构、居民需求，针对老年人口多、居民就业能力不强等特点，建设了卫生服务诊所、养老助残服务中心、日间照料中心、图书阅览室、公共食堂、理发店等服务设施，开展了就业能力培训,并通过多种渠道帮助解决社区适龄劳动人口就业,真正实现了生活方式、就业方式的根本转变,实现了城乡公共服务均等化,对各地新型农村社区建设提供了有益借鉴。

四 以蔚县新型农村社区建设为示范,不断拓展新型农村社区社会主义核心价值观践行的建议

(一)发挥基层党委、政府在新型农村社区治理与社会主义核心价值观构建中的主导作用

社会主义核心价值观是社会主义意识形态的本质体现,是引领新型农村社区发展的精神动力和指引社会前进方向的精神旗帜。没有社会主义核心价值观的引导,新型农村社区建设就会迷失方向。应充分发挥党组织战斗堡垒和先锋模范作用,选优配强新型农村社区党支部领导班子,加快探索适应新型农村社区发展的管理模式,采取"党建+区长+排长(楼长)+单元小组长+基层党员"等方式,推动社区网格化管理。要充分调动和发挥党员的先锋模范作用,选拔积极性高、工作能力强的党员担任排长、楼长、小组长,明确岗位职责任务,细化工作内容,将每一名党员都培养成新型农村社区的社情民意调研员、居民矛盾调解员。发挥好党员先锋模范作用,让社会主义核心价值观走进农民日常生活,让社会主义核心价值观的理念与新型农村社区的建设有机融合,成为人们普遍遵从的价值观念、思维方式和行为准则。

(二)增加政府财政投入,构建新型农村社区治理与弘扬社会主义核心价值观的多元投入机制

资金是保障新型农村社区治理的重要因素。建议各级政府加大对新型农村社区建设、管理的财政支持力度,在乡村振兴、城乡基本公共服务、社会治理等方面列出支持新型农村社区建设、管理的财政专项,统筹解决

新型农村社区服务配套、公益事业发展问题。采取社会资本合作、公助民营、财政贴息、政府购买服务等多种方式，引导社会资本参与新型农村基础社会、公共服务设施建设运营，充分保障社区工作的办公经费、薪酬待遇，确保社区管理各项工作落实落地。要建立针对道德大讲坛、健康讲座、道德模范评选等各类弘扬践行社会主义核心价值观的工作经费保障机制，为新型农村社区的发展和社会主义核心价值观践行提供动力和支撑。要善于统筹调动新型农村社区拥有的各类资源，与新型农村社区的帮建帮扶单位形成共建共享机制，推动将新型农村社区建设为帮建帮扶单位的新时代文明实践基地、教育实践基地、宣传推广示范基地，共同开展卫生、教育、文化、体育、安全、法治等各类教育宣传，形成共建共享、联动发展的良好局面。

（三）提升社区居民参与新型农村社区治理与弘扬社会主义核心价值观的主动性积极性

新型农村社区是一个混合着传统村落与现代社区的复杂社会共同体，社区村民在认同感、信任度和聚合力等方面或多或少有着对以前村落的怀念和依恋，传统村落村民间的互助性、亲密感显得弥足珍贵。在新型农村社区时空转换的过程中，如何将断裂的社区关系、离散的社会情感重新聚集，避免进入集体行动的困境，成为新型农村社区构建与社会主义核心价值观培育的关键所在。要将社区自治、德治、法治的理念落实到社区治理的小事、实事中，让群众了解社区治理方式、居民参与方式。要在新型农村社区组织开展各类教育培训、文化娱乐、卫生清洁、健康知识普及等各类活动，让新型农村社区居民相互了解，增进友谊，提高社区居民的主人意识、团结意识。完善社区事务参与机制、协商机制，赋权、赋能给社区居民，让新型农村社区的居民都能公平参与到社区公共治理中。应建立居民反映问题回馈机制，对居民反映的问题要足够重视，及时协调解决，避免村民负向情感积累，影响村民对社区情感与评价。

（四）深化移风易俗，为新型农村社区和社会主义核心价值观涵育提供良好社会环境

制度是社会的游戏规则，好的制度既能够规范人们的行为，也能够引导改变人们的观念。当前农村一些封建迷信、金钱至上、自私自利等思想，以及赌博、吸毒、高价彩礼、厚葬薄养等生活陋习仍在一定程度、一定范围内存在，直接影响着新型农村社区文化形成和社会主义核心价值观涵育。深化移风易俗的关键是要形成符合新型农村社区生活生产实际，尊重农民生活利益，具有约束力、权威性，合法的制度规范，约束遏制农村社区不良思想的影响，形成积极向上、充满正能量、符合社会主义核心价值观要求的文化。要制定新型农村社区居民道德规范、行为规范，善于挖掘中华文化在践行社会主义核心价值观方面的积极作用。可以借鉴宜兴社区做法，评选社区好儿女、好媳妇、好个人、好居民，用群众身边人、身边事，教育引导社区居民自觉抵制社会不良风气影响，主动参与社区治理，主动践行社会主义核心价值观，塑造良好社风、民风。

（五）健全帮扶机制，助力新型农村社区建设与社会主义核心价值观培育行稳致远

当前，新型农村社区主要建在距离中心城区较远的地方，基础设施和公共服务配套相对不足，新型农村社区居民迁入后会面临从最初入住新房的欣喜到各种生活设施、服务设施不便带来烦恼的巨大落差。下一步，建议各地从县域层面综合考虑、统筹布局新型农村社区的布点以及公共设施配套，积极推动中心城区、小城镇的交通、供水、供电、供气、供暖等基础设施向新型农村社区延伸，形成城乡一体的公共基础设施和服务体系。同时，加大对新型农村社区教育、医疗、卫生、文化、购物、金融、物流、交通等配套服务设施建设力度，增加养老助残、教育、医疗等各类服务供给，让居民在新型农村社区住得方便、住得舒心。加大新型农村社区居民的就业培训帮扶力度，帮助提升就业技能，加快转移就业，增加居民收入，让新型农村社区成为城乡居民新生活的开始。

参考文献

张敬晨：《新时代要培育农村社区的社会主义核心价值观》，《延边党校学报》2018年第4期。

张世超：《新型农村社区治理中的网格化管理研究：以河北省H市Y社区为例》，曲阜师范大学硕士学位论文，2021。

高原雪：《让搬迁群众有更多归属感幸福感》，《河北日报》2021年10月8日。